广西壮族自治区“十四五”职业教育规划教材
职业教育“岗课赛证”融通系列教材
校企合作开发活页式融媒体教材

车载无线通信设备

主编　周　赟　嵇静婵
参编　黄欣萍　杨华勋　李　钢　缪勇华

刮开涂层，使用微信扫码，即可获取本书配套教学资源。
注意：本书使用“一书一码”版权保护技术，该二维码仅可扫描并绑定一次。

北京交通大学出版社
· 北京 ·

内 容 简 介

本书紧扣铁路通信工（无线维护）和动车组车载无线通信设备维修岗位中的工作内容、相关知识与技能要求，主要介绍列车无线调度通信系统、GSM–R 数字移动通信系统、列车尾部安全防护装置信息传送、列车防护报警和客车列尾信息传送等。全书共分 7 个项目，分别是机车综合无线通信设备的认知、车载无线通信设备的调试、CIR 设备出入库检测、450 MHz 电性能指标测试、车载无线通信故障排查、列车防护报警设备与列尾系统的应用、区间中继设备的维护。本书可供高职高专铁道通信与信息化技术专业学生、铁路相关从业技术人员使用。

图书在版编目（CIP）数据

车载无线通信设备 / 周赟，嵇静婵主编. —北京：北京交通大学出版社，2025.1
ISBN 978-7-5121-5198-7

Ⅰ. ① 车… Ⅱ. ① 周… ② 嵇… Ⅲ. ① 汽车–无线电通信–通信设备 Ⅳ. ① U463.67

中国国家版本馆 CIP 数据核字（2024）第 056182 号

车载无线通信设备
CHEZAI WUXIAN TONGXIN SHEBEI

策划编辑：严慧明　　责任编辑：严慧明　　特约编辑：师红云
出版发行：北京交通大学出版社　　电话：010-51686414　　http://www.bjtup.com.cn
地　　址：北京市海淀区高梁桥斜街 44 号　　邮编：100044
印 刷 者：艺堂印刷（天津）有限公司
经　　销：全国新华书店
开　　本：185 mm×260 mm　　印张：12.25　　字数：283 千字
版 印 次：2025 年 1 月第 1 版　　2025 年 1 月第 1 次印刷
定　　价：49.90 元

本书如有质量问题，请向北京交通大学出版社质监组反映。对您的意见和批评，我们表示欢迎和感谢。
投诉电话：010-51686043，51686008；传真：010-62225406；E-mail：press@bjtu.edu.cn。

前　言

铁路是综合交通运输体系的骨干，是建设现代化经济体系的重要支撑，是全面建设社会主义现代化国家的先行领域。铁路列车无线调度通信系统是铁路运输指挥的重要设施，对铁路运输与安全起着重要的作用。高速铁路使用的机车综合无线通信设备（CIR）是铁路列车无线调度通信中的重要终端设备。

《车载无线通信设备》活页式教材根据高职专科铁道通信与信息化技术专业教学计划编写。教材以铁路通信工（无线维护）、动车组车载通信设备维修岗位工作任务和职业能力分析为基础，通过工作任务和职业能力分析形成系统化的职业能力清单，并以各条职业能力为核心构建学习单元，实现教材活页化，将职业能力落实在操作过程中，实现手册化。

教材主要介绍车载无线通信设备的相关内容，围绕车载的认知和操作应用维护展开。全书共分 7 个项目，具体内容如下。

（1）机车综合无线通信设备的认知。通过设备的连接任务，了解设备主机及其附属设备的组成；通过观察操作显示终端的界面，了解车载设备的功能和作用。

（2）车载无线通信设备的调试。当前我国的车载无线通信设备应用于两个工作模式下：450 MHz 工作模式和 GSM-R 工作模式。通过不同工作模式下的通话调试，熟悉 450 MHz 列车无线调度通信系统和 GSM-R 数字移动通信系统。

（3）CIR 设备出入库检测。动车组车载通信设备维修岗位最主要的日常工作就是 CIR 设备的出入库检测。本项目主要了解 CIR 出入库检测设备的构成和工作原理；掌握 CIR 设备维护作业标准、流程及库检设备的功能和用途；掌握库检设备的操作及使用。

（4）450 MHz 电性能指标测试。车载设备入库后，还需进行检查试验，以便当设备不良时及时进行修复。本项目主要使用无线综合测试仪 CMS50，针对车载设备 450 MHz 工作模式的电性能指标进行测试操作。

（5）车载无线通信故障排查。通过记录单元数据下载、记录单元数据分析、故障定位排查，说明记录单元的应用，并熟悉车载无线通信故障的处理排查流程。

（6）列车防护报警设备与列尾系统的应用。通过 CIR/LBJ 设备各单元面板指示灯显示，了解设备的运用状态；能正确连接 CIR/LBJ 设备各部件的连接电缆；能操作使用 LBJ；能建立列尾连接关系，查询风压情况。

（7）区间中继设备的维护。了解区间设备的系统组成，了解区间设备巡检和外观检查内容；会进行区间场强测试；了解车载设备在区间的通话测试。

教材融入教学改革的诸多新设计新思路，具有以下突出特点。

（1）呈现车载无线通信工作岗位的实际工作流程和技能要求。按项目设计、任务驱动的方式将岗课赛证进行融通：本教材设置了项目导入、思维导图、学习目标、知识链接、任务实施、任务评价、知识拓展、复习思考题板块，构成了完整的学习/工作任务闭环，符合职业教育的教学规律。

（2）在理论阐释、技能训练、考核评价等环节潜移默化融入思政教育元素，有效提升思政育人效果。

（3）根据课程特点，厘清课程内容的逻辑关系，将知识技能进行融汇、整合，采用新型活页式的载体形式，使用者可根据需要自主进行活页组合装订，使项目任务之间可依据典型工作任务的内在逻辑关系及具体设备情况进行重组与整合，满足不同场景下现场的工作环境及突发情况的技能训练需要。

（4）将铁路行业发展新规范、新标准、新要求等时效性内容融入教材中，严格依据最新动车组车载通信设备维修岗位标准、规范进行编写，突出了产教融合、与时俱进的特点。

本书由柳州铁道职业技术学院周赟、嵇静婵任主编，黄欣萍、杨华勋参与编写。编写工作同时得到了中国铁路南宁局集团有限公司李钢、缪勇华的大力支持及深度参与，在此表示感谢。

由于编者水平有限，书中难免有不妥或错误之处，欢迎广大读者批评指正。

编　者

2024 年 10 月

扫码免费下载

教学资源

目 录

项目 1
机车综合无线通信设备的认知

项目导入

在我国高速铁路的建设和发展进程中，大量存在着列车在高速铁路与既有普通速度铁路之间转线运行的情况。随着列车的运行，列车上的无线通信终端既需要能满足装备了 GSM-R（Global System for Mobile Comunications-Railway）系统的线路对车地无线通信的需求，又需要能满足装备了 450 MHz 无线列调系统的线路对车地无线通信的需求。随着 2019 年国家发布 5G 牌照，2020 年国铁集团发布《关于加快推进 5G 技术铁路应用发展的实施意见》（铁发改〔2020〕144 号），铁路无线通信确立 5G-R 为发展方向。国铁集团已着手开展铁路 5G-R 技术应用的铁路运用场景试验、标准制定等科技攻关工作，基于 5G-R 的无线终端设备也将逐步投入使用。

机车无线通信包括话音通信、数据通信等业务，随着通信技术的快速发展和铁路运输对通信业务需求的不断增加，机车无线通信的内容也得到了进一步的发展和完善，形成了机车综合无线通信平台。根据实际使用需求，机车综合无线通信设备（简称 CIR）的功能覆盖 450 MHz 调度通信（含列车尾部风压通信、无线车次号校核、调度命令传送）、800 MHz 列车防护报警（以下简称 LBJ）、GSM-R 调度通信、GSM-R 通用数据传输功能、无线宽带数据传输等。

CIR 由主机、操作显示终端（以下简称 MMI）、送（受）话器、扬声器、打印终端、天线及连接电缆等组成，如图 1-1 所示。

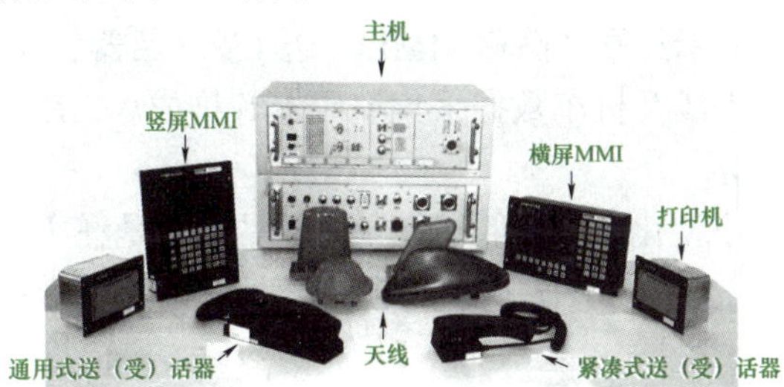

图 1-1　CIR 设备组成图

思维导图

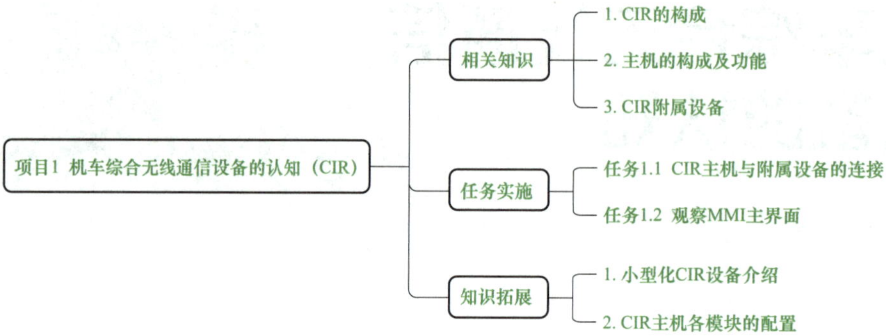

学习目标

1. 知识目标

- 掌握 CIR 的基本组成及各部分的作用；
- 掌握 CIR 主机的构成及功能；
- 了解小型化 CIR 设备的组成；
- 了解 CIR 设备主机各模块的配置。

2. 能力目标

- 能正确认识 CIR 主机及附属设备；
- 能正确完成 CIR 主机与附属设备的连接。

3. 素质目标

- 培养安全意识和严格执行操作规程的职业素养；
- 培养认真细致、尽职尽责的工作态度。

知识链接

1. CIR 的构成

CIR 由主机、操作显示终端（简称 MMI）、送（受）话器、扬声器、打印终端、连接电缆、天线及机车数据采集编码器等构成。CIR 设备构成原理框图如图 1–2 所示。

CIR 分为标准型和小型化，完成的功能是一致的，只是在主机大小尺寸上有区别，小型化的 800 MHz 车载电台单元外置，通过数据接口接入 B 子架。

CIR 的构成

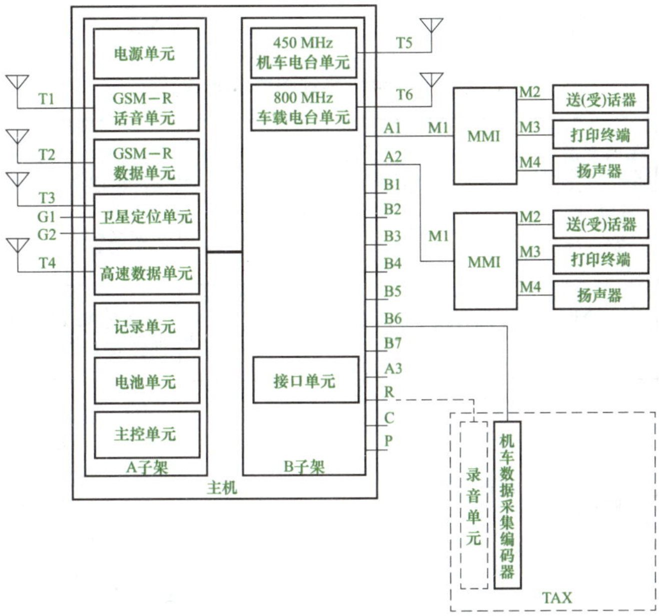

图 1-2　CIR 设备构成原理框图

2. 主机的构成及功能

1）主机的构成

主机包括机柜（含子架）、总线板、主控单元、电源单元、后备电源（蓄电池）单元、卫星定位（GPS）单元、GSM–R 话音单元、GSM–R 数据单元、高速数据单元、记录单元、天线、接口单元、450 MHz 机车电台单元、800 MHz 列尾和 LBJ 车载电台单元等，各组成部分模块化，可根据功能要求进行模块配置。主机实物参考图如图 1–3 所示。

主机的构成及功能

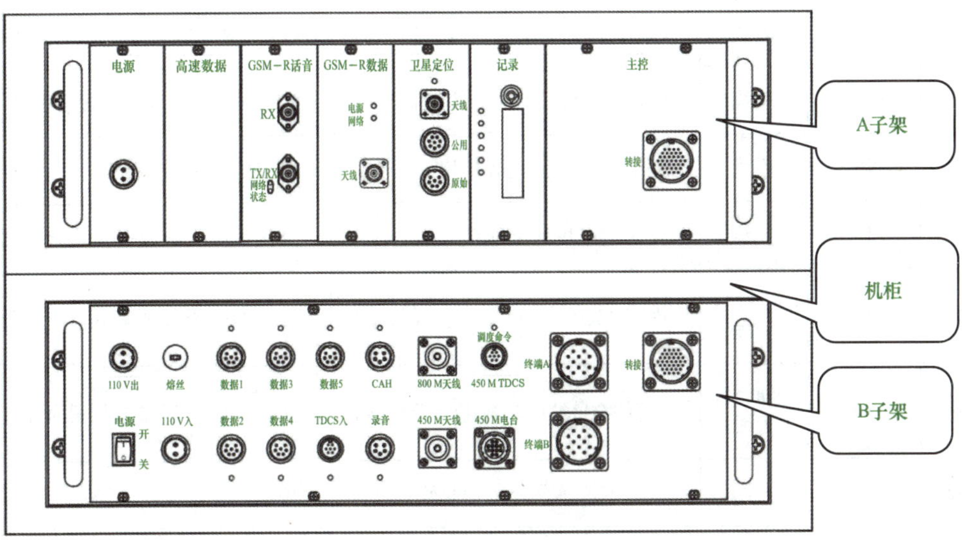

图 1–3　主机实物参考图

主机各部端口说明见表 1-1。

表 1-1 主机各部端口说明表

序号	端口代号	端口名称	定义	连接对象
1	A1/A2	终端 A/终端 B	MMI 接口	MMI
2	A3	450 M 电台	外置 450 MHz 机车电台控制接口	外置 450 MHz 机车电台主机（控制盒接口）
3	B1～B5	数据 1～数据 5	通用数据接口	B1：预留 B2：工务监测信息装置 B3：预留 B4：列车安全预警信息装置 B5：机车信号/列控设备动态监测装置（DMS）
4	B6	TDCS 入	TDCS 信息输入接口	TAX 装置
5	B7	450 M TDCS 出	450 MHz 机车电台外置时，向 450 MHz 机车电台输出 TDCS 信息的接口	外置 450 MHz 机车电台主机（TDCS 接口）
6	C	CAN	一般设置 LBJ 主机报警按键	LBJ 主机
7	P	电源入	CIR 直流供电输入接口	机车直流电源
8	R	录音	话音录音的输出接口	TAX（录音单元）
9	T1	天线	GSM-R 话音单元天线接口	GSM-R 天线或多频段合路器
10	T2	天线	GSM-R 数据单元天线接口	GSM-R 天线或多频段合路器
11	T3	天线	卫星定位单元天线接口	卫星定位天线
12	T4	天线	高速数据单元天线接口	高速数据天线或多频段合路器
13	T5	450 M 天线	内置 450 MHz 机车电台天线接口	450 MHz 天线或多频段合路器
14	T6	800 M 天线	内置 800 MHz 车载电台天线接口	800 MHz 天线或多频段合路器
15	G1	公用	卫星定位单元公用信息输出接口	预留
16	G2	原始	卫星定位单元原始信息输出接口	预留

2）主机的功能

根据单元模块的选配，CIR 可实现以下相应功能。

（1）具有 450 MHz 通用式机车电台的调度通信功能。

（2）具有 450 MHz 通用式机车电台承载的列车尾部风压、无线车次号、调度命令等数据信息的传输功能。

（3）具有 GSM-R 调度通信功能。

（4）具有 GSM-R 通用数据传输功能，根据承载业务的需要提供 GPRS 或电路方式数据传输链路。

（5）具有 800 MHz 列尾和列车安全预警功能。

（6）具有 IEEE 802.11b 无线宽带数据传输功能。

（7）具有持 GSM-R 工作模式、450 MHz 工作模式自动、手动转换功能和语音提示功能。

（8）具有上、下行线路分别设定工作模式转换点的功能。

（9）在根据卫星定位信息无法确定唯一的运行线路时，具有提示并手动选择运行线路的功能。

（10）当卫星定位单元失效时，具有手动转换工作模式和选择运行线路的功能。

（11）具有输出卫星定位原始信息、公用位置信息的功能。

（12）MMI 具有调度通信、通用数据传输所需的操作、状态显示及语音提示功能。

（13）具有主、副 MMI 之间通话功能。

（14）具有话音、数据业务和状态信息记录及转储功能。

（15）具有整机自检功能和故障定位功能（故障定位到单元模块），包括 450 MHz 机车电台单元、800 MHz 车载电台单元、GSM-R 话音单元、GSM-R 数据单元、记录单元、卫星定位单元、MMI、机车数据采集编码器、电池单元，并可将自检结果发送到库检设备。

（16）具有人工系统复位功能。复位重启后自动进入原注册状态。

（17）当主机关机时，具有电池单元放电电压检测功能。

3. CIR 附属设备

CIR 设备的附属设备包括 MMI、送（受）话器、扬声器、打印终端、合路器、机车数据采集编码器、连接电缆、天线等，参见图 1-1。

1）MMI

MMI 是 CIR 操作人员（司机）、维护人员的人机接口，其主要承担工作有信息显示、人机信息交流、控制操作传输等。从设备外形上分为竖立、横向两种结构，采用嵌入式安装。MMI 根据安装需要确定出线方向与主机、送（受）话器、扬声器、打印终端连接。

MMI

MMI 包括 5.7 寸显示屏、按键、外部接口。竖立式 MMI 面板及按键分布示意图如图 1-4 所示，横向式 MMI 面板及按键分布示意图如图 1-5 所示。

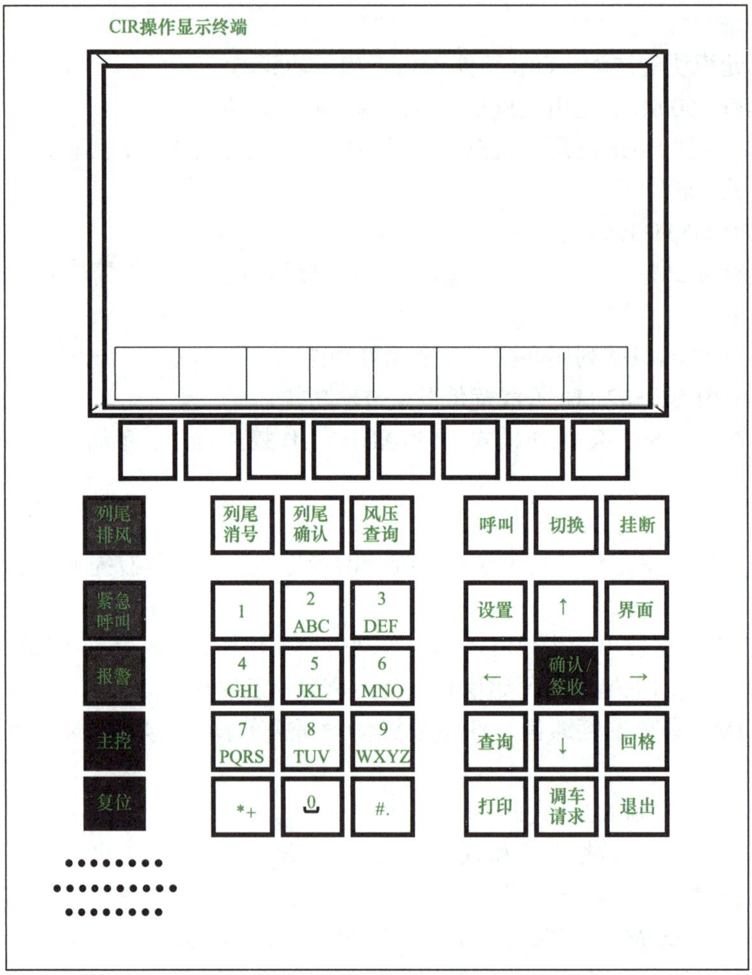

图 1-4　竖立式 MMI 面板及按键分布示意图

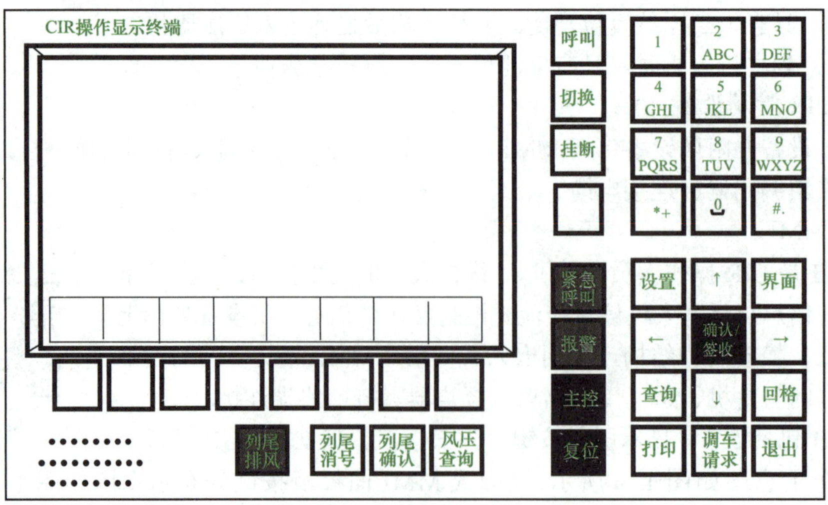

图 1-5　横向式 MMI 面板及按键分布示意图

MMI 各部端口说明见表 1–2。

表 1–2　MMI 各部端口说明表

序号	端口代号	端口名称	定义	连接对象
1	M1	主机	主机接口	主机
2	M2	送（受）话器	送（受）话器接口	送（受）话器
3	M3	打印终端	打印终端接口	打印终端
4	M4	扬声器	外接扬声器接口	外接扬声器

MMI 设置功能键、拨号键，各按键功能及颜色定义如下。

[报警]按键用于发送 800 MHz 二次防护报警信息。

[紧急呼叫]按键用于发起 GSM–R 铁路紧急呼叫。

以上按键颜色为红底白字。

[呼叫]按键在完成拨号后按该键进行呼叫，在副控状态下按该键呼叫另一个操作终端。

[切换]按键用于在呼叫等待时通话间的切换、快捷线路选择等。

[挂断]按键用于挂断通话。

数字及字母按键用于拨号、输入车次号、输入机车号、快捷项目选择等。

[设置]按键用于进入设置界面。

[界面]按键用于调度通信、调度命令等不同界面之间的切换。

[查询]按键用于查询调度命令等信息。

[回格]按键用于删除已输入的字符。

[打印]按键用于打印调度命令等信息。

[调车请求]按键用于发送调车请求信息。

[退出]按键用于返回上级界面。

[⇦]、[⇧]、[⇨]、[⇩]按键用于移动光标、调节音量、翻页、调节亮度等。

以上按键颜色为灰底黑字。

[复位]按键应能对整机进行重新启动。按键颜色：黑底红字。

[主控]按键实现副控状态到主控状态的切换。按键颜色：黑底白字。

[确认签收]按键用于确定选择信息、调度命令签收等。按键颜色：黑底白字。

[列尾排风]、[列尾消号]、[列尾确认]、[风压查询]按键用于完成列尾规定的功能。[列尾排风]按键颜色：红底白字，其他按键颜色：灰底黑字。

8 个可配置式按键根据工作模式定义按键功能，用于调度通信的呼叫。按键颜色：灰底。

2）送（受）话器

送（受）话器用于话音通话时信号的输入与输出，分为通用式和紧凑式两种。送（受）话器有两个呼叫按键及 PTT 按键，当 CIR 在 GSM–R 工作模式时，按键Ⅰ定义为“调度”，按键Ⅱ定义为“车站”；当 CIR 工作在 450 MHz 工作模式时，按键Ⅰ定义为“隧道车站”，按键Ⅱ定义为“平原车站”。

（1）通用式送（受）话器（见图 1-6）。

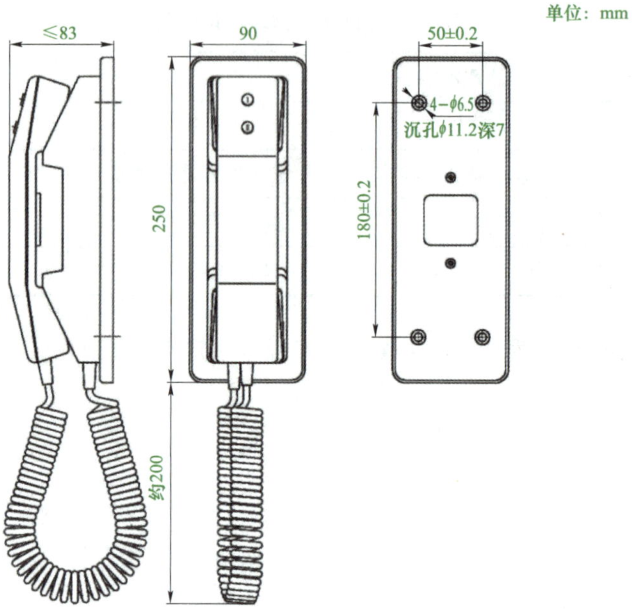

其他附属设备

图 1-6　通用式送（受）话器示意图

（2）紧凑式送（受）话器（见图 1-7）。

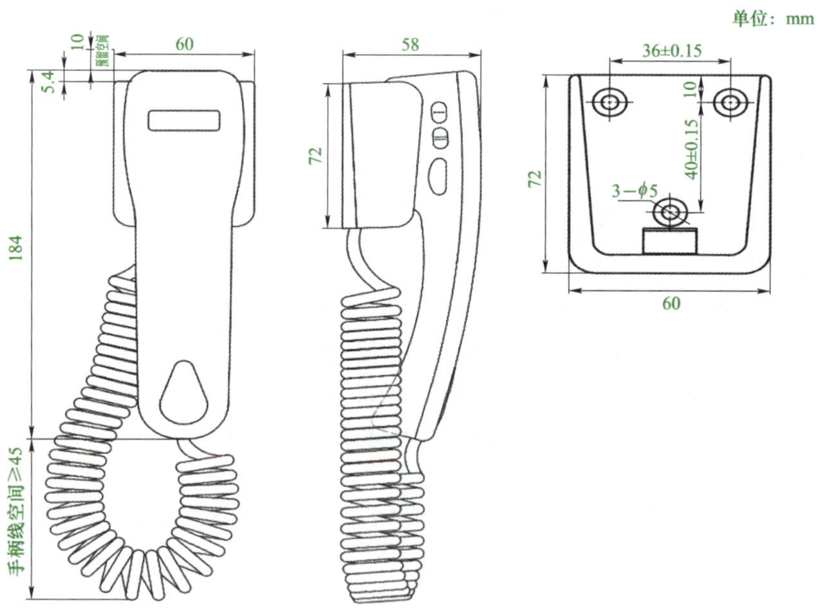

图 1-7　紧凑式送（受）话器示意图

3）打印终端

打印终端由 MMI 供电，通过串口方式与 MMI 通信，在 MMI 的控制下打印输出纸质调度命令等信息。打印终端如图 1-8 所示。

图 1-8　打印终端

4）合路器

合路器又称多路复用器，指利用一副天线能同时为几部发射机或几部接收机工作而不相互影响的一种器件，在 CIR 中主要用于 CIR 主机各类型及频段射频信号的合路，以减少机车车顶天线数量的目的，采用无源器件进行合路。多频合路器如图 1-9 所示。

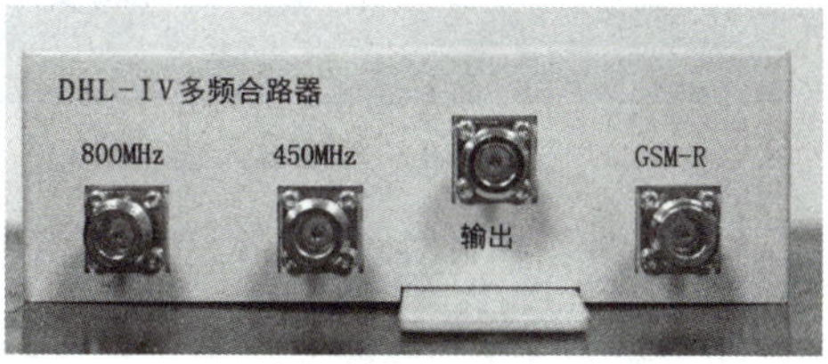

图 1-9　多频合路器

合路器的频带宽度应包括 450 MHz 频段、800 MHz 频段、GSM-R 频段、2.4 GHz 频段，要求各频段的合路数见表 1-3。

表 1-3　各频段的合路数

合路频段	450 MHz 频段	800 MHz 频段	GSM-R 频段	2.4 GHz 频段
合路数	1	2	2	1

5）扬声器

扬声器可根据实际应用要求确定采用内置或外置安装方式。采用内置安装方式时，将扬声器嵌入 MMI 内部；采用外置安装方式时，将扬声器与打印机进行组合安装。扬声器主要用于设备语音信息输出。

6）机车数据采集编码器

机车数据采集编码器采用单板式结构，安装在机车安全信息综合监测装置（简称“TAX 装置”）内采集列车车次号、机车号、公里标、列车启动和停稳等信息。机车数据采集编码器分为 A、B、C、D 四类：A 类编码器为模拟调制信号输出工作方式；B 类编码器为数字信号输出工作方式：C 类编码器兼具模拟调制信号输出和数字信号输出两种工作方式，根据需要设定；D 类编码器具备 C 类编码器的所有功能并另增加一路数字信号输出。现场一般采用 B 类编码器与 CIR 通信。

7）天线

机车天线为射频信号发送接收设备。根据现场应用情况选择不同型号使用。一般分为450 MHz机车天线、800 MHz机车天线、多频段天线、组合天线、GSM-R（900 MHz）语音/数据天线、GPS天线等。

在现场多采用多频段天线（DTX-Ⅰ、DTX-Ⅱ、DTX-Ⅲ）与合路器配合，以减少在机车顶上天线的安装数量，如图 1-10 所示。新一代动车组 GSM-R 天线采用 GSM-R、GPS 组合天线（DTX-Ⅳ）。

图 1-10　多频段天线

8）连接电缆

连接电缆是 CIR 各组件之间或对外的信号传导媒介，通过连接电缆互通信息或供电。一般有电源线、控制电缆、天线馈线等。

任务实施

CIR 是安装在机车（包括动车组，下同）上的车载无线通信终端设备，可以满足机车/动车组司机与地面行车指挥人员及列车上相关人员之间的各种通信需求。本次项目需对 CIR 设备进行认知与安装，完成 CIR 主机与附属设备的连接，并观察 MMI 显示界面是否正常。

任务 1.1　CIR 主机与附属设备的连接

本任务主要完成 CIR 主机与附属设备的连接，并通电测试。通过完成设备的连接达到进一步掌握 CIR 各部分组成的目的。操作主要步骤如下所述。

CIR 的组成及连接

1. 设备准备

根据图 1-1 的设备组成图，确定所需的设备并准备好。本项目所需要的设备清单如下：

（1）CIR 主机 1 台；

（2）MMI 2 台；

（3）450 MHz 天线 1 个；

（4）GSM-R 话音天线 1 个；

（5）GSM-R 数据天线 1 个；

（6）GPS 天线 1 个；

（7）800 MHz 天线 1 个；

（8）送（受）话器 2 个；

（9）打印终端 2 个。

（10）连接电缆若干。

2. 线缆连接

（1）110 V 电源引入线接入主机 B 单元的“110 V 入”插座和机车 110 V 直流电源（机车端需经过开关及保险）。

（2）110 V 电源转接线接主机 B 单元“110 V 出”和主控单元“110 V 入”。

（3）控制电缆接主机 B 单元的“终端 A”插座和 MMI 操作终端的“主机”插座。

（4）转接电缆接主机 B 单元的“转接”插座和主机 A 单元的“主控”机盘面板上的“转接”插座。

（5）天线馈线接 900 MHz 天线和主机 A 单元的“GSM-R 语音”单元、“GSM-R 数据”单元面板上的“TX/RX”插座。

（6）天线馈线接 GPS 天线和主机“GPS”单元面板上的“天线”插座。

（7）天线馈线接450 MHz天线和主机B单元的“450 MHz天线”插座（内置450 MHz机车台）。

（8）控制电缆接 450 MHz 机车台“控制盒”插座和 CIR 主机“450 M 电台”插座（外置 450 MHz 机车台）。

（9）450 MHz 机车台-CIR 主机 TDCS 电缆接 450 MHz 机车台“TDCS”插座和 CIR 主机“450 MHz TDCS”插座（外置 450 MHz 机车台）。

（10）天线馈线接 800 MHz 天线和主机 B 单元的“800 MHz 天线”插座（内置 800 MHz 机车台）。

（11）打印终端连接电缆接打印终端“显示器”插座和 MMI 操作终端的“打印”插座。

（12）送（受）话器接至 MMI 操作终端的“送（受）话器”插座。

（13）外接扬声器接至 MMI 操作终端的“扬声器”接口（内置扬声器时不接）。

注意：设备连接时，先关闭设备开关电源，禁止带电插拔线缆。线缆连接如图 1-11 所示。

3. 通电检测

（1）将直流稳压电源调到 110 V。

（2）依次打开 B 子架、A 子架、MMI 的电源开关。

（3）观察 CIR 主机指示灯是否正常，MMI 显示屏是否显示图像。

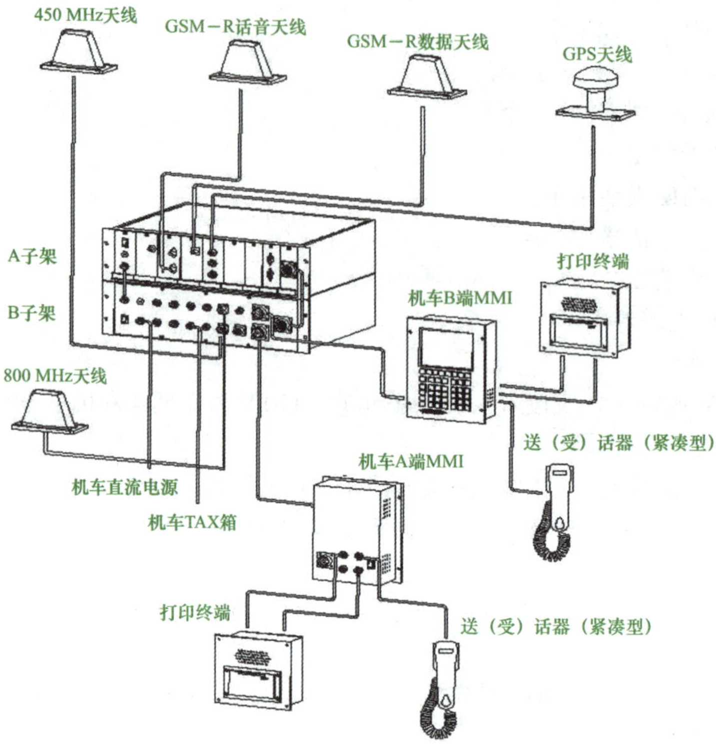

图 1-11　CIR 设备连线示意图

任务 1.2　观察 MMI 主界面

1. 开机

CIR 加电后，MMI 根据上次关机时的状态进入 450 MHz 模式或 GSM-R 模式主界面，分别如图 1-12、图 1-13 所示。

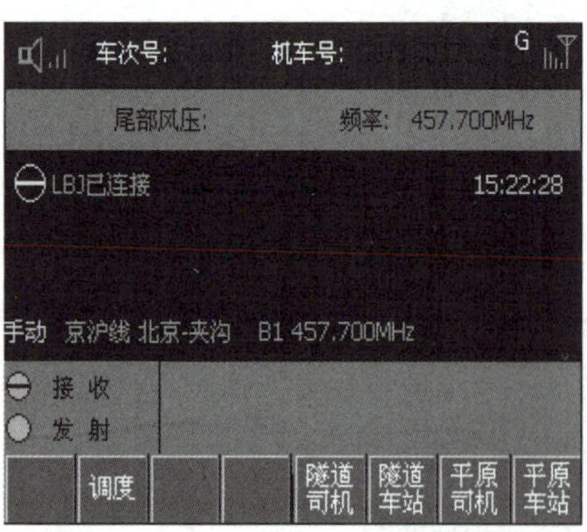

图 1-12　450 MHz 模式主界面

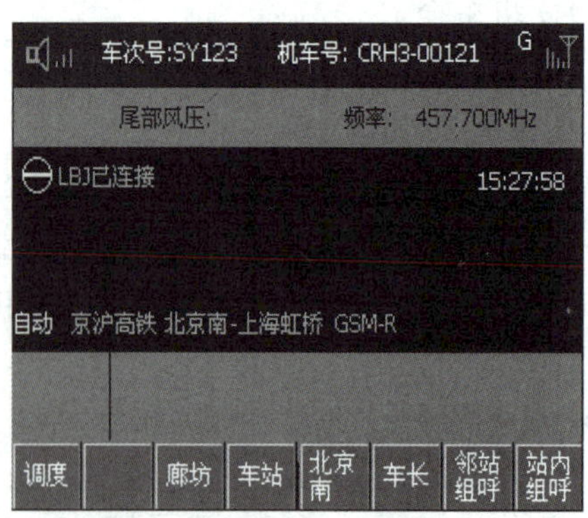

图 1-13　GSM-R 模式主界面

2. 主控切换

当 MMI 处于副控状态时，MMI 显示屏功能按键区无显示，如图 1-14（a）所示。

司机需按下主控键 3 s 以上，手动将 MMI 切换至主控状态，如图 1-14（b）、（c）所示。

（a）副控状态的功能按键区

（b）450 MHz 模式下主控状态的功能按键区

（c）GSM-R 模式下主控状态的功能按键区

图 1-14　不同状态下的功能按键区

3. 界面介绍

MMI 在守候状态下的主界面，从上到下依次分为：基本信息显示区、列尾状态显示区、安全预警显示区、工作模式及运行线路显示区、调度通信状态显示区和功能按键显示区，一共 6 个区域，如图 1-15 所示。

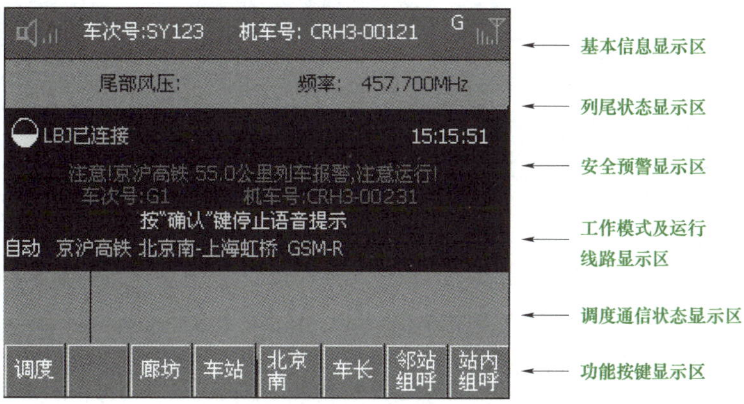

图 1-15　MMI 主界面

基本信息显示区：在这个显示区域，显示内容包括扬声器或听筒的音量、车次号和机车号、GSM-R 话音单元场强信息、GSM-R 数据单元状态等。左侧的图标显示的是扬声器或听筒的音量，在挂机状态下显示扬声器音量，在摘机状态下显示听筒音量。右侧的 GSM-R 话音单元场强信息图标显示 GSM-R 话音单元接收到的网络信号强度。当车次号和机车号内容显示为白色时，表示功能号已注册，显示为黑色时表示功能号未注册。当车次号获取方式设定为“自动”时，“车次号：”字符为白色字体；当车次号获取方式设定为“手动”时，“车次号：”字符为黑色字体。如果 GSM-R 数据单元已获取 IP 地址，右上角显示白色“G”；当 GSM-R 数据单元处于重启、无接收信号、GPRS 网络附着、PDP 激活等过程时，符号“G”不显示，表示 GSM-R 数据单元不能正常进行 GPRS 数据传送。

列尾状态显示区：此区域显示与列尾相关的各种信息。主要信息包括列尾的连接状态、风压数值等。在与不同制式的列尾配合使用时，显示的内容不同。

安全预警显示区：此区域显示列车安全预警信息。在 CIR 装备有 LBJ 单元时，此区域显示列车防护报警的各种状态提示信息。右上角显示卫星定位状态和当前时间（24

小时制）。当卫星定位信息有效时，当前时间显示为黄色；当卫星定位信息无效时，当前时间显示为红色。

工作模式及运行线路显示区：此区域显示工作方式、线路名称、运行区段、工作模式等信息。

调度通信状态显示区：此区域显示调度通信的呼出、呼入、通话等状态信息。在450 MHz 工作模式下，还显示 450 MHz 机车电台的收发状态，发射状态红色实心圆亮表示机车电台的发射机正在发射，接收状态绿色上半实心圆亮表示机车电台接收到异频信号，下半实心圆亮表示机车电台接收到同频信号。

功能按键显示区：此区域用于显示司机可单键发起呼叫的按键名称，在 450 MHz 模式下显示“调度”“隧道司机”“隧道车站”“平原司机”“平原车站”，参见图 1-12；在 GSM-R 模式下显示“调度”“车长”“邻站组呼”“站内组呼”及根据列车运行位置显示的车站名称，参见图 1-13。

任务评价

CIR 的认知任务评价见表 1-4。

表 1-4　CIR 的认知任务评价表

班级		学号		姓名		
评价项目	评价内容		分值	学生自评	小组互评	教师评分
实践过程评价	设备放置	1. CIR 主机放置规范操作和位置正确； 2. MMI 位置正确； 3. 天线放置正确	10			
	线缆连接	1. CIR 主机与 MMI 连接正确； 2. CIR 主机与天线连接正确	20			
	设备调试	1. CIR 开机顺序正确； 2. MMI 主界面显示正确	20			
实践成果评价	CIR 连接	CIR 主机与附属设备连接	10			
	MMI 显示	MMI 主界面显示	10			
职业素养	安全操作	操作过程无安全隐患	10			
	规范操作	遵守设备操作规程和实训室制度	10			
	合作能力	沟通、协调、合作	10			
总分			100			

知识拓展

1. 小型化 CIR 设备介绍

CIR 是铁路列车专用的无线通信设备，是传统无线列调电台的升级产品，是保障 GSM-R 区段行车安全的必备设备。作为铁路通信部门及人员，承担着保障设备正常运行的重任。要做到对系统组成、设备类型、单元模块、每个接口和线缆都心中有数，严格按照工作规范完成巡视、测试、故障处理等任务。

为了适应机车安装位置的要求，CIR 又分为标准型 CIR 和小型化 CIR。以 WTZJ-Ⅱ型 CIR（小型化）为例，其外观如图 1-16 所示。

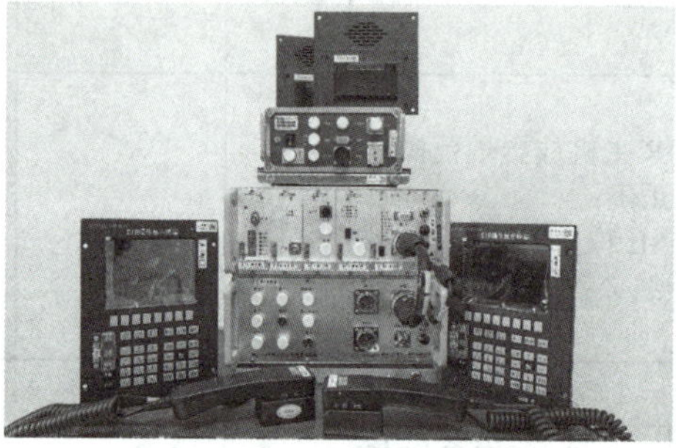

图 1-16　WTZJ-Ⅱ型 CIR

小型化 CIR 主机包括机柜（含 A、B 子架）、主控单元、电源单元、电池单元、卫星定位单元、GSM-R 话音单元、GSM-R 数据单元、高速数据单元、记录单元、天馈单元、450 MHz 机车电台单元、接口单元等，需外置 LBJ。各组成部分模块化，可根据功能要求进行模块配置。

WTZJ-Ⅱ型 CIR 控制面板和电源面板在同一块板上，组件如图 1-17 所示。

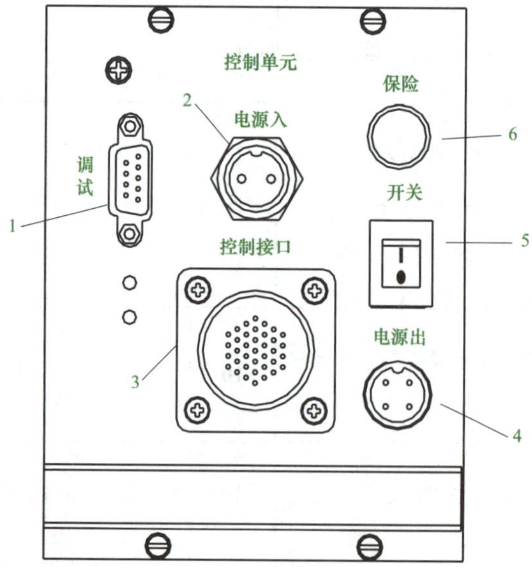

1—调试接口；2—外接直流电源输入口（外置 DC 24 V 时接电源转接盒）；3—A、B 子架控制接口；
4—B 子架供电接口（外置 DC 24 V 时不用）；5—外接直流电源开关；6—外接直流电源保险 5 A，DC 24 V 时保险为 10 A。

图 1-17　WTZJ-Ⅱ型 CIR 的电源面板组件

WTZJ-Ⅱ型 CIR 的 B 子架面板组件如图 1-18 所示。

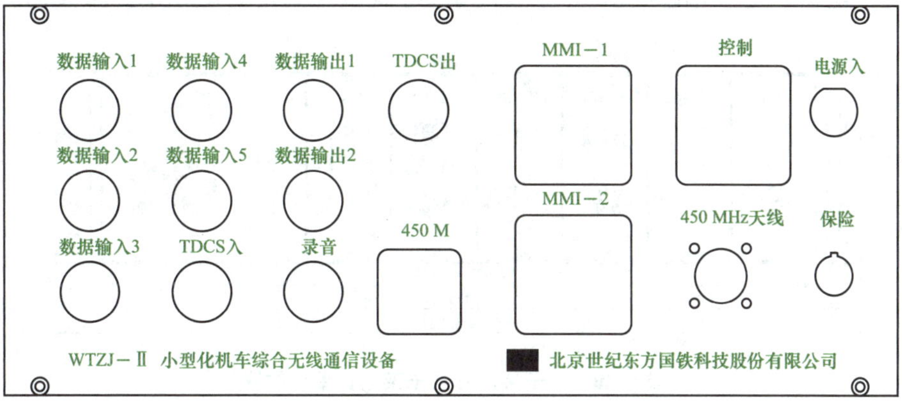

图 1-18　WTZJ-Ⅱ型 CIR 的 B 子架面板组件

图 1-19 为 WTZJ-Ⅱ型 CIR 设备连接示意图。注意：如果外接输入电源为 DC 24 V，机车电源先接入电源转接盒，电源转接盒输出分别接 A、B 子架的电源入（4 芯）。如果含有合路器，安装天线时，对应不同型号的合路器，天线的安装方式稍有不同。

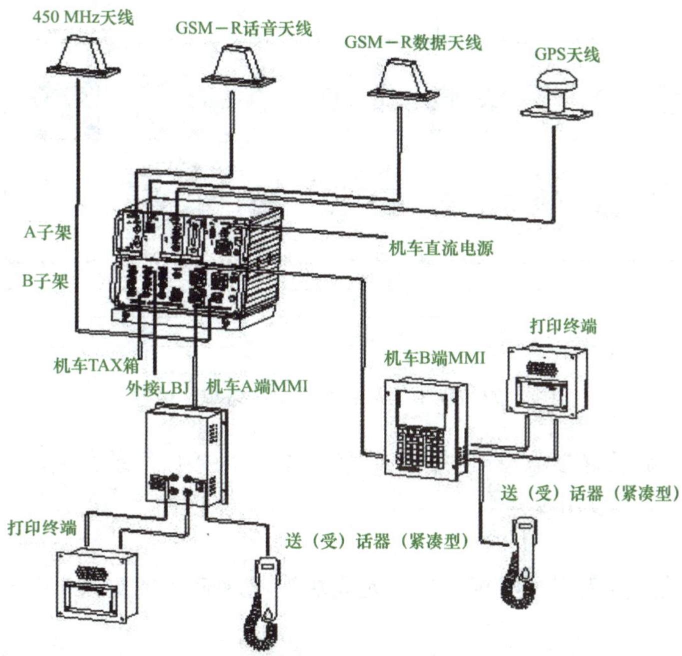

图 1-19　WTZJ-Ⅱ型 CIR 设备连线示意图

2. CIR 主机各模块的配置

CIR 设备主机包括 A、B 子架，根据通信业务的不同需求可以对各功能模块单元进行选配。

1）A 子架及子架内各单元

A 子架前面板各单元采用插板安装方式，单元间利用母板进行连接。A 子架包括主控单元、卫星定位单元、GSM-R 话音单元、GSM-R 数据单元、高速数据单元、记录单元、电源单元和电池单元。A 子架尺寸及子架内各单元位置如图 1-20 所示。

单位：mm

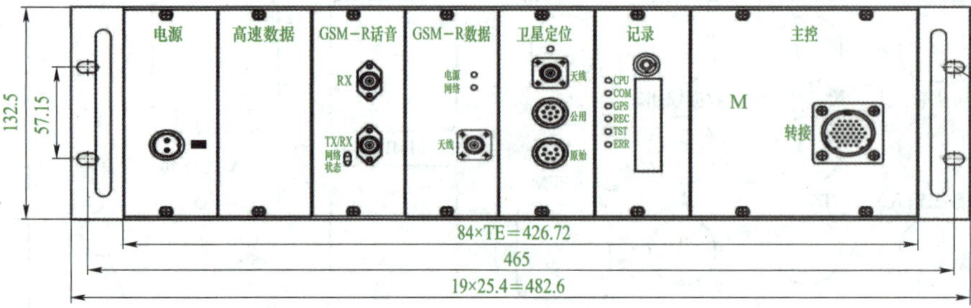

图 1-20　A 子架尺寸及子架内各单元位置

2）B 子架及子架内各单元

B 子架设置前面板接口单元和机车电台。标准型内部放置 450 MHz 机车电台单元、LBJ 单元；小型化 CIR 内部放置 450 MHz 机车电台单元，LBJ 单元外置。B 子架尺寸及子架内各单元位置如图 1-21 所示。

单位：mm

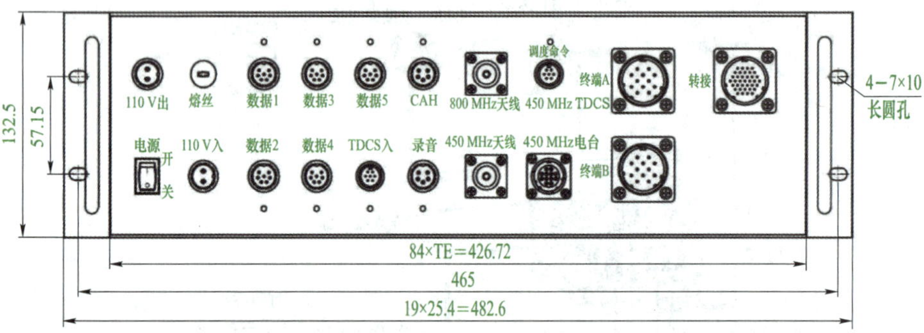

图 1-21　B 子架尺寸及子架内各单元位置

接口单元面板设置 2 个 MMI 接口、5 个数据应用接口、录音接口、LBJ 主机报警按键、电源插座、电源开关等。

3）单元模块选配

可根据通信业务需求选配相应的单元模块配置，应符合表 1-5 中的规定。

表 1-5　单元模块选配表

模块配置	通信类型			
	GSM-R 通信	450 MHz 通信	高速数据通信	列车安全预警
机柜	√	√	√	√
主控单元	√	√	√	√
接口单元	√	√	√	√

续表

模块配置	通信类型			
	GSM-R 通信	450 MHz 通信	高速数据通信	列车安全预警
卫星定位单元	√	√		
GSM-R 话音单元	√			
GSM-R 数据单元	√			
高速数据单元			√	
450 MHz 机车电台单元		√		
记录单元	√	√		√
电源单元	√	√	√	√
电池单元	√			
800 MHz 车载电台单元				√

注：标“√”表示对应通信类型必须配置的单元模块。

4）供电电源和最大功耗要求

电源单元应能适应不同类型机车（含动车组、大型养路机械和轨道车等自轮运转设备）电源（蓄电池）供电条件，标称（额定）电压（U_n）为 24 V、48 V、72 V、96 V 和 110 V。电源单元输出电压为 11.8～14 V。电源单元适应的供电条件为：最低工作电压为 $0.7U_n$，最高工作电压 $1.25U_n$。正常工作时整机总功耗不大于 300 W（全配置），开机最大瞬间功耗不大于 3 000 W。各单元模块供电电源和最大功耗见表 1-6。

表 1-6　各单元电源要求表

序号	单元名称	额定工作电压	最大功耗	备注
1	GSM-R 话音单元	+12 V	39 W	瞬态发射功耗
		+5 V	16 W	瞬态发射功耗
2	GSM-R 数据单元	+12 V	39 W	瞬态发射功耗
		+5 V	16 W	瞬态发射功耗
3	高速数据单元	+12 V	25 W	
4	卫星定位单元	+12 V	5 W	使用 GPS 时
5	记录单元	+12 V	5 W	
6	MMI、打印终端	+12 V	25 W	单端 MMI、打印终端
7	450 MHz 机车电台单元	机车直流电源	60 W	
8	800 MHz 车载电台单元	机车直流电源	60 W	

复习思考题

1. CIR 实现的有哪些功能？
2. CIR 主机的组成有哪些？A、B 子架各包含哪些模块？
3. CIR 主机各模块有哪些功能？
4. MMI 的作用是什么？与哪些设备连接？
5. 简述送（受）话器的种类和在不同的工作模式下按键的定义。
6. CIR 使用天线的种类有哪些？分别接什么模块？
7. 什么是合路器？使用合路器的优点是什么？
8. WTZJ–I 标准型 CIR 主控单元的主要功能有哪些？
9. 简述 GSM–R 话音单元指示灯与工作状态。
10. 简述 GSM–R 数据单元指示灯与工作状态。
11. 根据机车内部安装条件，CIR 主机安装方式有哪几种？

学习笔记

项目 2 车载无线通信设备的调试

项目导入

近年来，铁路新线建设主要使用 GSM-R 系统，既有线还有大量 450 MHz 无线列调系统在使用。为解决目前两个系统网络并存情况下移动机车的电台适应性，机车上装备了机车综合无线通信设备（CIR）。CIR 是基于 450 MHz 列车无线调度通信、GSM-R 语音和数据、800 MHz LBJ 等系统的机车终端设备，既满足了以往 450 MHz 列车无线调度通信的需求，也适应了铁路专用移动通信系统 GSM-R 的需求。

本项目将介绍 CIR 设备在 450 MHz 工作模式和 GSM-R 工作模式下的调试。CIR 加电后，MMI 根据上次关机时的状态进入 450 MHz 模式或 GSM-R 模式主界面，通过工作模式选择可进行 450 MHz 或 GSM-R 两种工作模式间的切换。CIR 在 GSM-R 模式下必须进行车次号注册，在 450 MHz 模式下必须进行车次号设置。

思维导图

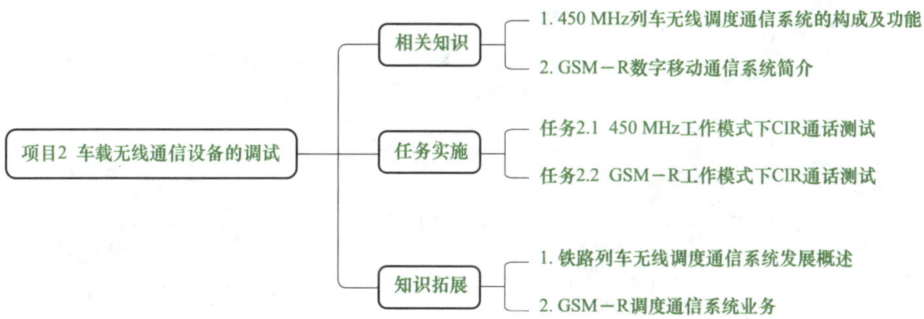

学习目标

1. 知识目标

- 了解 450 MHz 列车无线调度通信系统的构成；
- 了解 GSM-R 系统的网络结构；
- 掌握 CIR 的设置和基本操作。

2. 能力目标

- 能够完成无线列调设备通话功能测试；
- 能进行各项业务试验，确认无线列调设备运行状态。

3. 素养目标

- 培养责任感和服务意识；
- 培养分析问题、解决问题的能力。

知识链接

1. 450 MHz 列车无线调度通信系统的构成及功能

1）450 MHz 列车无线调度通信系统的构成

450 MHz 列车无线调度通信系统由调度总机、车站设备（车站台、车次号车站接收解码器、调度命令传送车站转接器等）、机车设备（机车台、车次号机车编码器等）、便携台、区间设备（中继器、异频中继电台、光纤直放站、射频漏缆等）、系统监测设备、机车出入库检测设备等共同组成。铁路 450 MHz 列车无线调度通信系统的组成如图 2-1 所示。

450 MHz 列车无线调度通信系统的构成

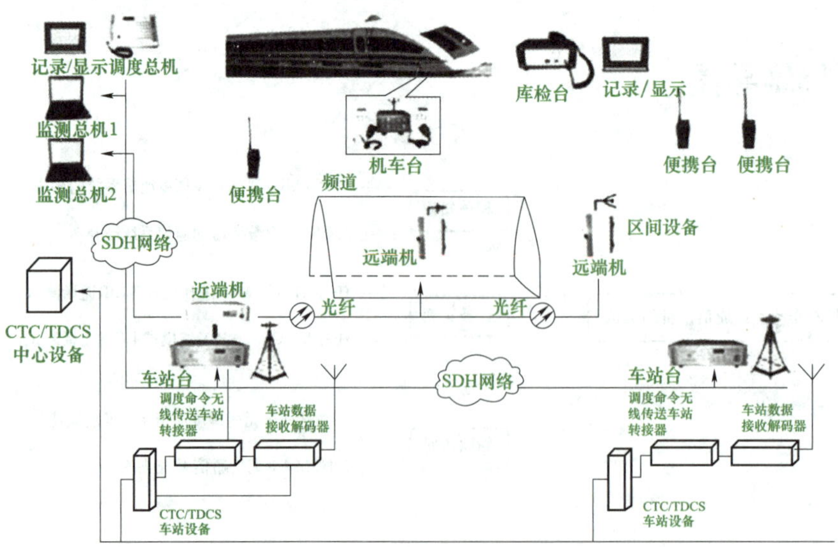

图 2-1　450 MHz 列车无线调度通信系统的组成图

（1）调度总机。

调度总机包括调度总机、控制盒、录音机及连接电缆。调度总机是列车无线调度通信系统中的地面固定设备，设置在调度所，通过四线制有线线路与车站台连接。调度总机由调度员操作使用，通过选择本调度区段与机车邻近的车站台自动转接并发出呼叫，调度员可呼叫司机。

（2）车站台。

车站台包括车站台主机（含电源、转接接口）、控制盒及连接电缆、天线及馈线、蓄电池。车站台放置在铁路沿线各车站，主要由车站值班员操作使用，完成调度员、车站值班员、机车司机、列车长之间的通信。

（3）机车台。

机车台包括机车台主机（含电源）、主/副控制盒及连接电缆、送话器、扬声器、天线及馈线。机车台安装在牵引机车上，内燃机车、电力机车的机车台由机车直流控制电源系统供电，轨道车上的电台由蓄电池供电，机车台供机车司机使用，用于机车司机与调度员、车站值班员、其他机车司机、列车长之间通信联系。

（4）便携台。

包括主机、电池、天线、充电器，便携台可通过内置电池供电。主要用于车站助理值班员、列车长等人员与机车司机、车站值班员及其他使用便携台的人员进行通话。

（5）区间设备。

区间设备包括中继器、区间电台、多频互控电台、异频中继电台、光纤直放站（近端机、远端机）、射频漏缆、监测设备及其他附属设备等。

（6）系统监测设备。

系统监测设备由系统管理器、监测总机及辅助设备（包括调度总机、车站台、中继器、区间台检测单元和参数设置电路）组成。

（7）机车出入库检测设备。

机车出入库检测设备由机车出入库检测主机（包括计算机、打印机、电台主机、天馈线）、启动信号发送设备及相应的机车台内的检测单元等组成。

（8）列车无线车次号校核信息传送设备和调度命令信息无线传送设备。

列车无线车次号校核信息传送设备包括机车数据采集编码器和采用 450 MHz 专用频道工作的车站数据接收解码器；调度命令信息无线传送设备主要包括车站数据接收解码器、调度命令无线传送车站转接器，以及 CTC/TDCS 车站设备等组成。

2）特点

（1）450 MHz 列车无线调度通信就其通信范围看，属于带状移动通信，根据铁路区段指挥调度的特点，在每一个调度区段设置一套系统，采用小功率多设台的方式。

由于系统主要供调度所的调度员、沿线车站值班员与调度区间的机车司机通信用，铁路线又呈现带状延伸，因此调度所、车站、机车上设置大功率电台的方法，显然是既不经济也不合理。故系统采用在沿线各车站与机车上设小功率电台的方法，调度员借助于机车附近的车站台和机车司机通信。通常车站台之间的距离为 5～10 km，在每一个车站和机车均设置 3～10 W 的小功率电台。两相邻车站电台无线信号连续覆盖，且车站电台的覆盖通常不应小于两相邻电台之间距离的二分之一。无线信号沿铁路线带状覆盖示意图如图 2–2 所示。

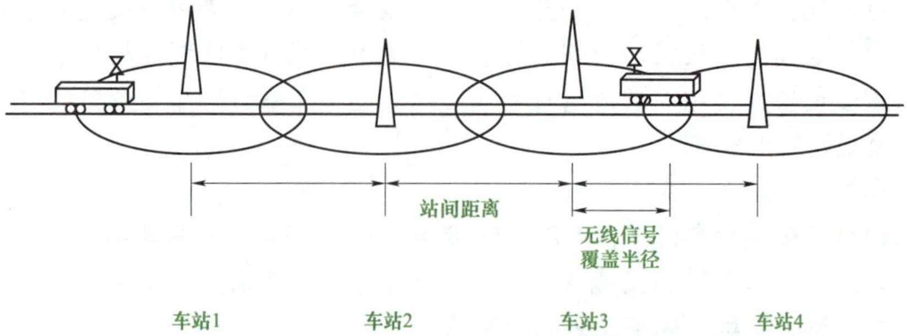

图 2–2　无线信号沿铁路线带状覆盖示意图

（2）450 MHz 列车无线调度通信系统采用有线与无线相结合的组网方式。

车站和机车设置小功率电台后，当调度员与机车司机通信时，在调度所的调度员通过无线调度通信系统的调度总机及与其连接的有线四回线通道，控制被呼叫机车附近的车站台（或调度区段沿线所有车站台）以无线方式与机车司机建立通信通道的，构成调度员、车站值班员、机车司机之间的“大三角”通信；在调度员不使用车站台时，机车司机、车站值班员及车长之间的通信直接采用无线方式，构成机车司机、车站值班员及列车长之间的“小三角”通信。

若在山区多隧道的弱场强区段，需要借助洞口、洞内中继器或光直放站等区间设备完成系统的“大三角”“小三角”通信。

（3）450 MHz 列车无线调度通信系统除语音通信外，还可以进行数据传输。

系统除完成一般的语音通信外，还可以完成 CTC/TDCS（Centralized Traffic Control/Train Operation Dispatching Command System）的车次号信息和调度命令信息的数据传送，这些数据传输方式采用 FFSK 编码方式，通过系统中的列车无线车次号校核信息传送设备和调度命令信息无线传送设备及 CTC/TDCS 车站设备、CTC/TDCS 中心设备实现。

3）系统功能

列车无线调度通信系统可以实现调度员、车站值班员、机车司机之间的“大三角”通信，以及车站值班员、机车司机、列车长之间的“小三角”通信。调度员、车站值班员、机车司机、列车长可以通过这种“大、小三角”通信进行日常行车的调度指挥，调度员、车站值班员均可以向司机预告有关前方信号显示状态，以便控制速度或不停车通过等，司机发现进路不对或线路有异状时，也可通知车站值班员及时处理，以及传输调度命令信息和车次号信息，从而构成了以列车无线调度通信为基础的行车安全防护信息网络。归纳起来有以下主要功能。

系统功能

调度员可按车次号个别呼叫司机并通话，也可对调度区段内的所有机车全呼、通话并发布通告。

调度员采用选站呼叫后，当车站台占用时，可向调度台示忙。在紧急情况下，调度员可优先与司机通话。

车站值班员与司机、司机与邻近机车司机及他们与列车长之间

450 MHz 列车无线调度通信的制式

可以呼叫通信。

车站台、机车台、便携台之间可采用亚音信令方式呼叫，也可采用话音直接呼叫便携台。

调度所的设备、车站台和机车台之间具备双向数据传输功能，可以传送实时数据、短数据或报文数据，以完成无线车次号校核信息传送和调度命令信息无线传送。

调度总机、车站台和机车台具有录音功能或录音接口。

系统监测设备（系统管理器、监测总机）与调度总机可共用调度回线，可采用无线或有线方式完成对调度总机、车站台、中继设备运行状态数据的实时收集监控。

系统用户和通信频率配置

系统各部分设备完成的功能如下。

（1）调度总机的基本功能。

① 调度员可对该调度区段的所有机车进行呼叫、通话，通告发布。

② 调度员采用选站呼叫后，当车站台占用时，可向调度台示忙。在紧急情况下，调度员可优先与司机通话。

系统的控制、呼叫、回铃信号

③ 调度员与司机、车站值班员之间的通话均可录音，并提供通话记录存储、查询功能。

④ 调度总机具有开机自检、定时自检、手动自检等自检功能，并允许监测总机对调度总机进行监测。当监测总机监测时，如果调度员通话，则监测中断；自动监测时，通话完毕后该中断能自动恢复。

（2）车站台的基本功能。

呼叫控制过程

① 无线通信功能。实现调度员与机车司机间通信的无线通路，车站台与机车台相互呼叫并通信及与便携台的相互通话。

② 有线通信功能。实现车站台与调度总机有线通信的功能。

③ 语音输出功能。能对所有本机通话的语音信号进行处理输出，以方便外接录音仪等记录设备。

④ 调度命令转接功能。承载调度命令无线传送系统业务，通过调度命令接口向调度命令转接器传送调度命令信息。

⑤ 承载无线车次号校核信息传送业务。TDCS 数据接收解码器系统是无线车次号校核系统中的车站设备。

（3）机车台的基本功能。

① 实现机车司机与行车指挥人员的通话，包括：接收调度员呼叫并通话；与车站电台相互呼叫并通话；与其他机车电台相互呼叫并通话；与便携台相互呼叫并通话。

② 承载无线车次号校核信息传送业务。

③ 承载调度命令无线传送业务。

④ 承载 450 MHz 列车尾部风压报警信息业务。

（4）区间设备的基本功能。

区间设备组主要用于解决铁路沿线路堑、大弯处、隧道群、长大隧道及山区地带等地段受到障碍物的遮挡而形成弱场区和场强盲区的场强覆盖问题。

（5）系统监测设备的基本功能。

系统监测设备（系统管理器、监测总机）与调度总机可共用调度回线，在调度回线空闲时，可采用有线方式完成对调度总机、车站台、中继设备运行状态数据的实时收集监控。

一般系统的监测项目包括车站台、区间台的发射机性能、接收机性能、呼叫控制信号、调制解调器、有线线路收发电平、电源等；调度总机的呼叫控制信号、调制解调器、有线线路收发电平、电源等；中继器的正向主用/备用放大器工作状态、反向主用/备用放大器工作状态、主/备用电源等。在自动监测过程中，能自动发出故障告警指示（声音提示和显示）。

（6）机车出入库检测设备的基本功能。

主要完成机车出入库的自动检测，检测项目主要有发射机性能、接收机性能、呼叫控制信号、调制解调器、电源等。自检可由人工启动，也可由机车台接收启动检测信号，自动向机车出入库检测主机传送检测结果信息数据。要完成上述基本功能，要求被测的机车台具有自检功能。

（7）列车无线车次号校核信息传送设备和调度命令信息无线传送设备的基本功能。

车站数据接收解码器主要用于在 450 MHz 的专用频道上接收按规定条件通过机车电台发送的车次号信息，并对数据纠、检错解码，确认信息无误后读取位置信息进行公里标比较。经比较后如果确认为本站辖区列车传来的信息，则把接收的信息重新打包，通过 RS422 接口送到本站 CTC/TDCS 车站分机。

调度命令无线传送车站转接器则是通过控制车站台建立无线信道，接收 CTC/TDCS 设备发送的调度命令信息，并由车站台进行发送；同时由接收机车设备中的调度命令机车装置发送自动确认、签收、调车请求等信息给 CTC/TDCS 设备。设备可以记录转发的调度命令信息及自动确认、签收、调车请求等信息，并可存储信息，以及利用专用设备读出储存的信息。

2. GSM-R 数字移动通信系统简介

1）GSM-R 数字移动通信系统结构

GSM-R 是 GSM for Railway 的简称，是专门为铁路通信设计的，在 GSM 系统上增加了调度通信功能而构成的一个综合专用移动通信系统，它基于 GSM 的基础设施，提供的业务包括话音业务、数据业务、与呼叫相关的业务和铁路特定业务，并可在上述业务的基础上扩展新的应用。

GSM-R 数字移动通信系统结构

2000 年底，铁道部正式确定将 GSM-R 作为我国铁路专用移动通信的发展方向。2006 年，青藏铁路开通，GSM-R 网络投入运用。截至 2021 年底，我国 GSM-R 网络总覆盖里程已经达到 8.9 万 km，其中高速铁路突破 4 万 km。自 GSM-R 应用以来，我国积极开展基础理论研究工作和应用技术条件制定等工作，推进设备及终端的国产化，着力开发铁路新应用，如 CTCS-3 级列车运行控制系统、机车同步操控系统、物联网等，在 GSM-R 的研究、开发和建设中取得了多方面成果。

GSM-R 系统主要包括移动交换子系统（switching subsystem，SSS）、移动智能网（intelligent network，IN）子系统、通用分组无线业务（general packet radio service，GPRS）

子系统、无线子系统（base station system，BSS）、无线终端（mobile station，MS）、运营与支撑子系统（operation support system，OSS），如图 2-3 所示。GSM-R 系统通过 SSS 中的网关移动交换中心（gateway mobile switching center，GMSC）与其他通信网络的电路域业务进行互联互通，通过 GPRS 业务支持节点（gateway GPRS support node，GGSN）与其他数据信息网络的分组域业务进行互联互通。

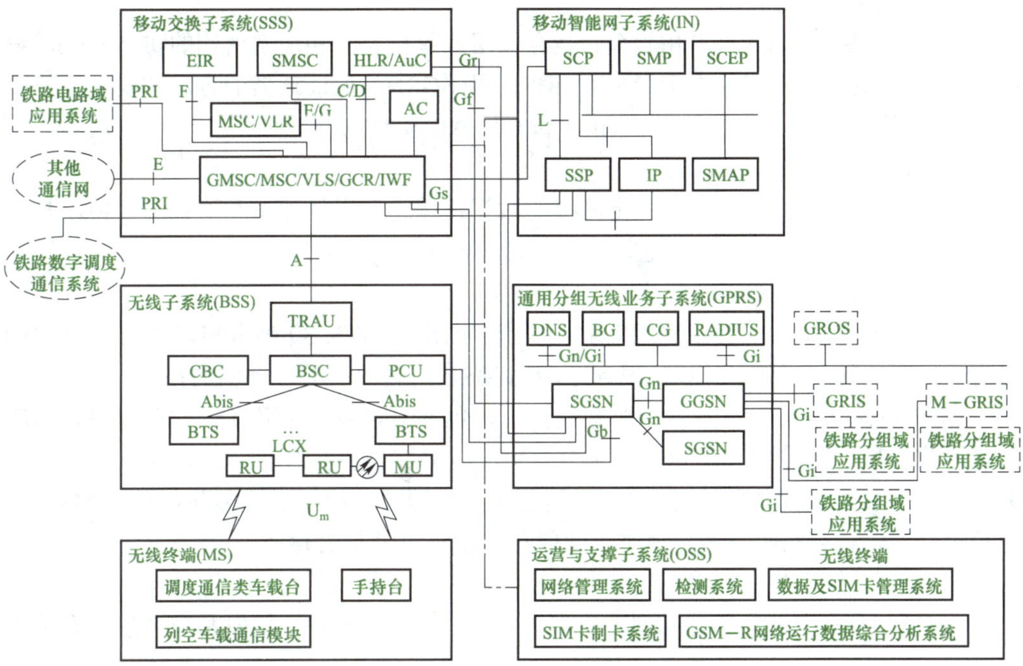

图 2-3　GSM-R 数字移动通信系统结构示意图

（1）移动交换子系统（SSS）。

SSS 主要完成用户的业务交换功能及用户数据与移动性管理、安全性管理所需的数据库功能。SSS 提供的业务包括点对点话音呼叫［MS 之间、MS 与有线 FT（Fiber Trunk Cable）之间］、组呼、广播呼叫、多方通信、公众紧急呼叫的基本话音呼叫业务和电路域数据传输业务。

SSS 由一系列功能实体构成，包括 MSC、VLR 和 HLR 等。各功能实体之间通过 No.7 信令协议互相通信，各功能实体如下。

① 移动业务交换中心（MSC）。

MSC 是网络的核心，负责用户的移动性管理和呼叫控制。GMSC 是 GSM-R 网与其他通信网互联互通的关口局。

② 拜访位置寄存器（VLR）。

VLR 是一个动态数据库，负责存储进入该控制区域内已登记用户的相关信息，为移动用户提供呼叫接续的必要数据。当 MS 漫游到一个新的 VLR 区域后，该 VLR 向 HLR 发起位置登记，并获取必要的用户数据；当 MS 漫游出控制范围后，需要删除该用户数据。VLR 存有用户所属组的 ID 列表。当用户漫游时，这些信息从 HLR 中获得。

③ 归属位置寄存器（HLR）。

HLR为CS域和PS域共用设备，是一个负责管理移动用户的数据库。HLR存储本归属区的所有移动用户数据，如识别标志、位置信息、签约业务等。当用户漫游时，HLR接收新位置信息，并要求前VLR删除用户所有数据。当用户被叫时，HLR提供路由信息。

④ 鉴权中心（AuC）。

AuC为CS域和PS域共用设备，是存储用户鉴权算法和加密密钥的实体。AuC将鉴权和加密数据通过HLR发往VLR、MSC及SGSN，保证通信的合法和安全。每个AuC和对应的HLR关联，只通过HLR和其他网络实体通信。

⑤ 互联功能单元（IWF）。

IWF负责在GSM-R网与固定网络的数据终端之间提供速率和协议的转换，具体功能决定于互联的业务和网络类型。

⑥ 组呼寄存器（GCR）。

用于存储移动用户的组ID、移动台利用语音组呼（VGCS）参考和语音广播（VBS）参考发起呼叫的小区信息，以及发起呼叫的MSC是否负责处理呼叫的指示。

GCR中存储着控制区域内组呼数据信息，包括组呼参考（组ID、组呼区域、调度身份用户信息）、主控MSC和中继MSC标识、移动台利用VGCS和VBS参考发起呼叫的小区信息，以及发起呼叫的MSC是否负责处理呼叫的指示等；并负责与MSC进行信息交互，计算组呼参考、提供组呼信息并指示组呼是否存在。

⑦ 短消息服务中心（SMSC）。

负责向MSC传送短消息信息，实现短消息的接收、存储、转发和短消息状态报告等功能。

⑧ 确认中心（AC）。

用于记录服务区内所有用户的铁路紧急呼叫确认信息，包括：发送确认信息的用户的MSISDN号码、组呼持续时间、收到确认信息的时间，并利用确认信息中的参数计算呼叫建立和释放的绝对时间戳；铁路紧急呼叫发起方和接收方的MSISDN；组呼发起时间、结束时间、优先级、结束原因，用户功能号码等。

（2）移动智能网（IN）子系统。

移动智能网（IN）子系统是在SSS中引入的智能网功能实体，采用全新的“控制与交换相分离”的思想，将网络交换功能和业务控制功能相分离，实现对呼叫的智能控制。新业务的提供、修改及管理等功能全部集中于智能网，交换机则提供交换基本功能，而与业务提供无直接关联。

GSM-R的移动智能网（IN）子系统对呼叫的智能控制业务主要有接入矩阵（规定不同用户身份之间的呼叫权限）、功能号注册、注销与管理、功能寻址、位置寻址、精确位置寻址、基于MSISDN呼叫限制，扩展业务有基于位置呼叫限制、短信智能业务。

GSM-R智能网由GSM业务交换点（gsmSSP）、GPRS业务交换点（gprsSSP）、智能外设（IP）、业务控制点（SCP）、业务管理点（SMP）、业务管理接入点（SMAP）及业务生成环境点（SCEP）等设备组成。GSM-R智能网结构示意图如图2-4所示。

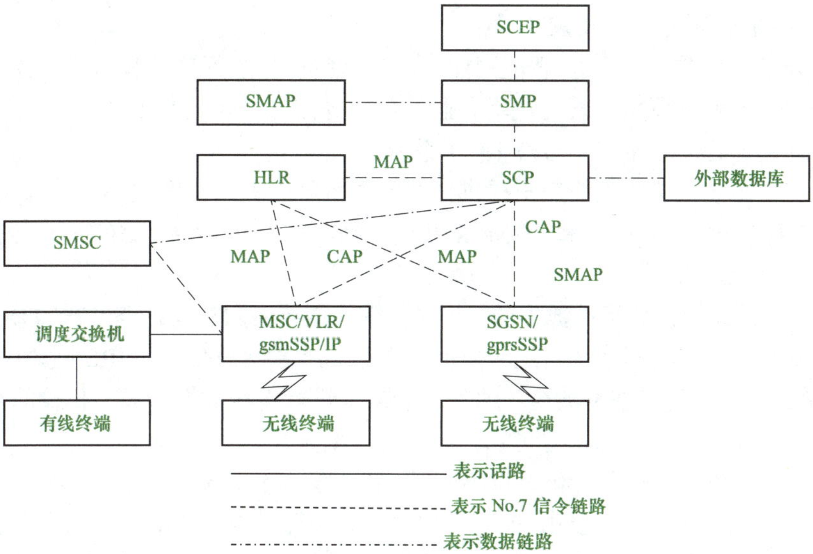

图 2-4　GSM-R 智能网结构示意图

① GSM 业务交换点（gsmSSP）。

具有业务交换功能，作为 MSC 与 SCP 之间的接口，可检测出 GSM-R 智能业务的请求，并与 SCP 进行通信，对 SCP 的请求作出响应，允许 SCP 中的业务逻辑影响呼叫处理。

② GPRS 业务交换节点（gprsSSP）。

具有业务交换功能，作为 SGSN 与 SCP 之间的接口，可检测出 GPRS 智能业务的请求，并与 SCP 进行通信，对 SCP 的请求作出响应，允许 SCP 中的业务逻辑影响呼叫处理。

③ 业务控制点（SCP）。

具有业务控制功能，包含 GSM-R 智能网的业务逻辑，通过对 SSP 发出的指令，完成对智能网业务接续和计费的控制，以实现部分铁路特定的业务，如功能寻址、位置寻址、基于位置呼叫限制等 CAMEL3 智能业务处理。同时还具有业务数据功能，包含用户数据和网络数据，以供业务控制功能在执行 GSM-R 智能网业务时实时提取。

SCP 一般由小型机、高性能微机和大型实时数据库组成，要求具有高度的可靠性，配置至少是双备份的。

④ 智能外设（IP）。

在 SCP 的控制下提供业务逻辑程序所指定的各种专用资源，包括 DTMF 接收器、信号音发生、录音通知等。

⑤ 业务管理点（SMP）。

能配置和提供 GSM-R 智能网业务，它包括对 SCP 中业务逻辑的管理，用户业务数据的增删、修改等，也可以管理和修改在 SSP（IP）中的有关业务信息。

⑥ 业务管理接入点（SMAP）。

具有业务管理接入功能，为业务管理员提供接入到 SMP 的能力，并通过 SMP 来修改、增删用户数据和业务性能等。

⑦ 业务生成环境点（SCEP）。

用于开发、生成 GSM-R 智能网业务，对这些业务进行测试和验证，并将验证后的智能网业务的业务逻辑、管理逻辑和业务数据等信息输入到 SMP 中。

（3）通用分组无线业务（GPRS）子系统。

GPRS 子系统负责为无线用户提供分组数据承载业务。由图 2-3 可知，GPRS 和 GSM-R 是两个网络，GPRS 和 GSM-R 共用基站、HLR 等设备，GPRS 和 GSM-R 业务从 BSC 处开始分流。

GPRS 子系统提供分组域数据传输业务，铁路主要应用在与铁路 CTC/TDCS 互联，实现车—地、车—车数据信息传送等方面。铁路 GPRS 网与公众 GPRS 网的区别在于，铁路 GPRS 网在移动状态下甚至高速移动状态下进行无线数据传输，传输的数据内容为铁路运输生产相关的信息，对可靠性、实时性要求高。

GPRS 子系统包括核心层和无线接入层。核心层由 SGSN、GGSN、DNS、RADIUS 等功能实体组成。无线接入层由 PCU、基站、终端等组成。GPRS 无线接入层组网应充分利用 GSM-R 系统的设备资源，以保护投资；尽量与 GSM-R 系统共用频率资源；尽量利用 GSM-R 系统的基站实现无线覆盖，不单独增加 GPRS 系统基站。

① 服务 GPRS 支持节点（SGSN）。

是为 MS 服务的 GPRS 支持节点，当激活 GPRS 业务时，SGSN 建立一个移动性管理的环境，实现分组数据包的路由转发、移动性管理、寻路等功能。

② 网关 GPRS 支持节点（GGSN）。

是为 GPRS 网与外部数据网相连的网关，它可以和多种不同的数据网络连接，可以将 GSM 网中的 GPRS 分组数据包进行协议转换，实现路由选择、与外部网络协议转换等功能。

③ 域名服务器（DNS）。

负责提供 GPRS 网内部 SGSN、GGSN 等网络节点的域名解析，将网元域名转换成为实际 IP 的地址。铁路 GPRS 网的域名解析主要有 4 个用途。

- 在 PDP 上下文激活过程中，SGSN 将 APN 提交给 DNS 进行解析，获得用户所使用的 GGSN 的 IP 地址。
- 在 SGSN 间路由区更新过程中，新的 SGSN 通过域名解析查找原 SGSN 的 IP 地址。
- 实现系统各网元之间通信时网元域名至网元 IP 地址间的解析。
- 实现机车台、列尾主机等车载 GPRS 设备的域名至其 IP 地址的解析。

④ 认证服务器（RADIUS）。

负责存储用户身份信息，对用户认证请求（用户名、密码）进行确认，给用户分配权限，完成用户的认证和鉴权功能，并存储所有机车号、车次号与 IP 地址的映射表。

⑤ 分组控制单元（PCU）。

负责数据分组、无线信道管理、错误发送检测和自动重发。

⑥ 边界网关（BG）。

用于不同 GPRS 网的互联，具有基本的安全功能，还可根据网络之间的漫游协议增加相关功能。

⑦ 计费网关（CG）。

实时采集 GPRS 支持节点的话单记录，存储/备份/合并话单，并向计费中心传送话单文件。

（4）无线子系统（BSS）。

BSS 通过无线接口直接与移动台相接，负责无线信号发送接收和无线资源管理；与 MSC 相连，实现移动用户之间或移动用户与固定网络用户之间的通信连接，传送系统信号和用户信息等。

BSS 由基站控制器（BSC）、编译码和速率适配单元（TRAU）、小区广播短消息中心（CBC）、基站收发信机（BTS）、弱场设备等功能实体构成。

① 基站控制器（BSC）。

是 BSS 的控制部分，负责各种接口的管理，承担无线资源和无线参数的管理，负责呼叫建立的信令处理及小区中信道的分配。

② 编译码和速率适配单元（TRAU）。

负责在 BSC 和 MSC 之间提供语音编码和速率适配功能，将 16 kbit/s 的话音或数据转换为 64 kbit/s 的数据。

③ 小区广播短消息中心（CBC）。

负责管理小区广播短消息业务。

④ 基站收发信机（BTS）。

是由 BSC 控制、服务于某个小区的无线收发信设备，完成 BSC 与无线信道之间的转换，并通过空中接口，实现 BSC 与 MS 之间的无线传输及相关的控制功能。BTS 具有速率匹配、信道编码/译码、调制/解调等空中接口物理层的功能。

（5）运行与支持子系统（OSS）。

OSS 运行子系统包括网络管理系统、监测系统、数据及 SIM 卡管理系统、SIM 卡制卡系统、GSM-R 网络运行数据综合分析系统等，具有网络管理、接口监测、漏缆等基础设施监测、数据及 SIM 卡管理、GSM-R 网络运行数据综合分析等功能。

（6）无线终端。

无线终端是供 GSM-R 系统用户直接操作、使用，用来接入 GSM-R 网的设备，包括调度通信类车载台、手持台和列控车载通信模块等。

2）GSM-R 的业务

GSM-R 网提供的业务包括话音业务、数据业务、与呼叫相关的业务和铁路特定业务，并可在上述业务的基础上扩展新的应用。

GSM-R 的业务

（1）话音业务。

① 点对点话音呼叫业务，包括移动用户与移动用户、移动用户与固定用户之间点对点话音通信。

② 语音组呼业务，一人讲话（呼叫的发起人），多人聆听。当发起人停止讲话，另一个人需要讲话时，需要先进行申请，同意后也可以讲话。

③ 语音广播业务，只能由发起人讲话，其他人听，没有讲话的权力。

基本的话音通信业务主要应用在铁路调度通信和其他领域，语音组呼和语音广播可以用于实现调度的指挥、紧急通知等，尤其适用于铁路的行车指挥调度部门。

④ 铁路紧急呼叫，是指具有最高优先级的组呼，包括列车紧急呼叫和调车紧急呼叫两种呼叫。

（2）数据业务。

① 电路域数据（CSD）业务。

使用电路域传送数据的一种方法，CSD 传输数据时与电话通信类似，不管用户是否在通话或传送数据，系统都会在上/下行的频段中保留一个信道给用户，提供透明传输通道，传输数据速率为 2.4～9.6 kbit/s。目前主要应用于铁路列车控制数据、机车同步操控等实时性要求高的数据信息传输。

② 分组域数据业务。

主要针对于那些对实时性要求较低（与电路域业务相比）、突发性强、有一定的数据量的业务。采用分组交换技术，可以高效传输数据和信令，只有当传输数据时才占用网络资源。优化了对网络资源和无线资源的利用，同时提高了传输的速率。无线资源中的一个频点即一个 TDMA 帧可分配 1～8 个无线接口时隙，可以同时使用 8 个时隙进行数据传输，最高速率可达 171.2 kbit/s（理论值）。目前，GSM-R 网络分组域数据业务主要应用于列车无线车次号校核信息传送、调度命令信息无线传送、列车尾部安全防护装置信息传送等列车调度指挥信息的数据传送。

（3）与呼叫相关的业务。

① 增强型多优先级与强拆，包括优先级和资源抢占两个方面。优先级是指在呼叫建立时给该呼叫指配一个优先级，该呼叫可以此级参与网络资源的竞争和调配。资源抢占是指当网络中没有空闲资源可用时，具有较高优先级的用户可以抢占强拆低优先级用户的信道资源进行通信。

② 高级呼叫处理，包括呼叫前转、呼叫转移、呼叫等待、呼叫保持等。

③ 号码识别，包括主叫号码识别显示、主叫号码识别限制、被叫号码识别显示、被叫号码识别限制。

④ 自动应答。

（4）铁路特定业务。

① 功能寻址。

根据被叫用户所承担的功能来发起呼叫，而不是根据被叫用户的号码来寻址，即网络基于功能号进行寻址，主要用于解决固定用户呼叫移动用户，即调度员和车站值班员呼叫机车司机或手持台用户。

由于铁路调度通信的特殊性，在实际应用中并不是所有用户都能呼叫功能号，系统会根据主、被叫用户的功能号对呼叫进行限制，这种限制由 GSM-R 智能子网提供的基本接入矩阵和增强型接入矩阵业务实现。

② 基于位置寻址。

网络根据用户所拨打的短号和用户自身位置信息，将呼叫路由到一个与该用户当前所处位置相关的目的地址。这个功能主要用于解决移动用户呼叫固定用户，包括机车司机或手持台用户呼叫调度员和当前车站值班员等。

③ 精确位置寻址。

精确位置寻址是基于位置寻址业务的扩充，网络根据用户所拨打的短号和用户自身的精确位置信息，将呼叫路由到一个与该用户当前所处位置相关的目的地址。

④ 基于 MSISDN 的呼叫限制。

对个别用户的主、被叫号码进行呼叫限制，根据主、被叫的身份进行呼叫裁决，判断是否允许呼叫继续，不允许无关用户呼叫某些用户，避免不希望的干扰。

基于 MSISDN 的呼叫限制是通过在系统的 HLR 中存储用户的签约信息和 SCP 提供针对某一用户主叫/被叫号码的黑白名单进行呼叫的限制，它独立于接入矩阵，可以实现灵活的 MSISDN 呼叫限制。

3）GSM-R 调度通信系统构成

目前 GSM-R 网络主要业务应用包括：利用话音和与呼叫相关的业务［增强型多优先级与强拆（eMLPP）、语音组呼（VGCS）、语音广播（VBS）等］、铁路特定业务（功能寻址、位置寻址业务、紧急呼叫等）构建的 GSM-R 调度通信系统（语音类应用）；利用通用分组无线业务（GPRS）构建的列车无线车次号校核信息传送系统、列车调度命令信息无线传送系统、列车尾部安全防护装置信息传送系统和利用电路域数据业务构建的传输列车控制数据、机车同步操控等系统（数据类应用）。

GSM-R 调度通信系统构成

GSM-R 调度通信系统由固定用户接入交换系统（FAS）和 GSM-R 数字移动通信系统两大系统组成，主要由 SSS（包括 MSC、HLR、AUC、VLR、GCR 等）、BSS（包括 BSC、BTS）、OSS、FAS、调度台、车站台、CIR、OPH 及其他固定终端等构成，实现了有线与无线调度的两网有机结合。GSM-R 调度通信系统结构示意图如图 2-5 所示。

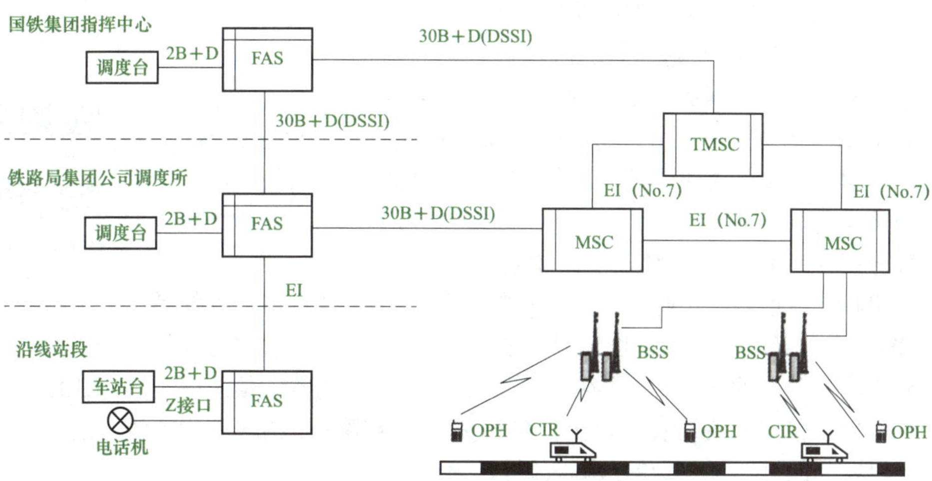

图 2-5　GSM-R 调度通信系统结构示意图

固定用户接入交换系统（FAS）是一个高度独立的专用广域窄带综合业务数字网（ISDN），既可以独立运行，提供固定终端用户之间的各种调度、专用通信、站场通信、站间通信等业务；又可以与 GSM-R 网络互联，提供固定终端用户与移动终端用户之间的各种调度、专用通信、站场通信等业务。

调度台、车站台是系统终端的固定终端，固定终端通过 FAS 进行数据交换，分为调度台、车站值班台、专用值班台等。主要由调度员、车站值班员操作使用。

机车综合无线通信设备、手持台是系统的移动终端设备，即移动通信网络的无线接入部分，是铁路调度通信业务实现的重要载体。CIR 是基于列车无线调度通信（450 MHz）、GSM-R 通信、800 MHz 列车防护报警等系统的机车终端设备。手持台可分为通用手持台（GPH）、作业手持台（OPH）。GPH 主要用于铁路各类管理人员与铁路业务相关人员的话音和数据通信，OPH 主要用于列车、车站、编组场、沿线区间及其他铁路作业区各种工作人员的话音和数据通信。

系统中各 MSC 之间通过 E1 接口相连接，接口采用 No.7 信令；国铁集团、铁路局的 FAS 通过 Fa 接口接入邻近的 MSC；国铁集团、铁路局之间的 FAS 通过 Fa 接口连接；铁路局 FAS 与车站 FAS 之间通过 Fb 接口连接；车站 FAS 不直接与 MSC 相连接。调度台和车站台通过 Ua 接口接入 FAS；其他固定终端通过 Ub 接口接入 FAS。机车综合无线通信设备、作业手持台内部设置有 GSM-R 信道机模块，通过空中 Um 接口接入 GSM-R 网络。各类接口详情如下。

Fa 接口：ISDN 基群速率接口（30B+D），DSS1 信令。

Fb 接口：ISDN 基群速率接口（30B+D），DSS1 信令或基群速率 E1，内部信令。

Ua 接口：ISDN 基本速率接口（2B+D），DSS1 信令或基群速率 E1，内部信令。

Ub 接口：选用 Z 接口、音频 2/4 线接口、64 kbit/s 同向接口、录音接口等。

4）铁路调度通信特定业务

GSM-R 调度通信利用了 GSM-R 系统提供的话音业务及增强多优先级与强拆业务、语音组呼业务、语音广播呼叫业务和功能寻址、基于位置的寻址、铁路紧急呼叫等铁路特定业务来完成系统调度通信应用。

（1）增强多优先级与强拆业务。

增强多优先级与强拆（eMLPP）业务是高级语音呼叫（ASCI）业务，GSM-R 系统规定了 7 个级别的优先级，由高到低依次为 A、B、0、1、2、3、4。其中优先级 A 和 B 只能在归属 MSC 区域内使用，保留网络内部使用，其他 5 个优先级可以由系统定义使用。铁路 5 个优先级管理分别为：0 级——紧急呼叫；1 级——列控信息；2 级——三站两区间组呼和调度辖区组呼；3 级——铁路运营呼叫；4 级——其他呼叫。GSM-R 系统总体要求调度通信系统的优先级分为用户优先级和呼叫优先级两种。

铁路调度通信特定业务

对于用户定制的 eMLPP 业务，用户优先级在用户的签约信息中定义，HLR 和 SIM 卡中均存储该信息，网络会为每个用户定义一个能够使用的最高优先级，规定了每个用户可以发起的呼叫优先级的最高权限。

用户可以使用低于这一级别的其他优先级，主叫用户根据需要为每次呼叫定义规定范围内的任意一个优先级。这种发起呼叫时为本次呼叫定义的优先级也称为呼叫优先级。

如果用户没有定制 eMLPP 业务，网络会为用户的每一个呼叫定义一个默认呼叫优先级。对于高优先级的呼叫，要求呼叫建立时间为 1～2 s，呼叫建立不需要鉴权和加密的过程。表 2-1 规定了 GSM-R 调度通信系统对用户优先级和呼叫优先级的分配原则。

表 2-1　优先级分配原则表

用户类型	用户优先级（签约信息中定义）	默认呼叫优先级（发起呼叫时定义）
与行车有关的用户，包括列车调度员、车站（场）值班员、助理值班员、机车（动车）司机、列车长、机务段（折返段、动车段）调度员、救援列车主任，以及其他相关人员	0	3
其他用户	4	4

优先级呼叫处理原则包括以下内容。

① 在终端空闲情况下，对于不同优先级的呼叫同时呼入，应优先接通高优先级呼叫；当已有低优先级呼叫通话或保持时又有高于或等于 2 级的呼叫进入，应自动接通这个高优先级呼叫；其他情况下，手动选择接通呼叫。

② 呼叫结束后，终端应按照“优先级+呼叫保持时间”的原则自动接通处于保持状态的一个呼叫。

③ 对于同优先级的呼叫保持，由用户选择接通一个呼叫。

④ 个别呼叫之间可以呼叫保持并切换；如果按照上述①和②的原则需要接通组呼，对于移动终端的同优先级和低优先级个别呼叫将被拆除。

⑤ 对于其他情况，在系统功能和系统资源允许的条件下，未接听的呼叫应被保持。

强拆一方面是指对资源的抢占，即高优先级呼叫在缺乏空闲资源时可以抢占低优先级的资源，主要存在于呼叫建立时对无线接口资源的抢占和越区切换时对小区的抢占；另一方面还包括具有高优先级的呼叫可以打断正在进行的低优先级呼叫，用户能够通过移动台的自动应答功能自动接受高优先级呼叫。

（2）语音组呼业务和语音广播业务。

在一定区域内由多方（移动用户和固定用户）参加，其中一部分人可以讲话，多方聆听的点对多点语音通信方式称语音组呼业务（voice group call service，VGCS）。VGCS 业务突破了 GSM 网络点对点通信的局限性，能够以简捷的方式建立组呼叫，实现调度指挥、紧急通知等特定功能，尤其适用于铁路的行车指挥调度部门。

语音组呼参考包括呼叫类型（CT）、业务区号（SA）和组标识（GID）。CT=50 为语音组呼业务，CT=51 为语音广播业务。业务区号为 $S_1S_2S_3S_4S_5$ 共 5 位数字，用以确定组呼和广播呼叫的有效区域（见表 2-2），一个业务区号可以包含多个组，用组标识来标识一个组的号码，可以唯一标识一个语音组呼业务。

参与组呼的成员为调度用户和业务用户。调度用户可以是调度台、车站台等固定终端用户，也可以是网络中的移动用户，使用相应的 ISDN 号和移动台 MSISDN 号。调度用户在组呼中享有一对专用信道，既可以收听也可以讲话。业务用户是指定制了 VGCS 的移动用户和固定用户。

组呼区域中每个小区的业务用户共享一条组呼下行信道收听组呼，争抢一条组呼上行信道获得讲话权，业务用户和调度用户都能够发起组呼，他们的发起和中止权由网络定义。

表 2-2　列车调度通信相关的组呼定义表

<table>
<tr><th>序号</th><th>组标识（GID）</th><th>优先级</th><th>组呼区域</th><th>组呼发起方</th><th>组呼成员</th><th>备注</th></tr>
<tr><td>1</td><td>571</td><td>3</td><td>列车调度辖区</td><td>列车调度员</td><td>列车调度员、车站值班员（该组呼为有线组呼，由 FAS 完成）</td><td rowspan="4">必选</td></tr>
<tr><td>2</td><td>220</td><td>2</td><td>相邻三车站及区间</td><td>车站值班员、机车（动车）司机</td><td>列车调度员、车站值班员、机车（动车）司机
根据需要，可选择助理值班员、列车长和车辆乘务员、工务巡道人员、道口值班人员为组呼成员</td></tr>
<tr><td>3</td><td>210</td><td>3</td><td>车站基站区</td><td>车站值班员、助理值班员、机车（动车）司机、列车长和车辆乘务员</td><td>车站值班员、助理值班员、机车（动车）司机、列车长和车辆乘务员</td></tr>
<tr><td>4</td><td>299</td><td>0</td><td>相邻三小区</td><td>机车（动车）司机、列车长、助理值班员、工务巡道人员、道口值班人员</td><td>列车调度员、车站值班员、助理值班员、机车（动车）司机、列车长和车辆乘务员、工务巡道人员、道口值班人员</td></tr>
<tr><td>5</td><td>203</td><td>2</td><td>列车调度辖区</td><td>列车调度员</td><td>列车调度员、车站值班员、机车（动车）司机
根据需要，可选择助理值班员、列车长和车辆乘务员、工务巡道人员、道口值班人员为组呼成员</td><td rowspan="5">可选</td></tr>
<tr><td>6</td><td>573</td><td>3</td><td>列车调度辖区</td><td>列车调度员</td><td>列车调度员、机车（动车）司机（注：呼叫类型为语音广播）</td></tr>
<tr><td>7</td><td>202</td><td>3</td><td>列车调度辖区</td><td>列车调度员</td><td>列车调度员、机车（动车）司机</td></tr>
<tr><td>8</td><td>211</td><td>3</td><td>车站基站区</td><td>列车调度员</td><td>列车调度员、车站值班员、机车（动车）司机、助理值班员、列车长和车辆乘务员</td></tr>
<tr><td>9</td><td>221</td><td>3</td><td>相邻三车站及区间</td><td>列车调度员、车站值班员、助理值班员、机车（动车）司机</td><td>列车调度员、车站值班员、助理值班员、机车（动车）司机、救援列车主任</td></tr>
</table>

在一定区域内由多方（移动用户和固定用户）参加，一个用户讲话，其他用户聆听的点对多点单向语音通信方式称语音广播业务（voice broadcast service，VBS）。与语音组呼业务相同，语音广播业务采用业务区号和组标识来标识。参与广播呼叫的成员为调度用户和业务用户。在广播呼叫的过程中，VBS 只允许授权发起广播呼叫的业务用户占用上行信道讲话，其他业务用户只能收听，VBS 的业务用户不能实现讲话者与聆听者之间的转换，因此 VBS 的呼叫发起者一定是讲话者。

GSM-R 组呼区域根据表 2-2 语音组呼和语音广播业区号可知，目前分为四种类型，即：

① 以调度辖区作为 GSM-R 组呼区域。

② 以相邻 3 个车站及其两区间作为 GSM-R 组呼区域。

③ 以相邻的 3 个小区作为 GSM-R 组呼区域。

④ 以车站基站区作为 GSM-R 组呼区域。

列车调度通信相关的组呼定义参见表 2-2，其中组标识（GID）=299（优先级别为 0）的相邻 3 个小区组呼实际上就是 GSM-R 的紧急呼叫。

根据国际标准的规定，组呼中具有调度身份的用户不能超过 5 方，但在我国国情下，由于铁路覆盖广阔，可能存在一种调度辖区的组呼，它的范围是整个调度区，包含多个车站，其成员有：调度员（固定用户）、各车站的车站值班员（固定用户）、助理值班员（无线用户）、运行在此区段的机车（动车）上的司机（无线用户）。在这种情况下，固定用户的数目远远超过了 5 方。

对于这种情况，采用虚拟组呼来实现。在虚拟组呼中，固定用户可以在自己的本地交换机下组成一个会议（组），再把这个会议（组）同 MSC 组织的组呼连接在一起，由 FAS 来承担与 MSC 组呼的互联。由于这种形式对于固定用户来说并不是直接连接到 MSC 的组呼上，不是真正意义上的加入了 MSC 组织的组呼，因此认为是“虚拟”的组呼。系统对 FAS 下组成的各会议（组）都定义了一个虚拟组呼号，当组呼发起后，MSC 将虚拟组呼号作为被叫号码，组呼号码作为主叫号码发给 FAS，FAS 收到虚拟组呼号后启动组呼数据分析，对组呼号码进行分析后组织相关的 FAS 固定用户进入组呼。

另外，在跨 MSC 组呼处理时，可能涉及的有 2 个 MSC 及 2 个以上的 FAS。当移动用户发起组呼时，主叫所在 MSC 分析组呼，通知相邻的 MSC 组织其下的无线用户，通知直联的 FAS 组织全部的 FAS 用户参与组呼，其中相邻 MSC 对组呼的处理中不含 FAS 用户的呼叫组织。

（3）功能寻址。

在铁路通信中有许多这样的情况，因为从铁路运输管理的角度出发，主叫方在发起呼叫时更多的是使用被叫方所担当的功能角色的编号。如呼叫 T5 次列车的机车司机、列车长，而每天担当 T5 次列车这两个功能角色是在动态变化的，主叫方不必记忆所有担当 T5 次列车乘务的机车司机、列车长的 MSISDN 号码，而只要记忆 T5 次列车的机车司机、列车长的车次功能号 20084501、20084510 即可，所以该车次号与真实的物理号码之间的对应也是在动态改变的。

功能寻址（functional addressing）是指用户可以由它们当时所担当的功能角色，而不是它们所使用的终端设备的 MSISDN 号码来寻址。GSM-R 系统的功能号有车次号（TN）、机车号（EN）、车号（CN）、调度员和值班员位置号码（TCLN）等，功能号（FN）也称为虚拟号，它不包含任何字母字符。因此功能号码使用前必须进行功能号的注册，使用后需要进行注销。

网络必须提供一套机制，以保证功能角色的寻址能够正确而有效地进行，即用户通过发送包括请求注册、注销、查询信息的 USSD（无结构补充业务数据）串至 HLR，发起功能号注册、注销、查询等操作，经 HLR 检查用户授权、智能网平台 SCP 检查是否能够进行相应的操作后，在 SCP 中建立、取消和查询 MSISDN 和功能号之间的对应关系。功能号注册、注销过程示意图如图 2-6 所示。

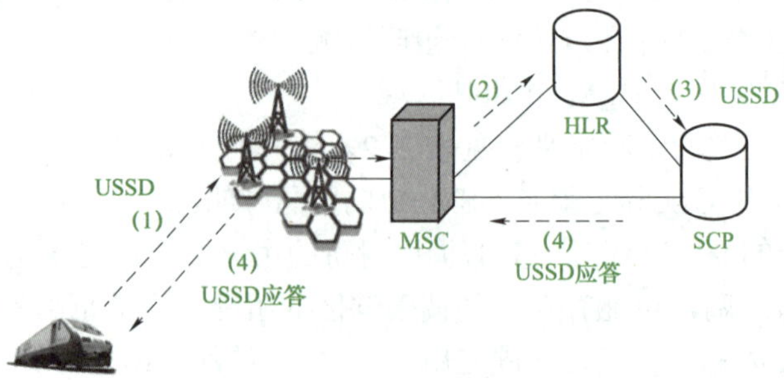

图 2-6　功能号注册、注销过程示意图

功能号注册过程如下。

① 用户通过发送 USSD 字符串至 HLR，USSD 字符串中含注册请求信息。HLR 检查用户是否具有请求注册授权。

② HLR 发送包括注册请求信息的 USSD 串至 SCP。

- SCP 检查注册是否能够进行。
- SCP 判断申请注册的功能号是否超过允许注册的次数上限。
- SCP 中建立 MSISDN 和功能号之间的对应关系。

③ SCP 返回接受或拒绝请求的通知。

④ 用户收到 USSD 应答串，通知注册结果，终端存储所注册的功能号。

功能号注销过程如下。

① 用户通过发送 USSD 字符串至 HLR，USSD 字符串中含注销请求信息。HLR 检查用户是否具有请求注销授权。

② HLR 发送包括注销请求信息的 USSD 串至 SCP。

- SCP 检查注销是否能够进行。
- SCP 中删除 MSISDN 和功能号之间的对应关系。

③ SCP 返回接受或拒绝请求的通知。

④ 用户收到 USSD 应答串，通知注销结果，终端删除所注销的功能号。

查询过程如下。

① 用户通过发送 USSD 字符串至 HLR，USSD 字符串中含查询请求信息。HLR 检查用户是否具有请求查询授权。

② HLR 发送包括查询请求信息的 USSD 串至 SCP。SCP 查询所对应的 MSISDN。

③ SCP 通过 HLR 向用户返回查询信息。

④ 用户收到 USSD 应答串，通知查询结果。

特别注意的是：功能寻址注册、注销、查询这些操作都在终端用户的控制下完成，并且每当要修改这种关联关系时，就要重复进行相应的注册和注销操作。

功能寻址业务流程如图 2-7 所示，其过程如下。

① B 用户事先在系统的智能子系统平台注册了一个功能号，在智能子系统的 SCP 中功能号和 MSISDN 号之间建立了临时的关联。

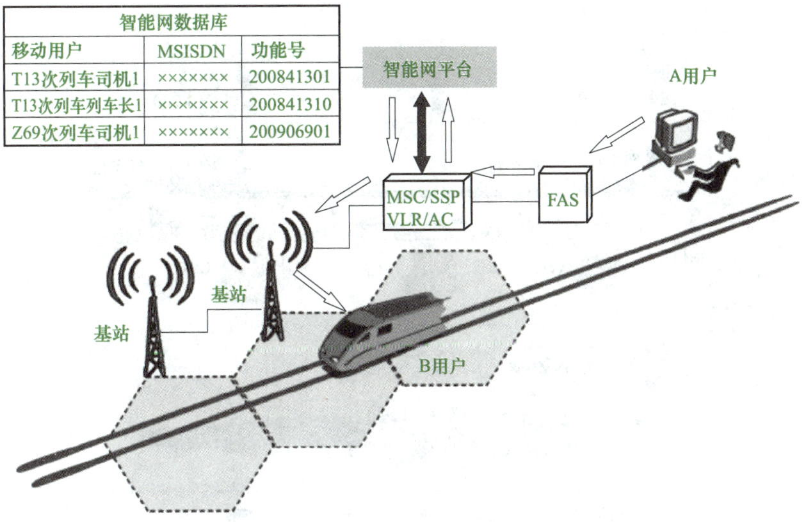

图 2-7　功能寻址业务流程

② A 用户拨打功能号，要验证是否满足触发条件，智能网平台检查所拨功能号是否有效，包括功能号号码格式、功能号存在、功能号有效、功能号已登记一个 MSISDN 号码。

③ 智能网平台通过接入矩阵检查呼叫是否被授权。若该功能号未经授权，呼叫将被释放，并提供相应的释放原因。

④ 智能网平台 SCP 查询该功能号码注册用户的 MSISDN 号，并将该用户的 MSISDN 号将返回 MSC，MSC 进行路由选择、语音接续，将呼叫接续至被叫 B 用户。

（4）基于位置寻址。

基于位置寻址（location dependent addressing，LDA）是将由移动用户发起的用于特定功能的呼叫，路由到一个与该用户当前所处位置相关的目的地址。

在铁路调度通信系统中，基于位置的寻址主要用于解决移动用户呼叫固定用户，如行进中的机车司机呼叫调度员或车站值班员。在铁路行车指挥中，列车在行车过程中要经过若干调度区段及若干车站，当司机呼叫行车调度员或车站值班员时，他只能呼叫当前所属的行车调度员或车站值班员。但是，司机无法知道当前行车调度员或车站值班员的电话号码。为了解决这个问题，系统采用了基于位置的寻址，机车终端使用标准短号码发起呼叫。短号码由 4 位数字组成，如机车司机采用短号码（1200）呼叫行车调度员，采用短号码（1300）呼叫车站值班员，这样方便司机操作，不需要记住每一位行车调度员和车站值班员的移动电话号码。网络通过识别这些短号码，并将其路由到正确的规定用户（调度员或车站值班员）。基于位置寻址的示意图如图 2-8 所示。

铁路基于位置寻址包括位置寻址（LDA）和外部精确定位信息的位置寻址（eLDA）。

位置寻址是移动台发起的点到点呼叫，呼叫连接当前区域的调度员和车站值班员。通常使用小区特定路由来实现基于位置的寻址，小区特定路由通过被叫方地址、小区识别码两个参数来确定目的地址，其中，被叫方地址（短码）是由移动终端通过空中接口中向 MSC 提供的，而在每次呼叫中，BSC 都要向 MSC 提供移动台当前所处小区的小区识别码。

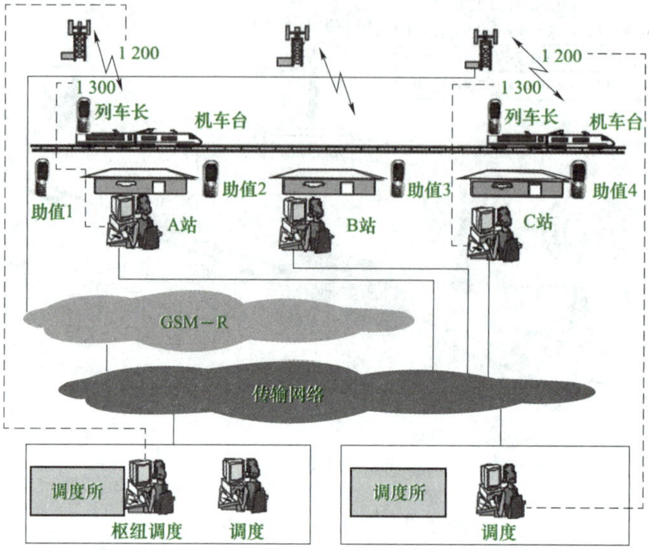

图 2-8　基于位置寻址的示意图

位置寻址业务流程如图 2-9 所示。用户拨打短码呼叫，智能网平台检查所拨号码是否有效，智能网平台根据呼叫产生的位置信息（小区识别码）和短号码，查找对应的固定用户的号码，智能网平台发送连接操作，MSC 根据智能网平台响应，将呼叫接续至相应的固定用户，固定用户终端显示主叫功能号码。

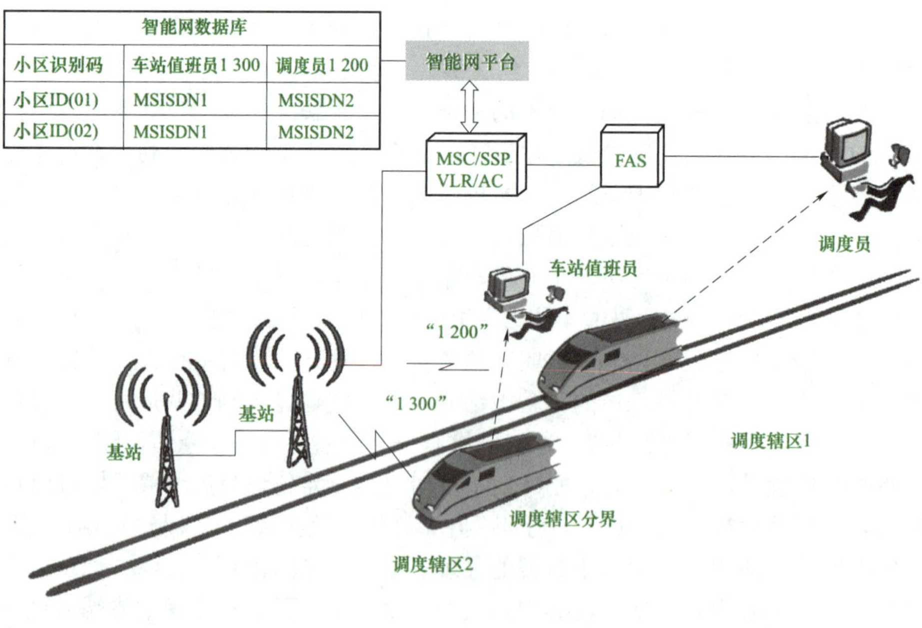

图 2-9　位置寻址业务流程

外部精确定位信息的位置寻址也是适用于移动台发起的点到点呼叫，主要用于解决司机呼叫前方、后方调度员和车站值班员，特别是同一基站小区覆盖 2 个车站值班员辖区或同一基站小区覆盖 2 条以上线路的司机对车站值班员、调度员的呼叫，主叫用户拨打固定短号码，网络自动将呼叫接续与主叫用户当前位置相关的用户。

外部精确定位信息的位置寻址是位置寻址的扩充。通常使用列车位置进行精确位置寻址，路由通过被叫方地址（短码）、列车的精确位置两个参数来确定目的地址，GPS 定位系统和基于外部数据库为提供列车精确的位置信息。

精确位置寻址业务流程如图 2-10 所示。机车车载台提供 GPS 接收到列车位置信息，与外部服务器建立一条业务信道，发送位置信息数据。外部服务器实时更新机车车载台在数据库中的相应位置信息，包括 GPS 定位信息、公里标信息；主叫用户拨打短号码进行精确位置寻址，智能网平台检查所拨号码是否有效，根据主叫用户 MSISDN 号码，查询外部数据库，得到主叫用户的精确位置信息，智能网平台根据查询到的位置信息和所拨打的短号码，查找被叫用户号码并发送连接操作，MSC 根据智能网平台响应，将呼叫接续至相应的固定用户（调度员、车站值班员等），固定用户终端显示主叫功能号。

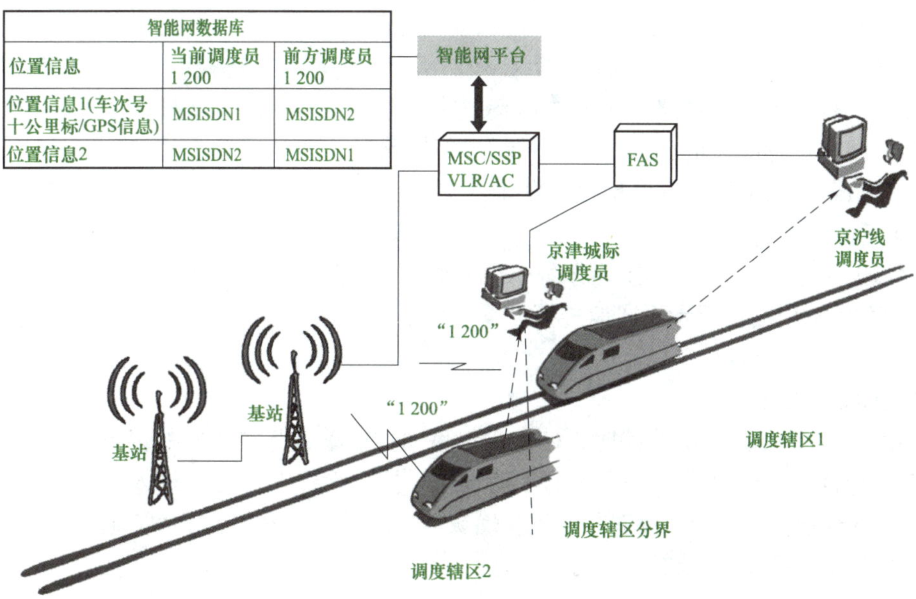

图 2-10　精确位置寻址业务流程

任务实施

为了适应列车在 450 MHz 和 GSM-R 两种不同技术体制的线路上连续运行，CIR 提供了工作模式选择的功能。司机可以选择自动或手动两种不同的工作方式。本项目要求使用 CIR 在 450 MHz 和 GSM-R 两种工作模式下进行通话测试，要求设置车次号、机车号等，使用 MMI 进行通话。

任务 2.1　450 MHz 工作模式下 CIR 通话测试

本任务要求完成 450 MHz 工作模式下两台 CIR 间的通话测试。通过完成设备的连接达到进一步掌握 450 MHz 工作模式设置和测试的目的。操作主要步骤如下所述。

1. 450 MHz 工作模式选择

1）自动选择线路

在 MMI 主界面下按“设置”键，进入设置界面。根据屏幕提示按方向键将光标移动到“2. 运行区段”，也可以按数字键“2”快速定位至该选项，按“确认”键进入“线路选择”界面。移动光标到“1. 自动模式”，再次按“确认”键，此时 CIR 设置为线路自动切换模式。

CIR 将根据位置信息自动在 450 MHz 和 GSM-R 两种工作模式间切换，在 450 MHz 模式下可自动转换工作制式和频点；在 GSM-R 模式下可自动变换功能按键显示区的车站名称。

2）手动选择线路

在 MMI 主界面下按“设置”键，进入设置界面，选择“2.运行区段”，按“确认”键进入“线路选择”界面，此时屏幕上会列出所有的铁路局。选择铁路局后按“确认”键，此时屏幕上列出该铁路局主要的运行线路。选中线路后，再次按下“确认”键，即可转到相应运行线路的工作模式。手动选择线路后，即使卫星定位信息有效，工作模式、车站名称也不随位置信息自动变化。

3）运行线路选择

除以上所述自动、手动选择线路的方式外，还有在指定运行线路下的选择方式，即：当 MMI 发出语音提示“通信转换，请选择线路”时，可按“切换”键弹出线路选择界面，选择运行线路。

2. 车次号设置

CIR 工作在 450 MHz 线路时，CIR 主机可通过机车运行安全监控记录装置获取当前的车次号信息，也可进行车次号的手动设置。按“设置”按键，进入设置界面后，选择“车次号设置、注册”按键并按下“确认”按键，屏幕下方显示“请输入车次号”，通过数字/字母键输入要求的车次号信息。

3. 机车号设置

机车号设置需输入机车型号代码+机车号，如“00101234”。常用机车型号代码 DF4C 为 106、DF4 为 104、DF8B 为 142、HXD 为 233，当设置的机车号与 CIR 通过机车安全信息综合监测装置（TAX 箱）获得的机车号不一致时，MMI 上显示的机车号变为红字闪烁，并语音提示“注意机车号”。

4. 调度通信

摘机并分别按下屏幕的“调度”“隧道司机”“隧道车站”“平原司机”“平原车站”键进行相应的呼叫，通话完毕后挂机。

被呼时，7 s 内可听到对方的话音，若此时未摘机，则通话将被自动挂断。

5. 音量调整

按下“设置”键，即可进入设置界面，音量调整分为扬声器和耳机两种音量调整。挂机时，选择“扬声器音量调整”并确认，通过“←”“→”按键可调节扬声器的音量；摘机时，选择“听筒音量调整”并确认，通过“←”“→”按键可调节听筒的音量。

6. 双 MMI 直接通话

为了方便机车司机的主控端和副控端之间进行联系，设备增加双 MMI 直接通话功能。

摘机后长按“呼叫”键 3 s，在通话界面显示区显示“正在呼叫主（副）MMI”，另一方显示“主（副）MMI 呼入”并可听到振铃；摘机后，双方即可进行通话。通话完毕后，挂机退出通话界面。

任务 2.2　GSM-R 工作模式下 CIR 通话测试

1. 工作模式选择

1）自动选择线路

（1）在 MMI 主界面下按设置键，进入设置界面，如图 2-11 所示。

（2）根据屏幕提示按方向键将光标移动到“2、运行区段”，也可以按数字键“2”快速定位至选项，按确认签收键进入“线路选择”界面，如图 2-12 所示。

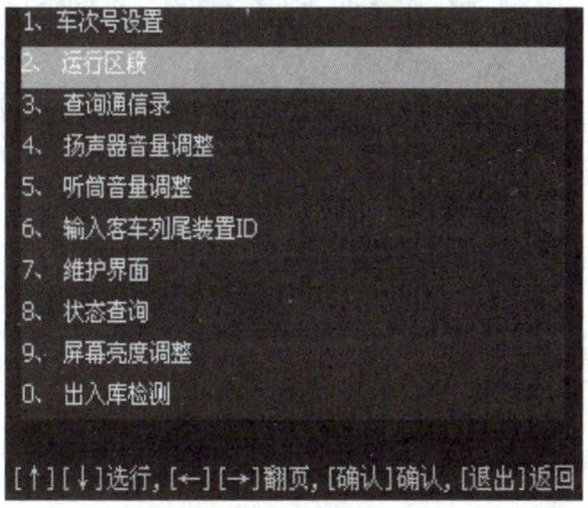

图 2-11　设置界面

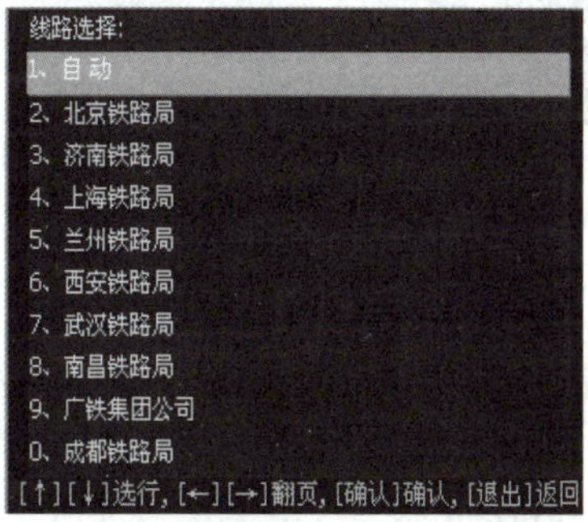

图 2-12　线路选择界面（自动方式）

（3）移动光标到“1、自动”，再次按确认签收键，此时 CIR 设置为线路自动切换模式。

说明：

（1）CIR 将根据位置信息自动在 450 MHz 和 GSM-R 两种工作模式间切换，在 450 MHz 模式下可自动转换工作制式和频点；

（2）在 GSM-R 模式下 CIR 自动变换功能按键显示区的车站名称。在自动模式下卫星定位信息失效时，主界面工作模式及运行线路显示区“自动”两字红色闪烁。

2）手动选择线路

（1）在 MMI 主界面下按[设置]键，进入设置界面，选择“2、运行区段”。

（2）按[确认签收]键进入“线路选择”界面，此时屏幕上会列出所有的路局。选择路局后按[确认签收]键，此时屏幕上列出该路局全部运行线路，如图 2–13 所示。

（3）选中线路后，再次按下[确认签收]键，此时 CIR 设置为线路手动切换模式。

说明：

（1）手动选择线路后，工作模式不随位置信息自动变化；

（2）在 GSM–R 工作模式下，如果选择线路与 GPS 输出线路一致，车站名称根据位置信息变化；如果选择线路与 GPS 输出线路不一致，则不显示车站名称，同时主界面工作模式及运行线路显示区“手动”两字黄色闪烁。

3）运行线路人工选择

除以上所述自动、手动选择线路的方式外，CIR 在自动工作方式下还具有人工选择运行线路及通信模式的功能，当 MMI 发出语音提示“通信转换，请选择线路”时，司机可按[切换]键调出线路选择界面，选择运行线路，如图 2–14 所示。

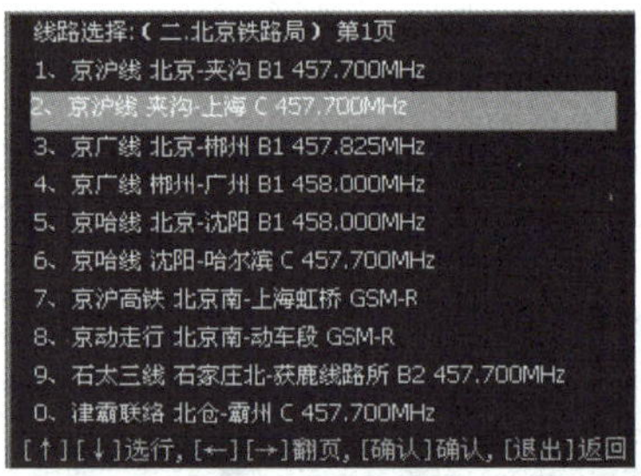

图 2–13　线路选择界面（手动方式）

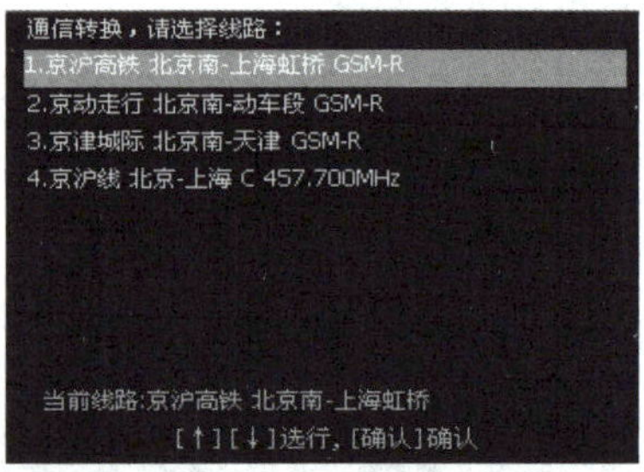

图 2–14　运行线路选择界面

2. 车次号注册、确认和注销

CIR 在 GSM–R 模式下必须进行车次号注册，在 450 MHz 模式下必须进行车次号设置。

1）车次号注册/设置

在 GSM–R 模式下设置方法如下。

（1）在主界面下按 MMI[设置]键，进入设置界面。

（2）将光标移动至“1、车次功能号注册”并按[确认签收]键，如图 2–15 所示。

（3）根据 MMI 屏幕下方的提示，手动输入车次号后按[确认签收]键，从随后弹出的选择机车牵引任务状态界面上选择“本务机”或“补机”，如图 2–16 所示。

（4）再次按下[确认签收]键后，CIR 即向 GSM–R 网络注册车次功能号，如图 2–17 所示。

2）车次号确认

当车次号获取方式设定为自动时设置方法如下。

（1）当出现下列情况时，CIR 在车次号注册界面（GSM–R 工作模式）显示“请输入车次号：”提示信息，同时发出“请确认车次号”语音提示，如图 2–15 所示。

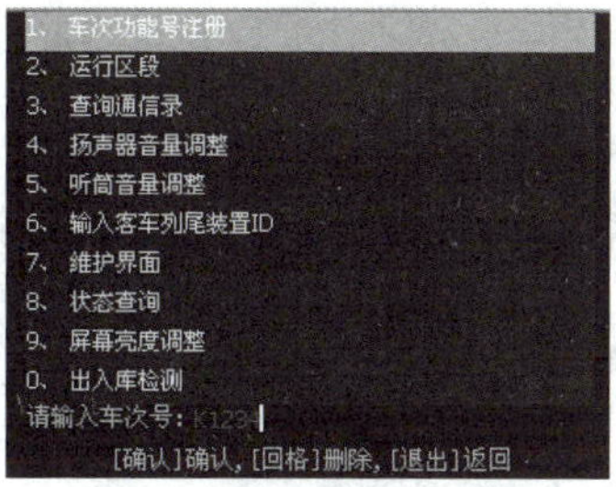

图 2-15　输入车次号

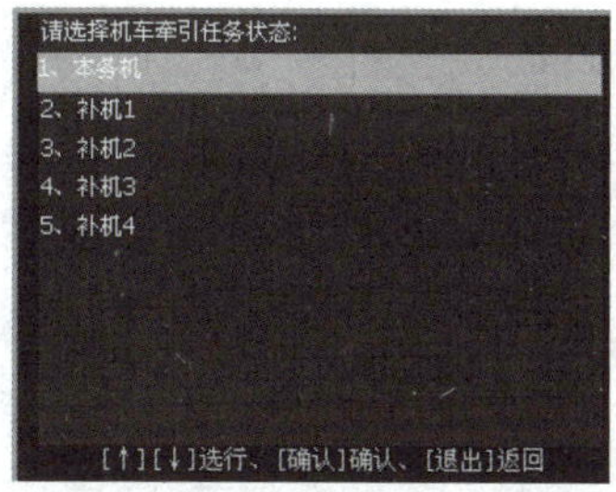

图 2-16　选择机车牵引任务状态

（2）在车次号注册或设置界面（如图 2-15 所示），司机应确认界面上的车次号（图中举例车次为“K1234”）是否与实际车次号一致。

若一致直接按确认签收键确认，当不一致时可通过按回格和“数字/字母”键等进行修改，再按确认签收键确认，后续操作不变。

当车次号获取方式设定为手动时设置方法如下。

（1）若 LKJ 状态转换或列车折角运行车次号变化，CIR 均不会自动给出车次号注册界面或车次号设置界面显示和语音提示。

（2）须由司机在指定的地点手动输入实际车次号，操作过程与车次号的注册、设置方法相同。

3）车次号注销

CIR 工作在 GSM-R 模式下，离车前，以及动车组换端时，司机需手动注销车次功能号。注销过程如下：在设置界面下选择“1、车次功能号注销”，按确认签收键后 MMI 屏幕下方显示是否确认注销的提示（见图 2-18），按确认签收键，CIR 即向网络注销车次功能号。

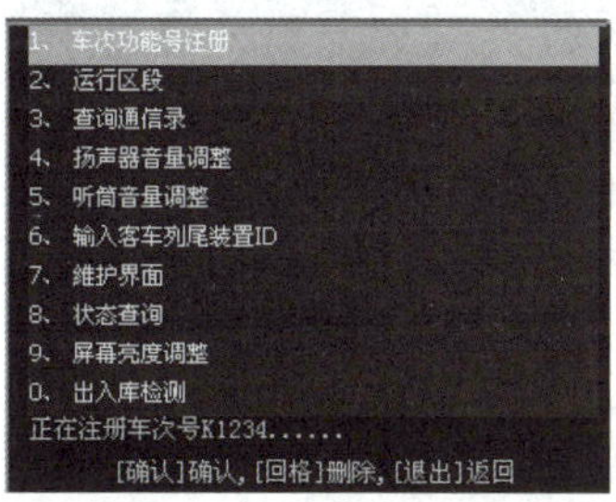

图 2-17　注册车次号

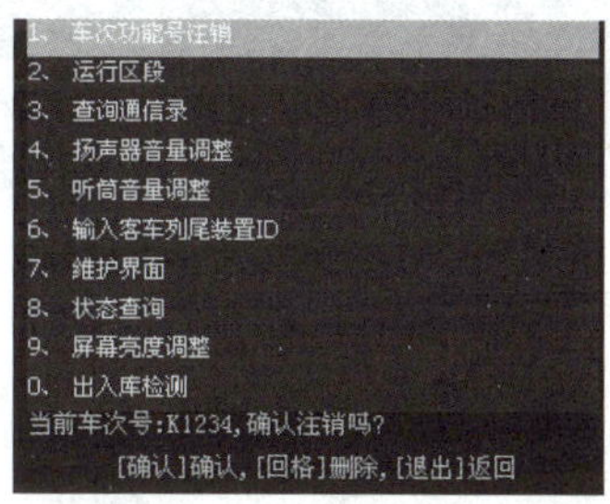

图 2-18　车次功能号注销

3. GSM-R 通话

GSM-R 通话主要包括司机呼叫/接听调度员、车站值班员、列车长（或承担列车长职能的车辆乘务员）的通话，发起/接听邻站组呼、站内组呼、紧急呼叫。

1）与调度员通话

（1）在主界面下按调度键呼叫当前区段列车调度员，通话过程中需要按 PTT 讲话，如图 2-19 所示。

（2）当有调度员呼入时，在 MMI 显示屏上显示呼叫方信息并伴有振铃提示（振铃声），此时司机摘机即可进行通话，如图 2-20 所示。

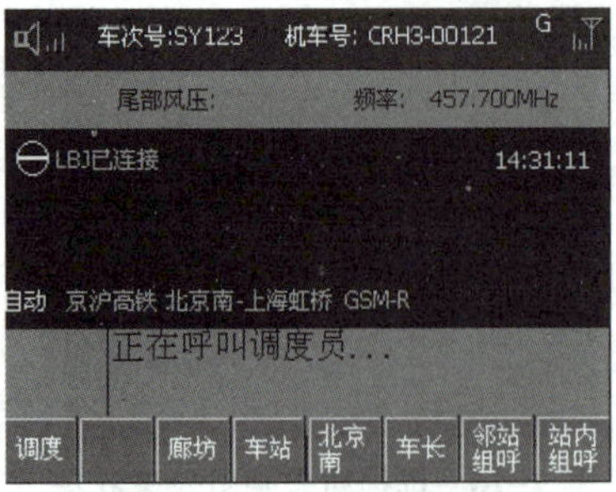

图 2-19　CIR 呼叫调度员

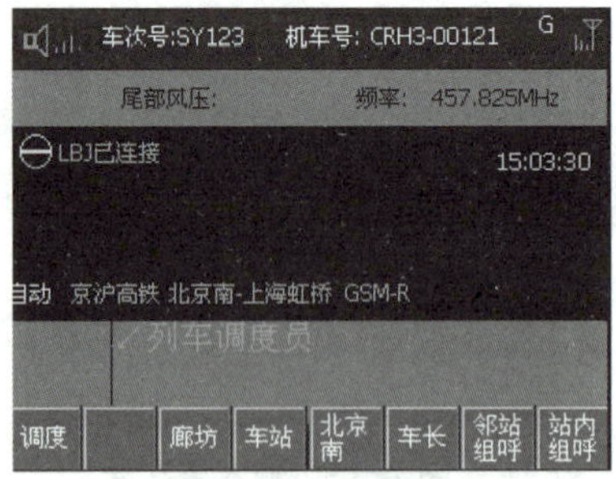

图 2-20　与调度员通话

2）与车站值班员通话

（1）司机根据功能按键显示区显示的站名按下相应的按键，可以呼叫车站值班员，如图 2-21 所示，通话过程中需要按 PTT 讲话。

（2）当有车站值班员呼入时，在 MMI 显示屏上显示呼叫方信息并伴有振铃提示（振铃声），此时司机摘机即可进行通话。

3）与本车列车长通话

在主界面下按车长键，可以呼叫本车列车长，如图 2-22 所示，通话过程中需要按 PTT 讲话。

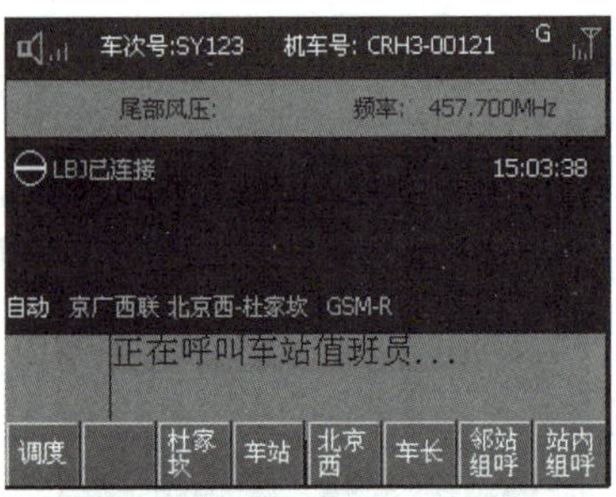

图 2-21　CIR 呼叫车站值班员

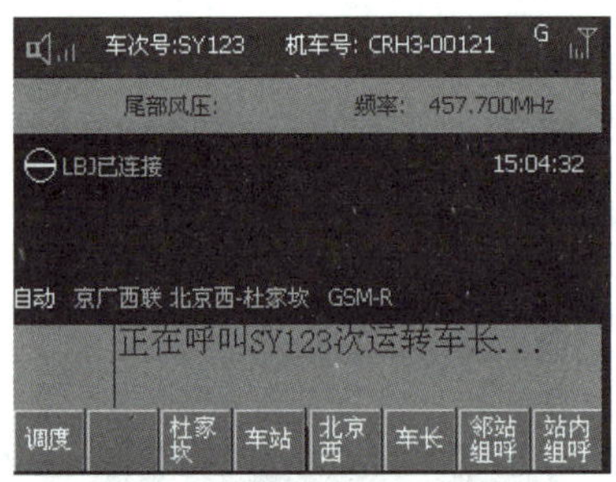

图 2-22　CIR 呼叫列车长

说明：

（1）CIR 已获取车次号时，车长键有效，显示为蓝底白字；

（2）CIR 未获取车次号时，车长键无效，显示为蓝底灰字；

（3）有列车长呼入时，在 MMI 显示屏上显示呼叫方信息并伴有振铃提示（振铃声），此时司机摘机即可进行通话。

4）邻站组呼

（1）在主界面下按邻站组呼键可以发起邻站组呼，呼叫列车所在位置的相邻 3 个车站及站间区间的有组呼权限的相关用户。在通话过程中，需要讲话时按下 PTT，当看到 MMI 显示屏上显示送（受）话器图标时即可讲话，送（受）话器图标显示不可用时不能讲话，如图 2-23 所示。

(a) 可以讲话　　(b) 不能讲话

图 2-23　组呼中，按下 PPT 时是否可以讲话状态显示

（2）有邻站组呼呼入时，CIR 自动加入通话，此时 MMI 显示屏上显示组呼呼入信息，扬声器播放话音。

（3）邻站组呼通话过程中，司机按下挂断键或直接挂机，CIR 可以主动退出邻站组呼。

说明：

（1）邻站组呼功能尚未启用；

（2）邻站组呼是 GSM-R 组呼对讲功能，对方讲话时，本机只能接听不能讲话。

5）站内组呼

（1）在主界面下按站内组呼键，发起站内组呼，呼叫列车所在的车站基站区内车站助理值班员、列车长/随车机械师、机车司机等相关用户，如图 2-24 所示。在通话过程中，需要讲话时按下 PTT，当看到 MMI 显示屏上显示送受话器图标时即可讲话，送受话器图标显示不可用时不能讲话，参见图 2-23。

（2）当有站内组呼呼入时，CIR 自动加入通话，此时 MMI 显示屏上显示组呼呼入信息，扬声器播放话音。

（3）站内组呼通话过程中，司机按下挂断键或直接挂机，CIR 可以主动退出站内组呼。

6）铁路紧急呼叫

（1）按下紧急呼叫键，发起铁路紧急呼叫。在通话过程中，需要讲话时按下 PTT，当看到 MMI 显示屏上显示送受话器图标时即可讲话，送受话器图标显示不可用时不能讲话。

（2）当有紧急呼叫进入时，CIR 自动加入通话，此时 MMI 显示屏上显示呼入信息，扬声器播放话音。在通话过程中的操作与组呼相同。

（3）通话结束时，发起方司机应按下挂断键或直接挂机。

说明：

（1）CIR 处于通话状态时，如果发起或接到紧急呼叫，CIR 退出正在进行的通话状态并优先发起或接听铁路紧急呼叫；

（2）铁路紧急呼叫为最高优先级的组呼，接收方不能自己退出，除非呼叫发起方主动结束呼叫或由调度员人工拆除；

（3）司机必须慎用铁路紧急呼叫功能。

7）拨号呼叫

除以上单键发起呼叫，司机还可以直接输入被叫方的功能号或电话号码，按呼叫键发起呼叫，如图 2-25 所示。

8）重拨

（1）在主界面下按呼叫键，屏幕上显示司机上一次拨打过的号码。

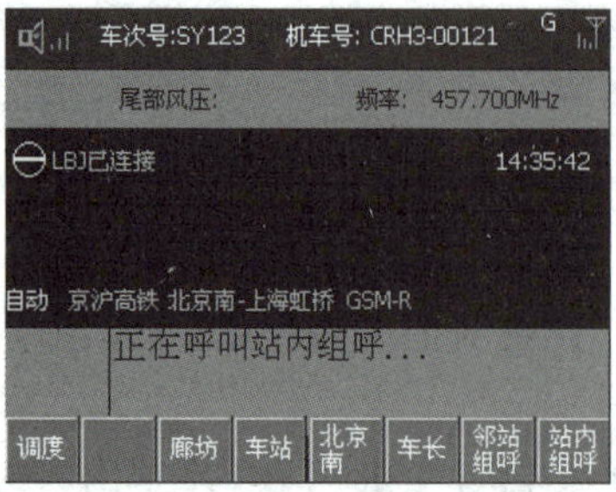

图 2-24　CIR 发起站内组呼

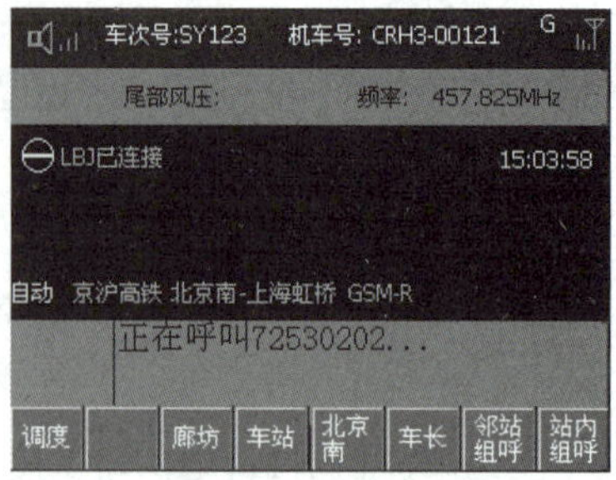

图 2-25　拨号呼叫

（2）按回格键和“数字/字母”键等可修改或重新输入号码。

（3）再次按呼叫键可以对当前显示的号码重新发起呼叫。

9）通信录呼叫

（1）在 MMI 主界面下按设置键，进入设置界面。

（2）选择“3、查询通信录”，按确认签收键进入“通信录”界面，此时屏幕上会列出所有的路局。选择路局后按确认签收键，此时屏幕上列出该路局全部运行线路。

（3）选中线路后，再次按下确认签收键，即会显示该条线路（区段）的调度员、车站值班员的电话号码，如图 2-26 所示。

（4）移动光标选中需要呼叫的调度员或车站值班员，按确认签收键发起呼叫，如图 2-27 所示。

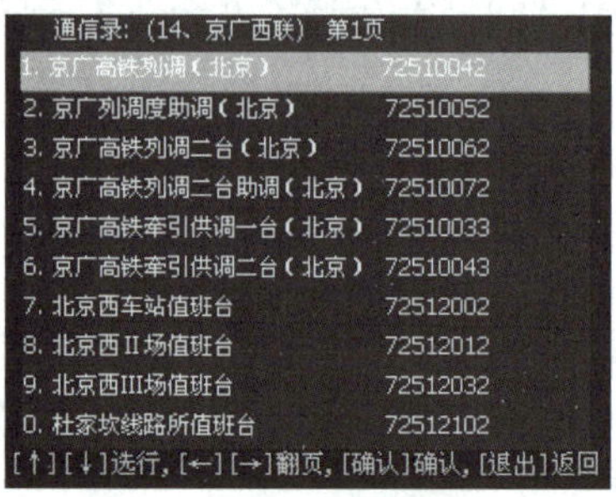

图 2-26　通信录界面

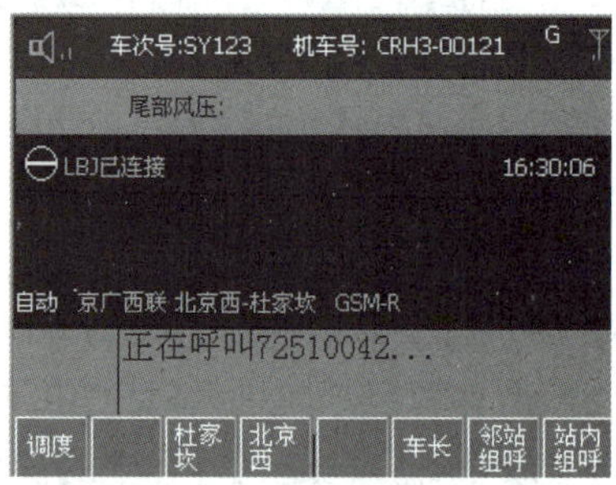

图 2-27　从通信录发起呼叫

说明：

（1）当进行通信录查询时，在通信录最后一页倒数第一行显示本线路（区段）车站值班员的短号码，倒数第二行显示本线路（区段）调度员的短号码，如图 2-28 所示；

（2）选择相应的短号码按确认签收键可立即发起呼叫。

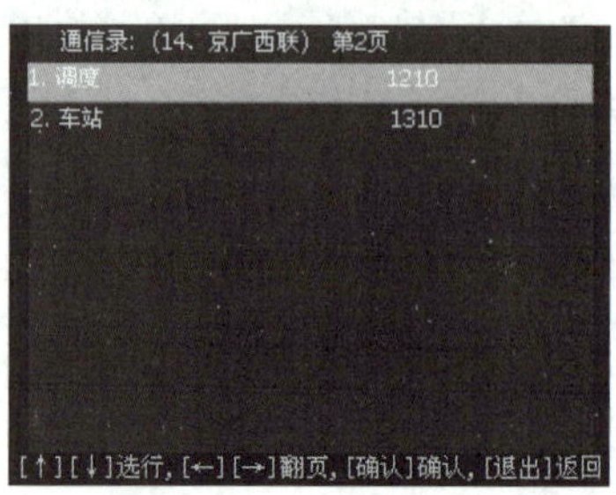

图 2-28　通信录界面

任务评价

车载无线通信设备的调试评价表见表 2–3。

表 2–3　车载无线通信设备的调试评价表

<table>
<tr><th>任务名称</th><th colspan="2">任务内容</th><th colspan="2">交付标准</th><th>笔记栏</th></tr>
<tr><td rowspan="3">车载无线通信设备的调试</td><td colspan="2">450 MHz 工作模式下 CIR 通话测试</td><td colspan="2">1. 450 MHz 工作模式选择正确；
2. 车次号设置正确；
3. 机车号设置正确；
4. 双 MMI 直接通话正常</td><td rowspan="3"></td></tr>
<tr><td colspan="2">GSM–R 工作模式下 CIR 通话测试</td><td colspan="2">1. GSM–R 工作模式选择正确；
2. 车次号注册/设置正确；
3. 车次号确认正确；
4. GSM–R 通话正常；
5. 车次号注销正确</td></tr>
<tr><td colspan="2">检测结果</td><td colspan="2">呼叫、接听、通话正常</td></tr>
<tr><td rowspan="5">考核评价</td><td>序号</td><td>考核内容</td><td>配分</td><td>评分标准</td><td>得分</td></tr>
<tr><td>1</td><td>团队协作</td><td>15</td><td>在小组活动中，能够与他人进行有效合作</td><td></td></tr>
<tr><td>2</td><td>职场安全</td><td>15</td><td>在活动中，严格遵守安全章程、制度</td><td></td></tr>
<tr><td>3</td><td>设备清单</td><td>10</td><td>设备无损坏，按要求清理、归位</td><td></td></tr>
<tr><td>4</td><td>交付结果</td><td>60</td><td>交付结果是否合理、正确</td><td></td></tr>
</table>

知识拓展

1. 铁路列车无线调度通信系统发展概述

我国铁路列车无线调度通信开始于 20 世纪 50 年代从苏联引进无线调度电台，由于当时技术水平的限制，无线调度电台采用电子管电路，设备笨重，耗电量大，未能得到推广。60—70 年代中期，铁道部科学研究院研制了 150 MHz 晶体管电路的同频单工 TW-8A 型列车无线调度电台，由于其具有干扰小、体积小和耗电少等优点，在 1975 年通过鉴定并生产后，很快在各调度区段车站和机车得到推广，后来为适应国家标准又改进为 TW-8B（C、D）型。自 70 年代中期开始，随着列车无线调度通信的迅速发展，为了消除列车无线调度通信电台发射相同频率产生的同频干扰，以及解决隧道中无线电波的传播问题，我国先后研制了 150 MHz、450 MHz 四频组单双工兼容的 TW-12 型、TW-42 列车无线调度通信电台。随后各种制式列车无线调度电台的试制、试验、开通和运用都为以后进一步完善和发展列车无线调度通信提供了宝贵的数据和有益经验。为减少电气化区段对 150 MHz 的干扰并克服 150 MHz 频段的频率资源少等问题，列车无线调度通信系统的工作频段从 90 年代开始逐步采用 450 MHz 频段，现在已完成了从 150 MHz 向 450 MHz 频段的过渡。经过几十年的发展和标准化建设，450 MHz 列车无线调度通信分为 A、B、C 三种制式，在应用中可根据实际需要进行选择。目前，在全路数万多公里的运营线路上，列车无线通信设备的装备率达 100%。

450 MHz 列车无线调度通信在稳定提高装备率的基础上，努力提高场强覆盖率，从 1991 年开始，在铁路又开展了以列车无线调度通信为信息载体的车机联控，车机联控是以确保列车运行安全为目的，以车务、机务结合部作业控制为主要对象，以列车无线调度通信系统为通信手段，以促进现行规章与作业标准的落实为主要内容，以防止行车事故为重点的安全管理措施。车务、机务等行车有关人员利用列车无线调度通信，按规定联络，确认行车要求，提示行车安全信息，确保行车安全的互控，成为行车组织的标准化制度，由于其可移动性和机动灵活的特点，解决了行车部门主要工种间的互控、联控，在提高运输效率上发挥着显著作用。列车无线调度通信作为机车行车安全的“三大件”之一，同时也防止了许多可能发生的各类行车事故，利用列车无线调度通信可及时沟通信息并采取措施，大大缩短了抢险救援和处理故障的时间，减少或避免了行车事故造成的生命财产的损失，对提高运输效率、保证行车安全有着重要作用。

为规范我国铁路列车无线调度通信系统的制式、技术条件、设备组成，以及工程设计、生产制造、施工安装及维护管理，早在 20 世纪 80 年代初，铁道部就制定了铁路列车无线调度通信系统制式及设备系列的部颁标准（TB1420—1981）。1991 年，铁道部颁布实施了《150、450 MHz 铁路列车无线调度通信系统制式及主要技术条件》（TB/T 2294—1991），规定了我国铁路列车无线调度通信系统制式、系统设备组成和系统技术条件。1993 年颁布实施了《铁路列车无线调度通信系统设备技术条件》（TB/T 2457—1993），规定了我国铁路 150 MHz、450 MHz 频段铁路列车无线调度通信 A、B、C 制式设备的基本性能及技术条件，以及自动监测设备、隧道传输设备的技术性能要求。2002 年，又颁布实施了《列车无线调度通信系统制式及主要技术条件》（TB/T 3052—2002），替代了以上两个标准（TB/T 2294—1991、TB/T 2457—1993）。2012 年，以国标形式颁布了《列车无线调度通信系统技术条件》（GB/T 28792—2012）国家标准，规定了铁路 450 MHz 列车无线调度通信系统制式、系统技术条件、系统设备组成、系统设备的基本性能和系统设备的主要技术条件，进一步规范了铁路列车无线调度通信系统的工程设计、产品制造、安装及维护管理。这些标准的颁布实施促进了铁路列车无线调度通信的迅速发展。

为了提高运输指挥效率和能力，我国又相继在 450 MHz 无线调度通信系统中增加了无线车次号校核信息、调度命令信息、列车尾部风压报警信息等数据业务传送功能，为铁路第五次和第六次大提速奠定了基础。但是，由于该系统通信手段采用的是模拟和单信道方式，所提供的通信质量和业务功能拓展与我国高速铁路、客运专线建设的快速发展的需求之间的差距在不断扩大，既有 450 MHz 列车无线调度通信系统面临严峻的考验，对于传统的列车无线调度通信系统设备，存在频率利用率低，枢纽地区通信干扰严重，以及可靠性差等实际问题，主要表现为以下几个方面。

（1）《铁路技术管理规程》对加入列车无线调度通信通话的人员范围作了严格规定，但目前列车无线调度通信是开放系统，并未做任何鉴权加密处理，对用户无需进行身份识别，因此在社会上很多对讲机、电台，只要其频点和调制方式与列车无线调度通信系统相同，便可以加入到系统内通信，影响了列车无线调度通信的正常使用，给行车安全带来极大的隐患。

（2）现有的列车无线调度通信系统通常使用对讲组网方式，而没有采用信道共用技术，其频点（信道）为固定分配方式，当一个信道繁忙时，其他用户只能等待，往往造成该信道上的用户争抢或者出现阻塞，通信质量得不到保证；而当信道空闲时，别的系统用户也不能利用该信道进行通信，信道利用率低。

（3）列车无线调度通信系统内存在严重的同频干扰、邻道干扰、阻塞干扰，与其他的系统之间也常常出现互调干扰。这些干扰的存在，往往造成无法正常通话，数据传输误码率增加，从而影响设备的正常使用。特别在铁路枢纽地区用户多的时候，会由于存在系统内的同频干扰而得不到正常应用，致使枢纽地区调度员不能与枢纽内运行中的列车司机直接通话。

针对上述既有线路上 450 MHz 列车无线调度通信在实际应用中的局限性及存在的问题，同时考虑到铁路移动通信发展的需要，铁道部从 1994 年就开始对专用移动通信技术进行跟踪研究，对在国外铁路广泛应用的 GSM-R 数字移动通信网和 TETRA（陆上集群无线电通信）系统进行比较，并正式确定将 GSM-R 数字移动通信网作为我国铁路移动通信的发展方向，铁道部主管部门组织铁路内外科研院校及相关单位组织制定了一系列技术规范，并结合我国的实际应用情况，对既有技术标准与规范进行了修改、完善，逐步建立健全了适合我国铁路应用的 GSM-R 数字移动通信网的技术标准体系。

GSM-R 数字移动通信网可以囊括目前铁路的各种无线通信系统业务，包括列车无线调度通信、平面调车及各部门各工种的对讲机通信系统，提供列车调度、编组场调车、区间维修、工程施工、应急抢险及普通公务通信等需要的移动通信功能；可以取代传统的电缆加通话柱的区间通信方式，能够给铁路运输指挥带来更多的好处、提供更多的先进功能，满足铁路运输生产各种基本要求。

目前列车无线调度通信系统包括铁路 450 MHz 列车无线调度通信系统和利用 GSM-R 综合数字移动通信系统承载的列车调度通信系统。在既有线路上大多数还是采用 450 MHz 列车无线调度通信系统，而在客运专线和高速铁路上，列车无线调度通信无论是语音还是数据业务，均是由 GSM–R 网络系统承载，针对机车交路的不确定性，机车有可能运行在既有线 450 MHz 列车无线调度通信系统覆盖区段，也有可能运行在开通 GSM–R 网络覆盖区段，为解决目前两个系统网络并存情况下移动机车的电台适应性，机车上装备了机车综合无线通信设备（CIR）。CIR 是基于 450 MHz 列车无线调度通信、GSM–R 语音和数据、800 MHz 列车防护报警等系统的机车终端设备，既满足了以往 450 MHz 列车无线调度通信的需求，也适应了铁路专用移动通信系统 GSM–R 的需求。

随着信息技术的不断发展，铁路移动通信系统也在不断迎来新的技术革新。5G–R 系统作为铁路通信技术的新一代标准，将为铁路运输系统带来更高效、更安全、更可靠的通信服务。从 GSM–R 到 5G–R 的跨越，是铁路技术的又一次巨大飞跃，不仅有利于提升我国铁路通信安全保障能力、提高行车效率，还将进一步巩固我国铁路的世界领先优势。

2. GSM–R 调度通信系统业务

GSM–R 调度通信系统业务包括列车调度通信、客运调度通信、货运调度通信、牵引供电（电力）调度通信及其他调度通信，是目前铁路 GSM–R 系统的主要业务应用。

GSM－R 调度通信业务应用

1）列车调度通信

列车调度通信主要用户包括列车调度员、车站（场）值班员、助理值班员、机车（动车、大型养路机械及轨道车）司机、列车长（含不设列车长的乘检，下同）、机务段（折返段、动车段）调度员、救援列车主任及其他相关人员。

GSM–R 列车调度通信主要用于在行车调度指挥中上述用户之间的个别呼叫、语音组呼及铁路紧急呼叫。因此针对不同呼叫类型，规定了其必须具备的业务功能，必备业务功能见表 2–4。根据实际应用需要，可选择使用表 2–5 所示的业务功能。

表 2–4 GSM–R 列车调度通信业务功能（必备）

呼叫类型	应用功能
个别呼叫	（1）列车调度员按车次号功能寻址/MSISDN 号码方式个别呼叫调度辖区内的机车司机并通话。当辖区内有多个车次号相同的列车时，按照《GSM–R 数字移动通信智能网技术条件》的规定处理 （2）列车调度员呼叫调度辖区内车站值班员并通话 （3）列车调度员呼叫相邻调度区调度员并通话 （4）列车调度员呼叫相邻调度区分界站车站值班员并通话 （5）车站值班员按车次号功能寻址/MSISDN 号码方式个别呼叫机车司机并通话 （6）车站值班员呼叫列车调度员并通话 （7）车站值班员呼叫相邻车站值班员并通话 （8）机车司机按位置寻址/ISDN 号码方式个别呼叫当前所在调度辖区的列车调度员并通话 （9）机车司机按位置寻址/ISDN 号码方式个别呼叫本站/前方站/后方站值班员并通话 （10）机车司机按车次功能号/MSISDN 号码个别呼叫列车长并通话 （11）列车长按车次功能号/MSISDN 号码个别呼叫机车司机并通话 （12）助理值班员按车次功能号/MSISDN 号码个别呼叫机车司机并通话 （13）助理值班员按车次功能号/MSISDN 号码个别呼叫列车长并通话

续表

呼叫类型	应用功能
语音组呼	（14）列车调度员组呼调度辖区范围内的所有或部分车站值班员并通话 （15）车站值班员组呼所属列车调度员、三站两区间范围内的机车司机并通话。根据需要，可选择位于三站两区间范围内的助理值班员、列车长、道口值班人员、工务巡道人员作为该组呼的被叫组成员 （16）车站值班员、助理值班员、车站基站区范围内机车司机和列车长之间按组呼方式通话
铁路紧急呼叫	（17）机车司机、助理值班员、工务巡道人员、道口值班人员向所属调度辖区的调度员、相邻的车站值班员及相邻三小区范围内的机车司机、列车长、助理值班员、工务巡道人员、道口人员发起铁路紧急呼叫

表 2-5　GSM-R 列车调度通信业务功能（可选）

呼叫类型	应用功能
个别呼叫	（1）机车司机按位置寻址/ISDN 号码方式个别呼叫前方调度辖区的列车调度员并通话
语音组呼	（2）列车调度员组呼调度辖区内的机车司机并通话 （3）列车调度员组呼调度辖区范围内的车站值班员、机车司机并通话。根据需要，可选择位于三站两区间范围内的助理值班员、列车长、道口值班人员、工务巡道人员作为该组呼的被叫组成员 （4）列车调度员组呼调度辖区内某个车站的车站值班员、助理值班员及该车站基站区内的所有机车司机并通话 （5）列车调度员、车站值班员、助理值班员、救援列车主任之间按组呼方式通话
语音广播	（6）列车调度员向调度辖区内所有机车司机发布语音广播

2）客运调度通信

客运调度通信系统的用户有客运调度员、车站客运值班员、客运段（列车段）值班员、车上客运人员及其他相关人员。

客运调度员、值班员可按个别呼叫方式呼叫列车上客运人员并通话。

3）货运调度通信

货运调度通信系统的用户有货运调度员、中间站（区段站、编组站、货运站）货运室值班员、货运员及其他相关人员。

（1）货运调度员可按个别呼叫、组呼等方式呼叫调度辖区范围内相关的所属用户并通话。

（2）货运调度员接收所属用户的个别呼叫并通话。

4）牵引供电（电力）调度通信

牵引供电（电力）调度通信系统的用户有牵引供电（电力）调度员、牵引（电力）配变电所值班员、车站值班员、电力机务段（折返段）值班员、接触网（电力）工区（开闭所、分区所、AT 所）值班员、供电段调度员、接触网（电力）工区流动作业人员及其他相关人员。

用户通信过程

（1）牵引供电（电力）调度员可按个别呼叫、组呼等方式呼叫调度辖区范围内相关的所属用户并通话。

（2）牵引供电（电力）调度员接收所属用户的个别呼叫并通话。

5）其他调度通信

其他调度通信指除列车、客运、货运、牵引供电（电力）以外的各工种调度通信。

（1）调度员或值班员按个别呼叫、组呼等方式呼叫管辖范围内相关的所属用户并通话。

（2）调度员或值班员接收所属用户的个别呼叫并通话。

复习思考题

1. 列车无线调度通信系统包括哪些设备？
2. 简述 450 MHz 列车无线调度通信系统 B1 制式的通信方式。
3. 车站台、机车台、车长台之间如何进行呼叫通话？呼叫时使用的信令是多少？
4. 调度员如何选站呼叫机车司机？
5. 简述 GSM-R 数字移动通信系统的组成。
6. GSM-R 的移动智能网（IN）子系统对呼叫的智能控制业务主要哪些？
7. 简述 GSM-R 调度通信系统的组成。
8. 机车为什么要采用基于位置寻址方式呼叫调度台？
9. 什么是功能寻址？功能号由哪几个部分组成？
10. 在个别呼叫时，移动用户有哪几种方法呼叫固定用户？
11. 在个别呼叫时，固定用户有哪几种方法呼叫移动用户？
12. 在列车调度通信中语音组呼有哪几种？

学习笔记

项目 3
CIR 设备出入库检测

项目导入

CIR 出入库检测设备安装在机车整备场等检测地点，是维护人员对 CIR、450 MHz 通用机车电台、LBJ 等设备进行出入库检测的主要工具。本项目主要介绍 CIR 出入库检测设备的概况、设备构成、设备功能、主要技术要求、检测流程，随后介绍便携式机车设备测试仪、便携式测试台等其他检测设备。

当机车/动车组出入库（所）时，可以利用 CIR 出入库检测设备对 CIR 和 450 MHz 通用机车电台进行检测（包括自检、录音测试、450 MHz 数据、450 MHz 语音、GSM-R 数据、GSM-R 语音）。CIR 出入库检测设备以无线方式与 CIR、通用机车电台、LBJ、车次号数据采集编码装置进行通信，对语音通话和数据业务功能进行检测；便携式测试台用于启动 LBJ 进行库检，并实时接收 LBJ 发送的各种报警信息；便携式机车设备测试仪用于无线车次号信息、调度命令测试、语音测试和电池欠压告警检测。

思维导图

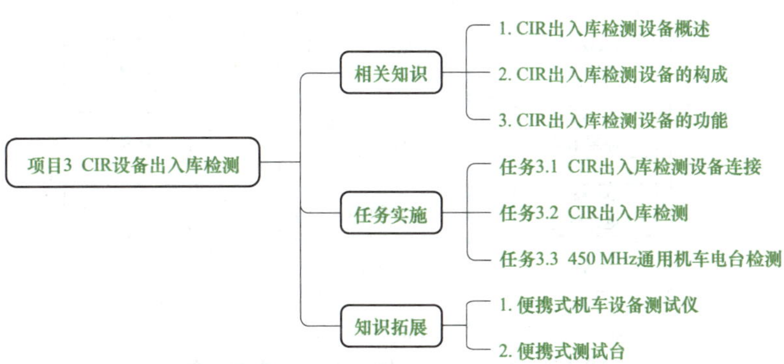

学习目标

1. 知识目标

- 了解 CIR 出入库检测设备的构成和工作原理；
- 了解 CIR 设备维护作业标准、流程及库检设备的功能和用途；
- 掌握库检设备的操作及使用。

2. 能力目标

- 能完成无线列调设备机械强度的检查、整修或更换；
- 能利用便携式测试台或出入库检测设备对 CIR 进行检测。

3. 素质目标

- 培养安全意识、规范行为、团队协作精神；
- 培养按章操作和安全生产的思想。

知识链接

1. CIR 出入库检测设备概述

随着 CIR 在铁路运输中作用的不断提升，对 CIR 状态进行有效检测，确保其正常工作就变得越来越重要，CIR 出入库检测设备由此应运而生。CIR 出入库检测设备可按机车号对 CIR 的各部组件和整机功能进行检测，通过 450 MHz、800 MHz 和 GSM-R 通道检测 CIR 的语音和数据功能，并能保存检测结果及进行检索和打印。CIR 出入库检测设备具有较强的通用性，对于暂未装配 CIR 的机车，CIR 出入库检测设备能对 450 MHz 通用机车电台和 LBJ 进行检测，无须另设专用检测设备。

目前，CIR 出入库检测设备已在全铁路推广使用，为 CIR 的可靠应用提供了有力支持。

2. CIR 出入库检测设备的构成

1）基本构成

CIR 出入库检测设备由主机、计算机、打印机、连接电缆等构成，如图 3-1 所示。

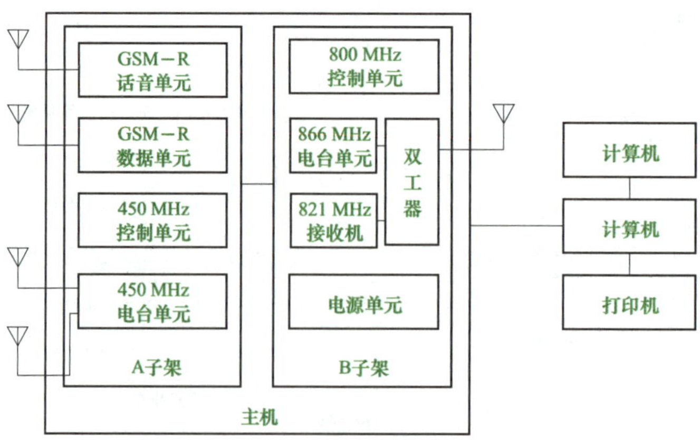

图 3-1　CIR 出入库检测设备的基本构成

CIR 出入库检测设备的主机连接和计算机连接分别如图 3-2 和图 3-3 所示。

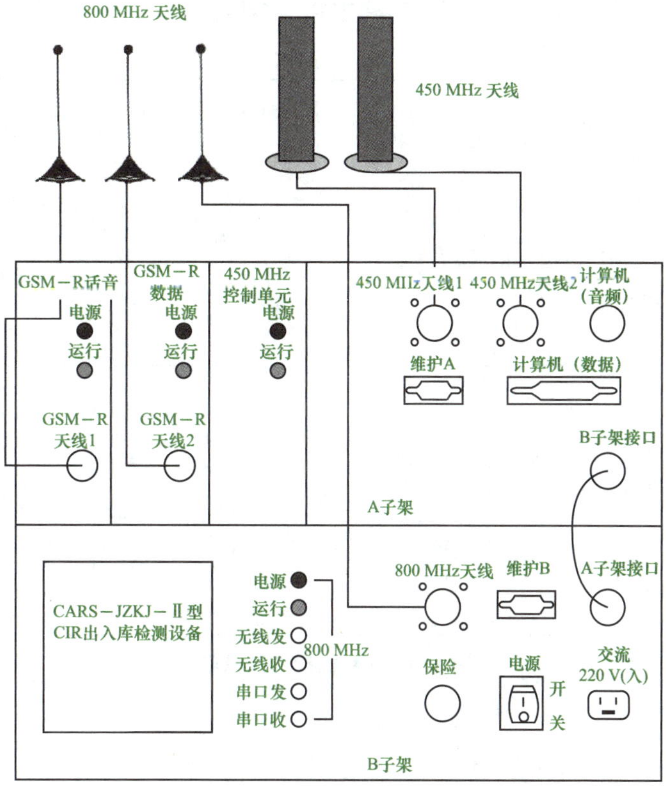

图 3-2　CIR 出入库检测设备的主机连接图

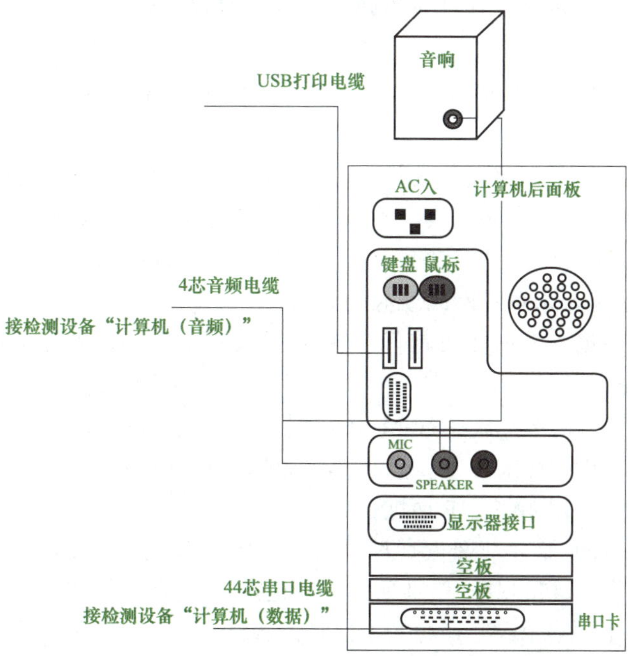

图 3-3　CIR 出入库检测设备的计算机连接图

2）主机

主机由机柜、A 子架、B 子架和天线构成，其前面板如图 3–4 所示。

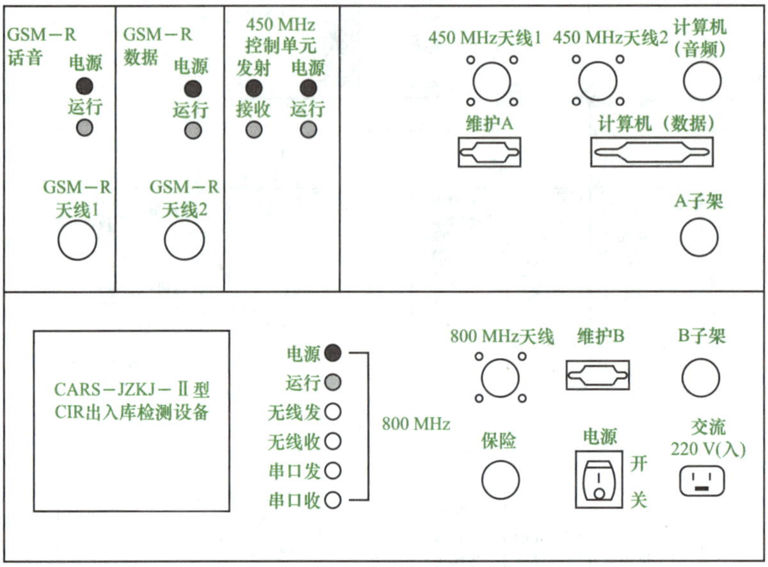

图 3–4　主机前面板示意图

（1）A 子架。

A 子架采用插板式结构，具有 GSM–R 话音单元、GSM–R 数据单元、450 MHz 控制单元和 450 MHz 信道机单元。GSM–R 话音单元在计算机的控制下实现 GSM–R 话音检测功能；GSM–R 数据单元在计算机的控制下实现 GPRS 数据检测功能；450 MHz 控制单元具有 450 MHz 亚音频编解码、调度命令和车次号数据编解码功能，计算机通过 450 MHz 控制单元控制 450 MHz 信道机单元，实现 450 MHz 话音和数据检测功能。各单元面板说明如下。

① GSM–R 话音单元前面板具有“电源”灯、“运行”灯和天线插座。“电源”灯亮表示 GSM–R 话音单元电源正常，“电源”灯灭表示 GSM–R 话音单元电源故障。“运行”灯慢闪（3 s 闪烁一次）表示 GSM–R 话音单元已登录网络，快闪（0.8 s 闪烁一次）表示 GSM–R 话音单元未登录网络或掉网。

② GSM–R 数据单元前面板具有“电源”灯、“运行”灯和天线插座。“电源”灯亮表示 GSM–R 数据单元电源正常，“电源”灯灭表示 GSM–R 数据单元电源故障。“运行”灯慢闪（3 s 闪烁一次）表示 GSM–R 数据单元未登录网络，快闪（0.8 s 闪烁一次）表示 GSM–R 数据单元未登录网络或掉网，极快闪（0.3 s 闪烁一次）表示 GSM–R 数据单元已登录网络并获取本机 IP 地址。

③ 450 MHz 控制单元前面板具有“电源”灯、“运行”灯、“接收”灯、“发送”灯。“电源”灯亮表示 450 MHz 控制单元电源正常，“电源”灯灭表示 450 MHz 控制单元电源故障。“运行”灯闪烁表示 450 MHz 控制板运行正常，未闪烁表示运行故障。“接收”灯亮表示接收到 450 MHz 无线数据，“发送”灯亮表示发送 450 MHz 无线数据。

④ 450 MHz 信道机单元前面板具有 450 MHz 天线接口 1、450 MHz 天线接口 2、计算机音频接口、计算机数据接口、B 子架接口。

（2）B 子架。

B 子架采用机箱式结构，内设 800 MHz 控制单元、866 MHz 信道机、821 MHz 接收机、双工器和电源单元。计算机通过 800 MHz 控制单元控制 866 MHz 信道机和 821 MHz 接收机，实现对 LBJ 的检测，双工器用于 866 MHz 信道机和 821 MHz 接收机天线合路，电源单元为主机 A、B 子架各部组件提供直流电源。

B 子架前面板的“运行”灯闪烁表示 800 MHz 控制板运行正常，未闪烁表示故障；“无线收”灯亮表示接收到 800 MHz 无线数据，“无线发”灯亮表示发送 800 MHz 无线数据；“串口发”灯亮表示 800 MHz 控制单元向计算机发送数据，“串口收”灯亮表示 800 MHz 控制单元接收到计算机数据。

（3）天线。

主机具有 GSM-R 话音天线、GSM-R 数据天线、800 MHz 天线和 2 个 450 MHz 天线，一般采用吸盘天线，如有必要时可采用室外全向或定向天线。

3）计算机

计算机由主机箱、LCD 显示器、键盘、鼠标、音箱和连接电缆构成，是整个 CIR 出入库检测设备的核心控制单元，控制主机的各部组件，提供人机交互界面，并可存储检索各类检测数据。计算机采用 Windows 操作系统，内置 1 个四串口扩展卡，通过 4 个串行数据接口分别与 GSM-R 话音单元、GSM-R 数据单元、450 MHz 控制单元和 800 MHz 控制单元进行数据通信，通过声卡音频接口连接 450 MHz 控制单元，进行 GSM-R 话音、450 MHz 话音的录音和回放。

4）打印机

打印机由计算机控制，用于打印各类检测结果和数据分析报表。

3. CIR 出入库检测设备的功能

CIR 出入库检测设备具有检测 CIR、450 MHz 通用机车电台、LBJ 和模拟制式数据采集编码器及记录数据的检索、统计、打印等功能。具体描述如下。

1）CIR 检测

检测人员可操作 CIR 出入库检测设备从地面遥测 CIR 自检，接收、显示并保存 CIR 自检结果，还可对 CIR 进行 450 MHz 数据功能和 GPRS 数据功能遥测。

机车综合无线通信设备出入库检测（上）

检测人员可通过 CIR 出入库检测设备对 CIR 进行上车检测，检测内容包括 CIR 自检、GPRS 数据测试、450 MHz 数据测试、450 MHz 同频通话试验、450 MHz 异频通话试验、GSM-R 通话、LBJ 功能单元检测等，CIR 出入库检测设备接收、显示并保存检测结果。

在检测过程中，如 CIR 出现故障，CIR 出入库检测设备将进行提示。

2）450 MHz 通用机车电台检测

检测人员可向 CIR 出入库检测设备输入机车电台 ID 号，从地面遥测机车电台自检，接收、显示并保存自检结果，也可通过 CIR 出入库检测设备上车检测机车电台，检测内容包括自检和 450 MHz 通话试验。

3）LBJ 检测

检测人员可向 CIR 出入库检测设备输入 LBJ 机车号，从地面遥测 LBJ 自检，接收、显示并保存自检结果，也可通过 CIR 出入库检测设备上车检测 LBJ。

4）模拟制式数据采集编码器检测

CIR 出入库检测设备能自动接收 450 MHz 模拟制式数据采集编码器发送的无线车次号校核信息，按检测人员设定的报警周期判断数据采集编码器是否故障并发出提示。

5）检索、统计和打印

按照设定条件，CIR 出入库检测设备可对各类设备的检测结果进行分类检索、统计和打印。

6）LBJ 记录数据分析

数据管理器下载 LBJ 记录数据后，CIR 出入库检测设备可按照车次号、机车号和时间对记录信息进行分类查询、分析。

任务实施

CIR 出入库检测设备可按机车号对 CIR 的各部组件和整机功能进行检测，通过 450 MHz、800 MHz 和 GSM-R 通道检测 CIR 的语音和数据功能，并能保存检测结果，进行检索和打印。CIR 出入库检测设备具有较强的通用性，对于暂未装配 CIR 的机车，CIR 出入库检测设备能对 450 MHz 机车电台和 LBJ 进行检测，无须另设专用检测设备。

任务 3.1　CIR 出入库检测设备连接

1. 主机电缆连接

（1）用 5 芯短电缆将主机 A 子架的“B 子架接口”连接到 B 子架的“A 子架接口”。

（2）将两根 450 MHz 天线连接到 A 子架的两个“450 MHz 天线”接口。

（3）将 GSM-R 天线连接到 A 子架 GSM-R 话音模块的“天线 1”接口。

（4）将 GSM-R 天线连接到 A 子架 GSM-R 数据模块的“天线 2”接口。

主机电缆连接示意图参见图 3-2。

2. 计算机和打印机电缆连接

按照随机配备的计算机和打印机的说明书进行连接。

3. 主机和计算机的电缆连接

（1）用 44 芯串口电缆将主机 A 子架的“计算机（数据）”串行接口连接到计算机的 4 串口卡接口。

（2）用音频电缆 4 芯端连接到主机 A 子架的“计算机（音频）”，另一端标有“MIC”的连接到计算机的 MIC 接口，标有“SPEAKER”的连接到计算机的 SPEAKER 接口。

（注意：计算机的音频接口采用计算机集成声卡绿色接口的转接座；绿色接口有一个 1 变 2 的转接：一个接多媒体音箱，另一个接主机 A 子架）。

主机和计算机的电缆连接示意图参见图 3-3。

4. 注意事项

（1）在非 GSM-R 区段，CIR 可进行的出入库检测项目包括：

① 450 MHz 数据；

② 异频通话测试；

③ 同频通话测试。

（2）插拔硬件之前，请确保设备电源已经关闭。

任务 3.2　CIR 出入库检测

1. 自检

机车综合无线通信设备出入库检测（下）

上车后在 CIR 的出入库检测界面选择“自检”项，进入自检状态，MMI 显示“请输入或选择库检设备 IP 地址”。输入或选择 IP 地址后，按“确认”键，MMI 显示“正在进行自检……”。自检完成后 CIR 会显示自检结果，并通过 GPRS 通道或 450 MHz 通道发送到地面的 CIR 出入库检测设备进行保存，各项单元自检结果应正常，当出现故障时应对 CIR 作进一步检查。CIR 出入库检测设备收到 CIR 库检结果后进行显示，但“GPRS 数据”“450 MHz 数据”两项暂标记为未检测，如 30 min 内该 CIR 进行“GPRS 数据”“450 MHz 数据”检测并且检测结果正常，则 CIR 出入库检测设备将“GPRS 数据”“450 MHz 数据”两项标记为正常，否则标记为故障。

当 CIR 配有 GSM-R 模块并处于 GSM-R 网络时，自检结果通过 GPRS 通道发送至 CIR 出入库检测设备，内容包括：GSM-R 话音模块工作状态、GSM-R 数据模块工作状态、GPS 单元状态、车次号数据采集单元状态、450 MHz 功能单元模块状态、LBJ 功能单元状态、记录单元状态、MMI 操作终端状态和电池状态，如图 3-5 所示。

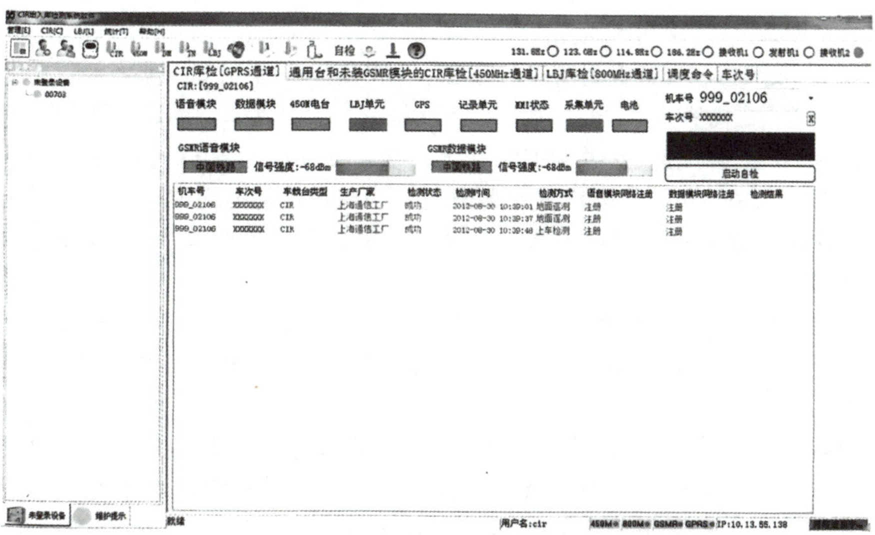

图 3-5　CIR 出入库检测设备显示 CIR 自检结果（GPRS 通道）

当 CIR 未配 GSM-R 模块或无 GSM-R 网络时，自检结果通过 450 MHz 通道发送至 CIR 出入库检测设备，内容仅包括 450 MHz 功能单元状态，如图 3-6 所示。

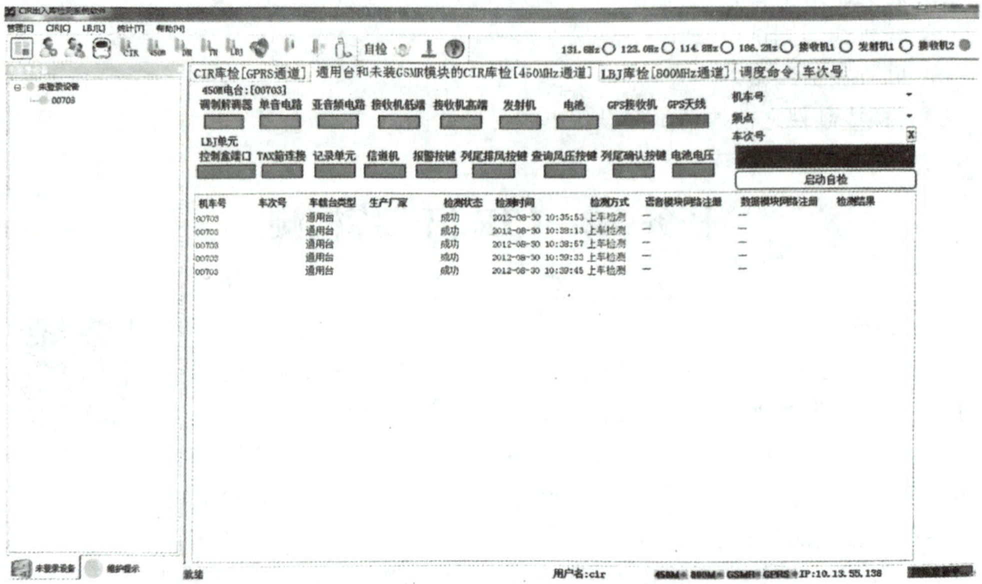

图 3-6　CIR 出入库检测设备显示 CIR 自检结果（450 MHz 通道）

CIR 出入库检测设备还可通过 GPRS 通道或 450 MHz 通道遥测 CIR 进行自检，CIR 自检完成后，将向 CIR 出入库检测设备发送自检结果，由 CIR 出入库检测设备显示和处理。需要注意的是，遥测仅用于对 CIR 进行辅助检测，在机车出入库时，必须按照规定对 CIR 进行上车检测。

2. GPRS 数据（CIR 未配 GSM-R 模块或无 GSM-R 网络时不检测该项）

在 MMI 出入库检测界面选择“GPRS 数据”选项，按“确认”键，CIR 向地面 CIR 出入库检测设备发送“GPRS 数据检测”请求信息，并显示“已发送请求信息……”。地面 CIR 出入库检测设备收到请求信息后进行存储，根据请求信息对应的 IP 地址向 CIR 发送一条正文内容为“GPRS 数据出入库检测”的出入库检测调度命令信息，CIR 收到后在 MMI 上显示该信息并向 CIR 出入库检测设备发送自动确认信息，按下 MMI“确认”键后，CIR 向出入库检测设备发送手动签收信息并返回原界面。地面 CIR 出入库检测设备收到 CIR 自动确认和手动签收信息后进行显示并存储，显示界面如图 3-7 所示。

在上述流程中，如果 CIR 出入库检测设备未收到 CIR 发送的请求信息或手动签收信息，库检结果中“GPRS 数据”项将标记为故障，否则标记为正常。

3. 450 MHz 数据

在 MMI 出入库检测界面选择“450 MHz 数据”选项，按“确认”键，CIR 在 457.55 MHz 向地面 CIR 出入库检测设备发送“450 MHz 数据检测”请求信息，并显示“已发送请求信息……”。地面 CIR 出入库检测设备收到检测信息后进行存储，在台账预置的工作频率向 CIR 发送一条正文内容为“450 MHz 数据出入库检测”的出入库检测调度命令信息，CIR 收到后在 MMI 上显示该信息，并在 457.550 MHz 向 CIR 出入库检测设备发送自动确认信息，按下 MMI“确认”键后，CIR 在 457.55 MHz 向出入库检测设备发送手动签收信息并返回原界面。地面 CIR 出入库检测设备收到 CIR 自动确认和手动签收信息后进行显示并存储，显示界面与图 3-7 基本一致。

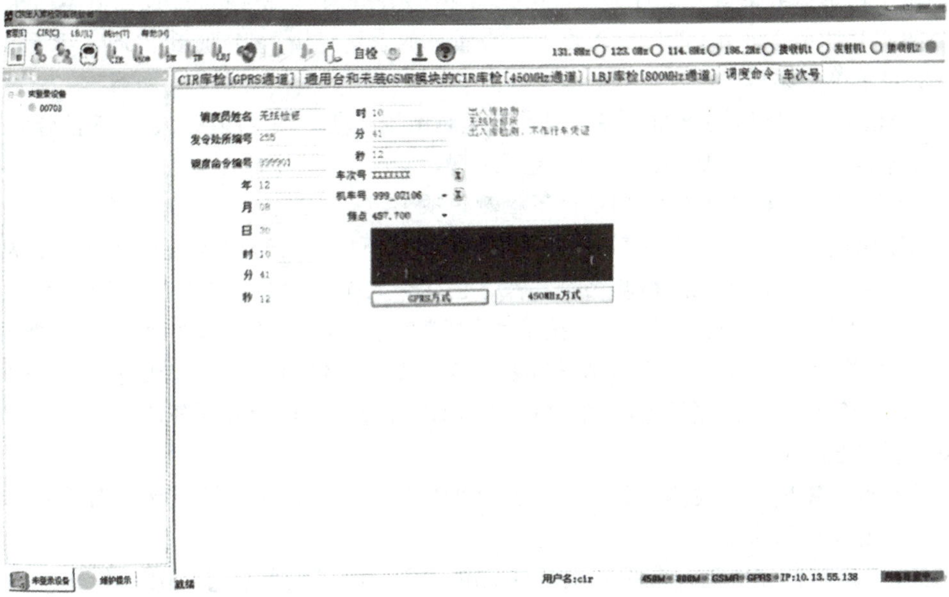

图 3-7　CIR 出入库检测设备显示接收到的自动确认信息

在上述流程中，如果 CIR 出入库检测设备未收到 CIR 发送的请求信息或手动签收信息，库检结果中“450 MHz 数据”项将标记为故障，否则标记为正常。

4. 450 MHz 同频通话

在 MMI 出入库检测界面选择“450 MHz 同频通话”选项，按“确认”键，CIR 在 457.925 MHz 测试信道向 CIR 出入库检测设备发送同频呼叫信号，收到 CIR 出入库检测设备发送的回铃后，按下 CIR 送受话器的 PTT 开始通话试验，话音内容为“××型×××号机车 450 MHz 电台同频呼叫话音试验”，应在 7 s 内完成。地面 CIR 出入库检测设备录制通话试验话音并进行存储，检测到 CIR 发射载波结束 1 s 后，CIR 出入库检测设备在 457.925 MHz 回放录制的语音，CIR 收听应正常。

5. 450 MHz 异频通话

在 MMI 出入库检测界面选择“450 MHz 异频通话”选项，按“确认”键，CIR 在 467.925 MHz 测试信道向 CIR 出入库检测设备发送异频呼叫信号，收到 CIR 出入库检测设备发送的回铃后，按下 CIR 送受话器的 PTT 开始通话试验，话音内容为“××型×××号机车 450 MHz 电台异频呼叫话音试验”，应在 7 s 内完成。地面 CIR 出入库检测设备录制通话试验话音并进行存储，检测到 CIR 发射载波结束 1 s 后，CIR 出入库检测设备在 467.925 MHz 回放录制的语音，CIR 收听应正常。

6. GSM-R 通话（CIR 未配 GSM-R 模块或无 GSM-R 网络时不检测该项）

在 MMI 出入库检测界面选择“GSM-R 通话”选项，按“确认”键，MMI 显示“请输入或选择库检设备电话号码”。输入 CIR 出入库检测设备电话号码并按“呼叫”键后，CIR 向出入库检测设备发起 GSM-R 话音呼叫。呼叫接通后，从 CIR 将听到地面出入库检测设备播放的接通提示音，按 PTT 开始通话试验，话音内容为“××型×××号机车 GSM-R 呼叫话音试验”，应在 7 s 内完成。地面 CIR 出入库检测设备在呼叫接通后 7 s 内录制通话试验话音并进行存储，随后地面出入库检测设备将向 CIR 回放本次录制的话音，CIR 收听应正常，CIR 出入库检测设备播放录音完毕后自动挂断 GSM-R 呼叫。

7. 记录单元测试

在 MMI 出入库检测界面选择“记录单元测试”选项，按“确认”键，应能连续播放 CIR 本机记录单元录制的最近 5 段通话录音。

8. LBJ 库检（CIR 未安装 LBJ 时不检测该项）

向便携式测试台输入待检 LBJ 的机车号后，按下便携式测试台侧面上键，便携式测试台将向 LBJ 发送出入库检测命令，启动 LBJ 进入库检状态。LBJ 进入库检状态后，MMI 语音提示“请按键试验”，分别按下“报警”“列尾排风”“风压查询”“确认/签收”键后，LBJ 将分别在 866.237 5 MHz 和 821.237 5 MHz 发送自检结果和接近预警试验信息。地面 CIR 出入库检测设备应能正常接收 LBJ 自检结果和接近预警试验信息，自检结果各项应正常。

当地面 CIR 出入库检测设备未收到 LBJ 的库检记录时，检测结果显示为故障。

9. 查看库检记录

CIR 上车检测完成后，应按要求回到 CIR 出入库检测设备查看 CIR 库检记录。当 CIR 检测结果为故障时，应调阅记录数据，找出故障原因并进行处理。

在 CIR 出入库检测设备上单击“CIR 自检结果查询”按钮，弹出 CIR 自检结果查询窗口，如图 3-8 所示。

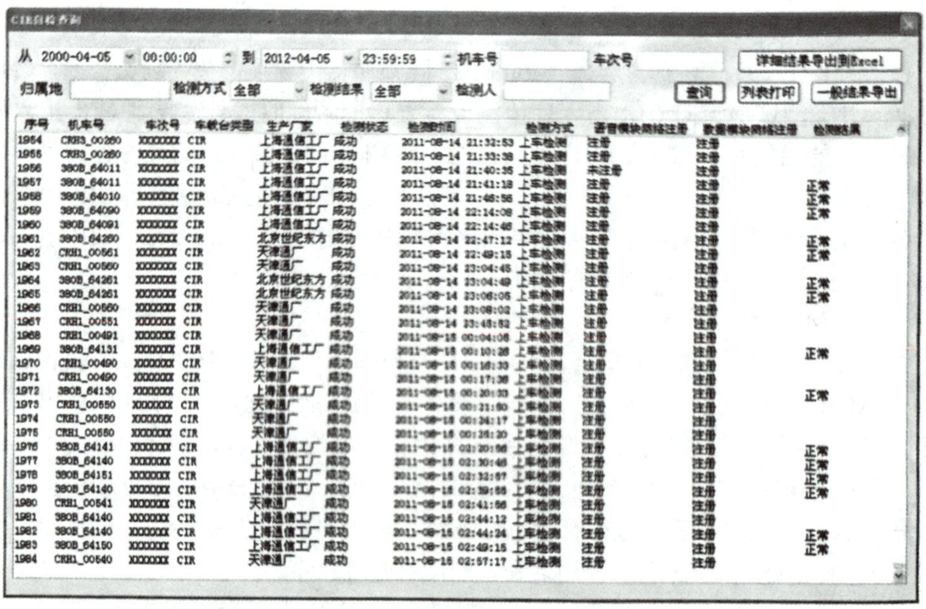

序号	机车号	车次号	车载台类型	生产厂家	检测状态	检测时间	检测方式	语音模块网络注册	数据模块网络注册	检测结果
1954	CRH3_00260	XXXXXXX	CIR	上海通信工厂	成功	2011-08-14 21:32:53	上车检测	注册	注册	
1955	CRH3_00260	XXXXXXX	CIR	上海通信工厂	成功	2011-08-14 21:33:38	上车检测	注册	注册	
1956	380B_64011	XXXXXXX	CIR	上海通信工厂	成功	2011-08-14 21:40:35	上车检测	未注册	注册	
1957	380B_64011	XXXXXXX	CIR	上海通信工厂	成功	2011-08-14 21:41:18	上车检测	注册	注册	正常
1958	380B_64010	XXXXXXX	CIR	上海通信工厂	成功	2011-08-14 21:46:56	上车检测	注册	注册	正常
1959	380B_64090	XXXXXXX	CIR	上海通信工厂	成功	2011-08-14 22:14:08	上车检测	注册	注册	正常
1960	380B_64091	XXXXXXX	CIR	上海通信工厂	成功	2011-08-14 22:14:46	上车检测	注册	注册	
1961	380B_64260	XXXXXXX	CIR	北京世纪东方	成功	2011-08-14 22:47:12	上车检测	注册	注册	正常
1962	CRH1_00561	XXXXXXX	CIR	天津通厂	成功	2011-08-14 22:49:15	上车检测	注册	注册	正常
1963	CRH1_00560	XXXXXXX	CIR	天津通厂	成功	2011-08-14 23:04:45	上车检测	注册	注册	
1964	380B_64261	XXXXXXX	CIR	北京世纪东方	成功	2011-08-14 23:04:49	上车检测	注册	注册	正常
1965	380B_64261	XXXXXXX	CIR	北京世纪东方	成功	2011-08-14 23:06:05	上车检测	注册	注册	正常
1966	CRH1_00560	XXXXXXX	CIR	天津通厂	成功	2011-08-14 23:08:02	上车检测	注册	注册	
1967	CRH1_00551	XXXXXXX	CIR	天津通厂	成功	2011-08-14 23:48:52	上车检测	注册	注册	
1968	CRH1_00491	XXXXXXX	CIR	天津通厂	成功	2011-08-15 00:04:06	上车检测	注册	注册	
1969	380B_64131	XXXXXXX	CIR	上海通信工厂	成功	2011-08-15 00:10:26	上车检测	注册	注册	正常
1970	CRH1_00490	XXXXXXX	CIR	天津通厂	成功	2011-08-15 00:16:30	上车检测	注册	注册	
1971	CRH1_00490	XXXXXXX	CIR	天津通厂	成功	2011-08-15 00:17:38	上车检测	注册	注册	
1972	380B_64130	XXXXXXX	CIR	上海通信工厂	成功	2011-08-15 00:20:33	上车检测	注册	注册	正常
1973	CRH1_00550	XXXXXXX	CIR	天津通厂	成功	2011-08-15 00:21:50	上车检测	注册	注册	
1974	CRH1_00550	XXXXXXX	CIR	天津通厂	成功	2011-08-15 00:24:17	上车检测	注册	注册	
1975	CRH1_00550	XXXXXXX	CIR	天津通厂	成功	2011-08-15 00:26:20	上车检测	注册	注册	
1976	380B_64141	XXXXXXX	CIR	上海通信工厂	成功	2011-08-15 02:20:56	上车检测	注册	注册	正常
1977	380B_64140	XXXXXXX	CIR	上海通信工厂	成功	2011-08-15 02:30:46	上车检测	注册	注册	正常
1978	380B_64151	XXXXXXX	CIR	上海通信工厂	成功	2011-08-15 02:32:57	上车检测	注册	注册	正常
1979	380B_64140	XXXXXXX	CIR	上海通信工厂	成功	2011-08-15 02:39:56	上车检测	注册	注册	正常
1980	CRH1_00541	XXXXXXX	CIR	天津通厂	成功	2011-08-15 02:41:56	上车检测	注册	注册	
1981	380B_64140	XXXXXXX	CIR	上海通信工厂	成功	2011-08-15 02:44:12	上车检测	注册	注册	
1982	380B_64140	XXXXXXX	CIR	上海通信工厂	成功	2011-08-15 02:44:24	上车检测	注册	注册	正常
1983	380B_64150	XXXXXXX	CIR	上海通信工厂	成功	2011-08-15 02:49:15	上车检测	注册	注册	正常
1984	CRH1_00540	XXXXXXX	CIR	天津通厂	成功	2011-08-15 02:57:17	上车检测	注册	注册	

图 3-8　CIR 自检结果查询

输入查询时间范围，例如，要查询 2013 年 3 月的记录情况，应将时间选择为从“2013-3-1”到“2013-3-31”；如要查询 2013 年 3 月 17 日的记录情况，应将时间选择为从“2013-3-17”到“2013-3-17”。根据实际需要可输入机车号、车次号、归属地、检测方式、检测结果选项。如果选项为空，则查询全部的历史记录。输入完毕后单击“查询”按钮，CIR 出入库检测设备将符合选项的历史记录按照时间顺序显示在列表中，单击“列表打印”按钮即可打印查询的历史记录列表，双击列表某一项将显示对应 CIR 的详细库检结果，如图 3-9 所示。

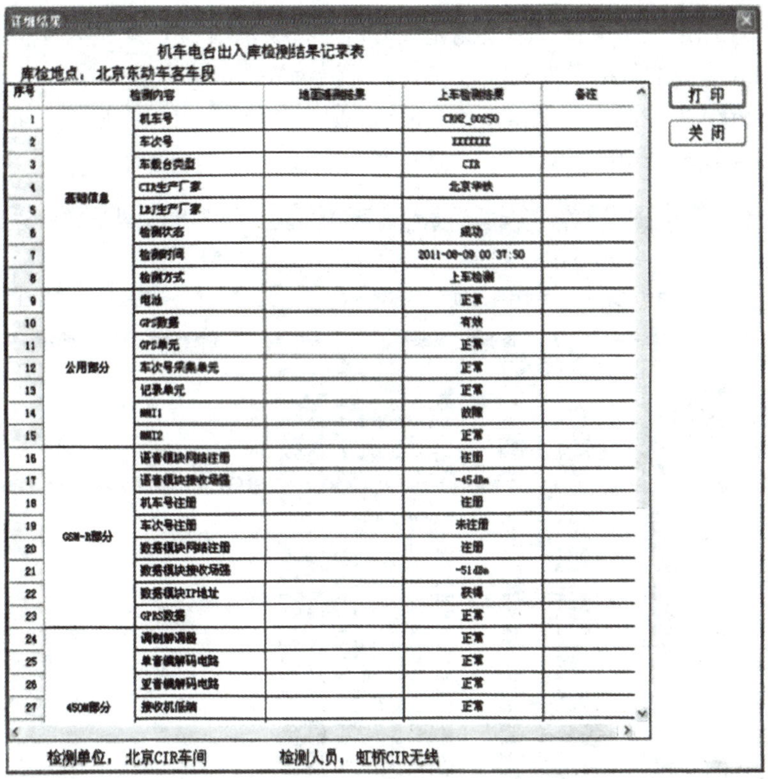

详细结果

机车电台出入库检测结果记录表

库检地点：北京东动车客车段

序号	检测内容		地面遥测结果	上车检测结果	备注
1	基础信息	机车号		CIR2_00250	
2		车次号		XXXXXXX	
3		车载台类型		CIR	
4		CIR生产厂家		北京华铁	
5		LBJ生产厂家			
6		检测状态		成功	
7		检测时间		2011-08-09 00 37:50	
8		检测方式		上车检测	
9	公用部分	电池		正常	
10		GPS数据		有效	
11		GPS单元		正常	
12		车次号采集单元		正常	
13		记录单元		正常	
14		MMI1		故障	
15		MMI2		正常	
16	GSM-R部分	语音模块网络注册		注册	
17		语音模块接收场强		-45dBm	
18		机车号注册		注册	
19		车次号注册		未注册	
20		数据模块网络注册		注册	
21		数据模块接收场强		-51dBm	
22		数据模块IP地址		获得	
23		GPRS数据		正常	
24	450M部分	调制解调器		正常	
25		单音频解码电路		正常	
26		双音频解码电路		正常	
27		接收机低噪		正常	

检测单位：北京CIR车间　　　检测人员：虹桥CIR无线

打印　关闭

图 3-9　CIR 详细库检结果

任务 3.3　450 MHz 通用机车电台检测

1. 自检

上车后同时按下控制盒的“隧道车站”和“隧道机车”键 2 s 以上，450 MHz 通用机车电台将进入自检状态，LCD 显示“设备检测中……”。450 MHz 通用机车电台自检完成后，将显示自检结果，并通过 450 MHz 通道将自检结果发送到 CIR 出入库检测设备进行存储。

CIR 出入库检测设备还可遥测 450 MHz 通用机车电台进行自检，完成后将向 CIR 出入库检测设备发送自检结果，由 CIR 出入库检测设备显示和处理。需要注意的是，遥测仅用于对 450 MHz 通用机车电台进行辅助检测，机车出入库时，必须按照规定对 450 MHz 通用机车电台进行上车检测。

2. 450 MHz 同频通话

450 MHz 通用机车电台自检完成后，按 PTT 在 457.925 MHz 测试信道开始同频通话试验，内容为“××型×××号机车 450 MHz 电台同频呼叫语音试验”，应在 7 s 内完成。CIR 出入库检测设备自动录制语音并存储，当 450 MHz 通用机车电台讲话结束后，在 457.925 MHz 测试信道回放语音，电台收听应正常。

3. 查看库检记录

450 MHz 通用机车电台上车检测完成后，应按要求回到 CIR 出入库检测设备查看电台库检记录。当检测结果为故障时，应调阅记录数据，找出故障原因并进行处理。

在 CIR 出入库检测设备上单击 450 MHz 通用机车电台自检结果“查询”按钮，弹出查询窗口，如图 3-10 所示。

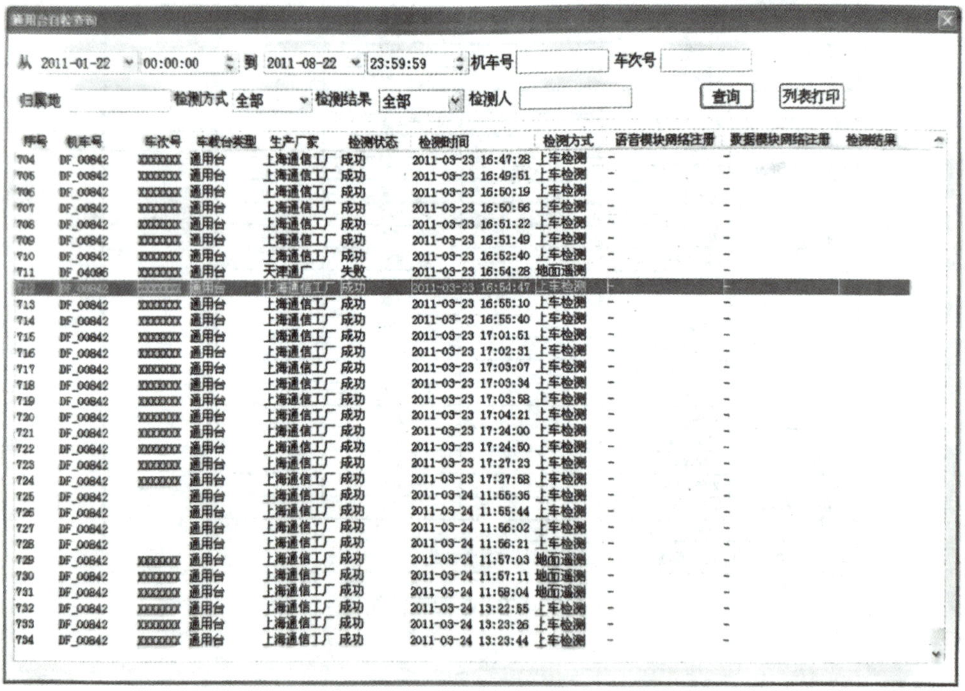

图 3-10 450 MHz 通用机车电台自检结果查询

输入查询时间范围，例如，要查询 2013 年 3 月的记录情况，应将时间选择为从“2013-3-1”到“2013-3-31”；如要查询 2013 年 3 月 17 日的记录情况，应将时间选择为从“2013-3-17”到“2013-3-17”。根据实际需要可输入机车号、车次号、归属地、检测方式、检测结果选项。如果选项为空，则查询全部的历史记录。输入完毕后单击“查询”按钮，CIR 出入库检测设备将符合选项的历史记录按照时间顺序显示在列表中，单击“列表打印”按钮即可打印查询的历史记录列表，双击列表某一项将显示对应 450 MHz 通用机车电台的详细库检结果，如图 3-11 所示。

详细结果

机车电台出入库检测结果记录表

库检地点：北京东动车客车段

序号	检测内容		地面遥测结果	上车检测结果	备注
1	基础信息	机车号		380A_60070	
2		车次号		XXXXXXX	
3		车载台类型		通用台	
4		CIR生产厂家		上海通信工厂	
5		LBJ生产厂家		-	
6		检测状态		成功	
7		检测时间		2011-08-17 02:49:21	
8		检测方式		上车检测	
9	公用部分	电池		正常	
10		GPS数据		-	
11		GPS单元		-	
12		车次号采集单元		-	
13		记录单元		-	
14		MMI1		-	
15		MMI2		-	
16	GSM-R部分	语音模块网络注册		-	
17		语音模块接收场强		-	
18		机车号注册		-	
19		车次号注册		-	
20		数据模块网络注册		-	
21		数据模块接收场强		-	
22		数据模块IP地址		-	
23		GPRS数据		-	
24	450M部分	调制解调器		正常	
25		单音编解码电路		正常	
26		亚音编解码电路		正常	
27		接收机低端		正常	

打 印

关 闭

检测单位：北京CIR车间　　检测人员：虹桥CIR无线

图 3-11　450 MHz 通用机车电台详细库检结果

任务评价

CIR 设备出入库检测评价表见表 3-1。

表 3-1 CIR 设备出入库检测评价表

任务名称	任务内容	交付标准	笔记栏
CIR 设备出入库检测	CIR 出入库检测设备连接	1. 主机电缆正确连接； 2. 计算机和打印机电缆正确连接； 3. 主机和计算机电缆正确连接	
	CIR 出入库检测	1. 自检检测状态成功； 2. GPRS 数据检测状态成功； 3. 450 MHz 数据检测状态成功； 4. 450 MHz 同频通话检测状态成功； 5. 450 MHz 异频通话检测状态成功； 6. GSM-R 通话检测状态成功； 7. 记录单元测试检测状态成功； 8. LBJ 库检检测状态成功	
	450 MHz 通用机车电台检测	1. 自检检测状态成功； 2. 450 MHz 同频通话检测状态成功	
	检测结果	库检记录结果正常	

考核评价	序号	考核内容	配分	评分标准	得分
	1	团队协作	10	在小组活动中，能够与他人进行有效合作	
	2	职场安全	10	在活动中，严格遵守安全章程、制度	
	3	设备清单	10	设备无损坏，按要求清理、归位	
	4	交付结果	70	交付结果是否合理、正确	

知识拓展

CIR 设备出入库检测是保障机车乘务员能够“耳聪目明”的重要一环，必须做到精检细修，不能出现漏检、漏项，确保铁路运输安全。在出入库检测过程中，便携式机车设备测试仪和便携式测试台可作为 CIR 出入库检测设备的辅助和补充。

1. 便携式机车设备测试仪

当 CIR 出入库检测设备发生故障时，为尽量减小对出入库检测工作的影响，可以使用便携式机车设备测试仪对 CIR、450 MHz 通用机车电台等设备进行部分功能检测，包括 450 MHz 同频通话、450 MHz 异频通话和 450 MHz 调度命令出入库测试。随车添乘时，也可使用便携式机车设备测试仪接收、显示 CIR 等设备发送的 450 MHz 车次号校核信息，随时掌握 CIR 设备的工作状态。

1）设备构成

便携式机车设备测试仪由主机（含数字键盘和显示屏）、天线、电池和充电器等组成，外形如图 3-12 所示。

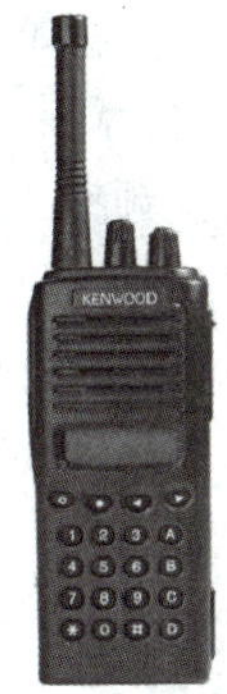

图 3-12 便携式机车设备测试仪

2）主要功能

（1）具有输入机车号，以同频单工或异频单工方式向 CIR 或调度命令机车装置发送 450 MHz 出入库检测调度命令的功能。

（2）具有接收和显示 450 MHz 调度命令自动确认信息、手动签收信息和无线车次号校核信息的功能。

（3）具有以同频单工或异频单工方式呼叫 CIR 或 450 MHz 通用机车电台并通话的功能。

3）主要技术要求

（1）载波频率：450～470 MHz。

（2）接收频率：f_4。

（3）发射频率：f_2、f_4。

（4）调制方式：FFSK。

（5）信道间隔：25 kHz。

（6）频组数量：8。

（7）发射功率：2.5 W。

（8）参考灵敏度：≤0.35 μV。

4）技术特点

（1）为便于维护人员携带和操作，便携式机车设备测试仪主机硬件仅包括 450 MHz 信道机（便携电台）、信道机自带的数字键盘和显示屏，未另增加控制板和其他硬件。

（2）便携式机车设备测试仪主机较为小巧，尺寸仅为 32 mm×58 mm×135 mm。

2. 便携式测试台

上车检测时，检测人员可使用便携式测试台向 LBJ 发送检测命令，启动 LBJ 进行

图 3-13 便携式测试台

出入库检测，并接收、显示 LBJ 发送的报警试验信息（自检结果）。使用便携式测试台也可监测 LBJ 等设备的报警信息发送状态，接收、显示列车防护报警信息、道口事故报警信息和施工防护报警信息。

1）设备构成

便携式测试台由主机（含数字键盘和显示屏）、天线、电池和充电器等组成，外形如图 3-13 所示。

2）主要功能

（1）具有输入机车号并启动 LBJ 进行出入库检测的功能。

（2）具有接收 LBJ 发出的报警试验信息并发出声光提示的功能。

（3）具有接收列车防护报警信息和报警解除信息、道口事故报警信息和报警解除信息、施工防护报警信息和解除报警信息并发出声光提示的功能。

3）主要技术要求

（1）接收频率：866.237 5 MHz。

（2）发射频率：866.237 5 MHz。

（3）调制方式：FFSK。

（4）信道间隔：25 kHz。

（5）发射功率：2.5 W。

（6）参考灵敏度：≤0.30 μV。

4）技术特点

（1）为便于维护人员携带和操作，便携式测试台主机硬件仅包括 800 MHz 信道机（便携电台）、信道机自带的数字键盘和显示屏，不额外增加控制板和其他硬件。

（2）便携式测试台主机较为小巧，尺寸仅为 34 mm×58 mm×135 mm。

复习思考题

1. CIR 出入库检测设备由哪些部分构成？
2. 简述 CIR 出入库检测设备的功能。
3. 车载无线通信设备日常维护作业前应做好哪些准备？
4. 写出 CIR 日常维护记录单元记录检查，以及语音回放的质量标准。
5. 每台机车入库后，通用式机车电台要进行日常检修的项目有哪些？
6. 写出 CIR 设备日常入库检修的项目。
7. 写出 CIR 设备集中检修的项目。
8. 简述采用地面遥测方式进行 CIR 库检的操作步骤。
9. GSM-R 的话音单元和数据单元可用于测试哪些指标？

学习笔记

项目 4 450 MHz 电性能指标测试

项目导入

我国铁路无线调度通信主要选择450 MHz无线通信系统和GSM-R移动通信系统，450 MHz 数字无线电台主要用于普速铁路列车无线调度通信、调度命令和无线车次号校核信息传送。目前，铁路总公司将LTE（long term evlution）无线通信技术作为下一代铁路列车无线调度通信技术展开应用技术研究，因此，450 MHz 无线通信系统与GSM-R 移动通信系统仍在一定时期内并存使用。

车载通信设备安装于铁路机车、动车组、自轮运转特种设备、救援列车中，包括机车综合无线通信设备、通用式机车电台、列尾司机控制盒等机车设备。机车入库后，通信部门维修人员根据《铁路通信维护规则》要求对通用式机车电台、列尾司机控制盒设备逐台进行检查试验；动车组入库后，按照动车段（所）动车组一体化检修作业计划对 CIR 设备进行检查试验。车载通信设备出库实行障碍报修，但在库内滞留时间超过 24 h 的应上车检查，当发现设备不良时，必须及时修复。

思维导图

- 项目4 450 MHz电性能指标测试
  - 相关知识
    - 1. 450 MHz列车无线调度通信电台
    - 2. 450 MHz列车无线调度通信系统检修
  - 任务实施
    - 任务4.1 发射机主要电性能指标测试
    - 任务4.2 接收机主要电性能指标测试
  - 知识拓展
    - 1. 测试条件
    - 2. 无线综合测试仪的使用

学习目标

1. 知识目标

- 掌握 450 MHz 性能指标要求；
- 了解 450 MHz 列车无线调度通信电台的结构；
- 了解标准化 CIR 设备中的 450 MHz 工作模块。

2. 能力目标

- 看懂 TK868G 信道机信号通路走向图；
- 了解 450 MHz 发射机性能指标范畴，熟练掌握 450 MHz 单元测试和性能调整；
- 了解 450 MHz 接收机性能指标范畴，熟练掌握 450 MHz 单元测试和性能调整。

3. 素质目标

- 养成安全生产的职业意识；
- 熟知设备的标准操作规范。

知识链接

1. 450 MHz 列车无线调度通信电台

450 MHz 列车无线调度通信机车电台和车站电台用于机车与调度、车站、其他机车、列车长之间的通信联系。目前，450 MHz 列车无线调度通信机车设备主要由 CIR 中 450 MHz 机车电台单元完成，在实际运行中，CIR 设备可以根据机车的运行位置，自动控制 G 网和 450 MHz 工作模式的转换，使之改变到与地面通信设备一致的工作模式上，从而实现与地面通信设备正常通信的目的。下面主要介绍 450 MHz 列车无线调度通信电台通用的建伍 TK868G 信道机原理。

TK868G 信道机是较为典型的应用广泛的信道机（含收信机和发信机），工作的频率范围为 350～390 MHz、400～430 MHz、450～490 MHz 多个频段，共有 128 个信道。450 MHz 列车无线调度通信车站电台、区间电台和 CIR 设备中的 450 MHz 机车电台单元的收发信机多采用 TK868G 信道机。

1）TK868G 信道机组成

TK868G 信道机由接收机部分、发射机部分、锁相环频率合成器等部分组成，电路结构图如图 4-1 所示。接收部分采用二次变频超外差接收方式，第一中频（IF）为 49.95 MHz，第二中频为 450 kHz。从天线接收的 RF 信号与来自锁相环频率合成器（PLL）输出的第一本振信号混频产生 49.95 MHz 的第一中频（IF），然后此信号和 50.4 MHz 的第二本振信号进行二混频产生 450 kHz 的第二中频信号，第二中频信号经鉴频解调输出音频信号。发射信号由锁相环频率合成器中的压控振荡器直接产生，被音频信号（DO）、信令（TO/DI）调制后进入发射驱动放大器电路放大，放大后的信号再由功率放大器放大到额定功率后送往天线。

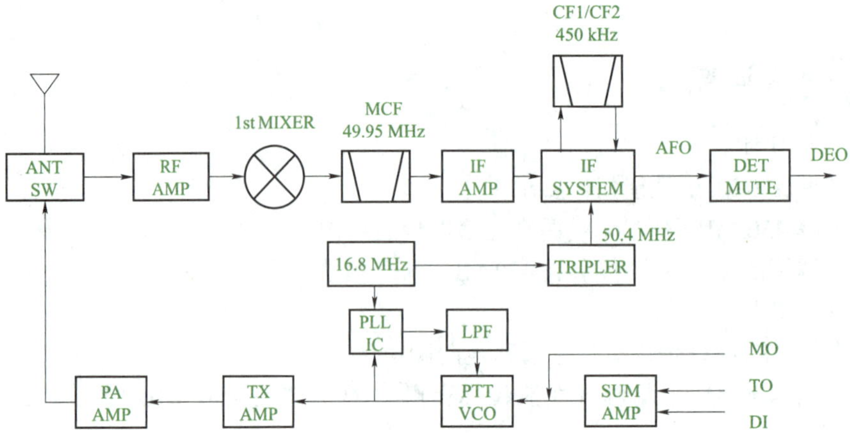

图 4–1　TK868G 信道机电路结构图

2）接收机部分

接收机电路结构图如图 4–2 所示。

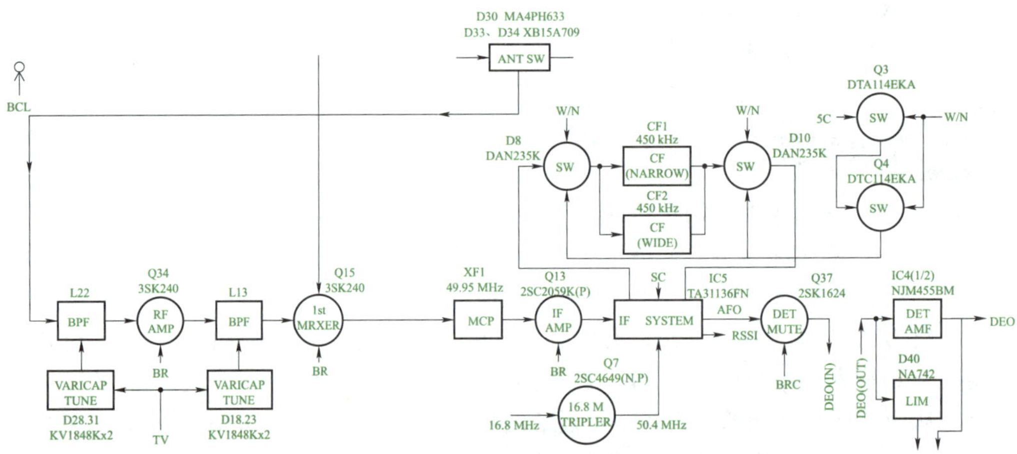

图 4–2　接收机电路结构图

（1）高频放大器。

从天线来的高频信号首先经过收发转换电路 ANT SW（D30、D33、D34）和带通滤波器 BPF（L22），再经高频小信号放大器 RF AMP（Q34）放大后，送入带通滤波器 BPF（L13）滤波。带通滤波器 BPF（L22、L13）是电调谐的带通滤波器，CPU 输出的调谐电压加到带通滤波器 BPF（L22、L13）的调谐输入端，控制调谐变容二极管（D28、D31 和 D18、D32）。CPU 输出的调谐电压不同，变容二极管呈现的容量也不同，最终达到调谐带通滤波器的目的，实现接收频段的选择。

（2）中频单元。

高频放大器 Q34 接收的高频信号与来自频率合成器电路的第一本振信号经 Q15 混频产生 49.95 MHz 的第一中频信号，第一中频信号再经晶体滤波器 XF1 滤除混频产生的无用信号，然后经第一中频放大器 IF AMP（Q13）放大进入第二中频单元。

第二中频单元的核心是中频系统集成电路 IF SYSTEM（IC5 TA31136）。IC5

TA31136 是东芝公司的双极性线性集成芯片，常用于无线接收的调频中频解调，该芯片采用 SSOP 封装，低工作电压，各引脚功能见表 4-1。图 4-3 为 IC5 TA31136 的内部电路图和典型应用电路图，内部的解调采用模拟乘法器鉴频器。

表 4-1　IC5 TA31136 的引脚功能说明

引脚号	引脚名	功能	引脚号	引脚名	功能
1	OSC IN	振荡器输入	9	AF OUT	解调信号输出
2	OSC OUT	振荡器输出	10	QUAD	相移信号输入
3	MIX OUT	混频输出	11	IF OUT	放大输出
4	VCC	电源	12	RSSI	信号强度指示
5	IF IN	二次混频滤波后输入	13	N-DET	噪声检测
6	DEC	去耦	14	N-REC	去噪声
7	FIL OUT	噪声检测	15	GND	地
8	FIL IN	噪声检测	16	MIX IN	信号输入

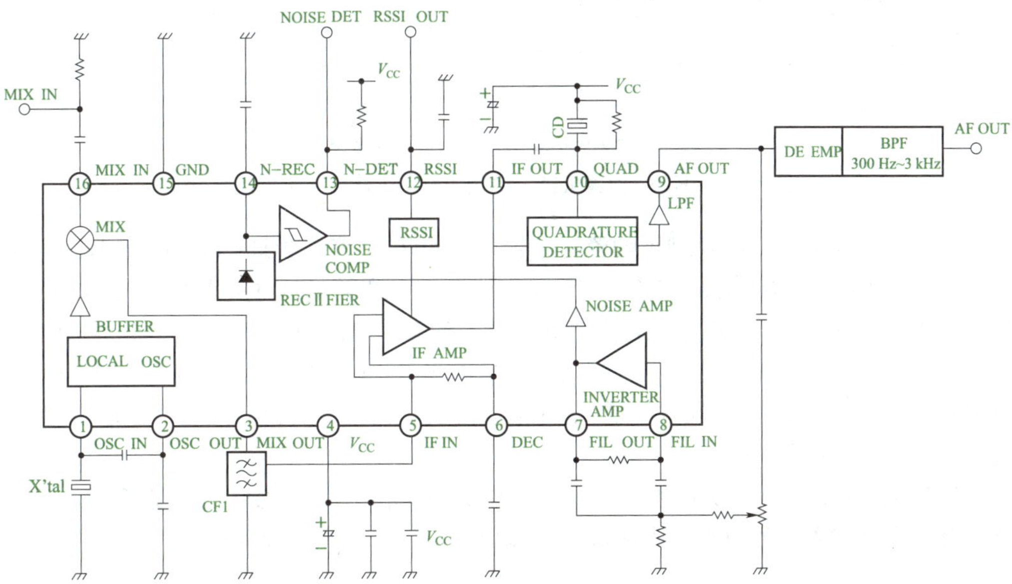

图 4-3　IC5 TA31136 的内部电路图和典型应用电路图

在 TK868 信道机第二中频、解调（鉴频）电路图（见图 4-4）中，第一中频信号（49.95 MHz）经 16 脚输入并与 1 脚输入的第二本振信号（50.40 MHz）在内部混频，IC5 TA31136 中第二混频器的本振信号 50.40 MHz 由锁相环频率合成器基准信号 16.8 MHz 经 3 倍频电路 Q7 产生，与第一中频混频后得到 450 kHz 的第二中频信号。450 kHz 的第二中频信号从 IC5 TA31136 的 3 脚输出，然后通过宽带（CF2）/窄带（CF1）陶瓷滤波器选择电路滤波后的信号，经 5 脚 IF IN 输入，再经内部中频限幅放大，一路从 IC5 TA31136 的 11 脚输出。IC5 TA31136 的 11 脚外接一个移相网络，其由 C83、R76

和谐振频率为 450 kHz 的中周 L5 组成。经过移相后的信号从 10 脚输入，与第二中频加到解调电路（乘法器），解调出音频信号并由 9 脚输出，再经 Q37（DET MUTE）静音开关，IC4 音频放大后作为解调信号（DEO）输出，最后经滤波分离后得到话音信号 AFO 和信令解调信号（DEC）送往控制单元。

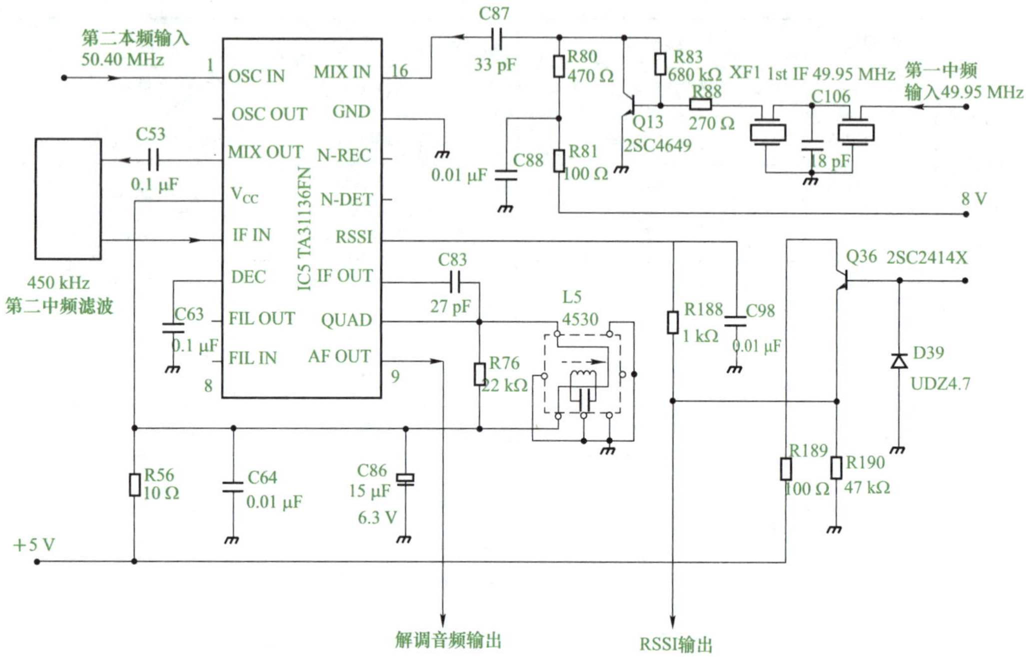

图 4-4　TK868 信道机第二中频、解调（鉴频）电路图

移位寄存器 IC510 的 4 脚是陶瓷滤波器 CF1 和 CF2 宽窄带选择端口，选择信号通过 CN501（13）插口连接到 CN2（13）插口，加到三极管 Q3、Q4 基极。当选择信号为高电平时，Q4 导通，Q3 截止，陶瓷滤波器 CF2 输入/输出端接地，仅滤波器 CF1 导通，这样只能接收窄带信号。当选择信号为低电平时，Q3 导通，Q4 截止，CF2 输入/输出端为4.86 V，CF1、CF2 同时导通，这样就能接收宽带信号，实现对应25 kHz/12.5 kHz 的信道间隔，选取不同的接收带宽。

IC5 TA31136 具有高灵敏度且内置噪声检测电路和 RSSI（接收信号强度指示）功能，并可根据输入信号电平为中频放大器输出直流电平，从 12 脚输出。

3）发射机部分

发射机部分由调制电路、功率放大电路和自动功率控制电路组成。

（1）调制电路。

MIC 话音信号经放大、滤波和预加重处理后加到发射机单元的数字电位器（IC6）的 VI2 引脚。亚音信令 TO 和其他信令 DI 经 IC1 放大器（SUM AMP）后，加到数字电位器（IC6）的 VI3 引脚，经过输入电平调整后，话音和信令信号混合在一起作为调制信号 MD，送入锁相环频率合成器（PLL）的 TX VCO 进行调频。

（2）功率放大电路。

来自压控振荡器的射频信号经激励放大器（Q22、Q25、Q27）放大，然后进入末级功率放大模块（IC400），完成 RF 信号的功率放大，功率放大模块（IC400）由三级功率放大电路组成。被放大的信号经过 D30、D33、D34 组成的收发电子开关进入低通滤波器，消除由功率放大产生的不需要的高次谐波成分，最后功率信号进入天线辐射出去。

（3）自动功率控制电路。

自动功率控制电路（APC）利用 D35、D36 二极管将部分功率信号检波为直流电压，加到电压比较器 IC15 输入端，IC15 输出经 Q31 直流放大后，控制 Q32 的导通，从而控制功率放大模块（IC400）的第一级放大器的电源电压。当输出功率下降时，D35、D36 二极管对功率信号检波输出的直流信号下降，经电压比较器 IC15 后，输出的电压增加，Q31 的基极电压升高，使 Q31 的集电极电流加大，Q32 更加导通，Q32 集电极电压升高，功率放大模块（IC400）的第一级放大器的电源电压使第一级的增益加大，功率放大模块（IC400）输出功率上升，实现自动功率控制。

4）频率合成器

TK868G 信道机频率合成器原理图如图 4-5 所示。

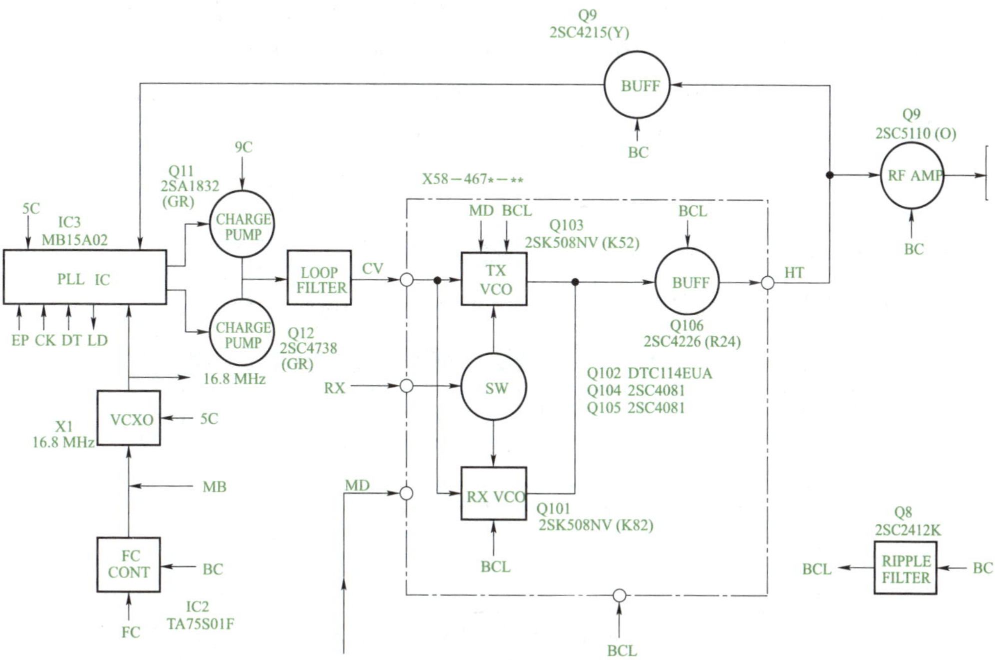

图 4-5 TK868G 信道机频率合成器原理图

（1）锁相环电路。

锁相环电路产生接收机的第一本振信号和用于发射的射频载波信号。16.8 MHz 参考振荡器信号通过 IC3 中的可编程参考分频器分频生成 5 kHz 或 6.25 kHz 参考频率。压控振荡器输出的信号通过 Q106 的缓冲放大输出，经 Q9 缓冲放大后返回到 IC3，在芯片 IC3 中被前置分频器和双模可编程计数器分频。分频后的信号和参考信号（5 kHz 或 6.25 kHz）进行比较鉴相，并输出经 Q11、Q12 电荷泵实现电压的转换，送入 C93、C99、C104、R79、R82、R93 组成的环路低通滤波器滤波，产生一个误差电压，此电压分别送入 TX VCO（Q103）、RX VCO（Q101）电路的变容二极管 D101、D103 和 D102、D104 控制 VCO 的振荡频率；TX VCO（Q103）、RX VCO（Q101）输出信号经 Q106 放大，一路去发射机高频放大电路或作为接收时的本振信号，一路如前所述返回到 IC3 形成锁相环路。

（2）压控振荡器。

TK868G 信道机在其屏蔽盒内有两个压控振荡器（TX VCO、RX VCO），经过 CN101 连接到发射–接收单元，其中 Q101 为接收振荡管，Q103 为发射振荡管。从环路低通滤波器来的误差电压 CV 可同时加到接收振荡器的变容二极管 D101、D103 的输入端和发射振荡器的变容二极管 D102、D104 的输入端。当 ST 控制信号为高时，Q104 导通，Q103 发射振荡管工作，发射振荡信号经缓冲放大器 Q106 放大后，输出给发射机。当 ST 控制信号为低时，Q102 截止，Q105 导通，Q101 接收振荡管工作，第一本振信号经缓冲放大器 Q106 放大后，输出给接收机。

（3）失锁电路。

在接收过程中，8RC 信号为低电平，Q16 导通，控制 Q18 导通向接收机 8R 提供电压。在发射过程中，8RC 的信号为低电平，8TC 信号为高电平，Q29 导通，控制 Q28 导通向发射机 8T 提供电压。控制单元中的 CPU 直接监控锁相环电路的失锁控制电压 LD，当发射时，一旦锁相环电路失锁，锁相环电路的失锁控制电压 LD 为低电平。CPU 检测到此信号并使 8TC 变为低电平，当 8TC 为低电平时，不向发射机提供电源电压，因此发射机无输出。

2. 450 MHz 列车无线调度通信系统检修

1）450 MHz 列车无线调度通信系统检修维护项目及周期

450 MHz 列车无线调度通信系统检修维护项目及周期见表 4–2。

表 4–2　450 MHz 列车无线调度通信系统检修维护项目及周期

类别	序号	项目与内容	周期	备注
日常检修	1	访问用户	每台机车入库后	
	2	各部配线、配件、控制盒、送（受）话器、扬声器等外观强度检查		
	3	表面清扫		
	4	电台自检和呼叫通话试验，无线车次号功能试验		
	5	机车司机确认签字		
	6	各部配线、配件、控制盒、送（受）话器、天线、扬声器等外观强度检查、清扫、整修	与机车检修同步进行	
	7	机车数据采集编码器检查、清扫、整修或更换		
	8	机车电台检查、清扫、整修或更换		
	9	机车电台天线整修，驻波比测试		
	10	电台自检和呼叫通话试验，无线车次号功能试验		
	11	交接确认签字		

续表

类别	序号	项目与内容	周期	备注
集中检修	1	机车电台主机内部清扫、强度检查整修	2 年	1. 其中带*号的项目可根据需要选择； 2. 利用仪器仪表进行性能指标的测试
	2	电台主机测试、调整和不合格部件更换： （1）发射机：载波输出功率、载波频率误差、调制灵敏度、音频失真、调制特性*、调制限制*、剩余调频*； （2）接收机：参考灵敏度、音频输出功率、额定输出功率的音频失真、调制接收带宽、接收门限、音频响应*、双工灵敏度下降*； （3）信令系统：发送信令频率偏差、发送信令调制频偏、信令接收带宽、信令检出特性		
	3	录音、车次号、调度命令、列尾控制盒接口电平测试		
	4	车次号设备功能试验检查		
	5	更换送（受）话器及话绳		

2）主要性能指标

（1）发射机。

① 载波频率容差：±2 ppm。

② 载波功率：5 W $^{+20}_{-15}$%（同频）、10 W $^{+20}_{-15}$%（异频）。

③ 调制限制：≤5 kHz。

④ 调制失真：≤5%。

⑤ 调制灵敏度：（−46±4）dBm。

⑥ 剩余调频：≤−45 dB。

⑦ 剩余调幅：≤3%。

⑧ 调制特性：以 1 kHz 作参考，相对于每倍频程 6 dB 加重特性，偏差在−3～+1 dB 之间。

（2）接收机。

① 本振频率稳定度：±2 ppm。

② 额定音频输出功率：扬声器 0.5～5 W 可调，耳机 1～10 mW 可调。

③ 参考灵敏度：0.3 μV（12 dB SINAD）。

④ 静噪开启门限：≤0.18 μV。

⑤ 接收门限：0.5～5 μV，连续可调。

⑥ 音频谐波失真：≤5%。

⑦ 调制接收带宽：2×5 kHz。

⑧ 音频响应：300～2 500 Hz 范围内，以 1 kHz 作参考，相对于每倍频程 6 dB 去加重特性，偏差在−3～+1 dB 之间。

任务实施

机车的安全和质量都凝聚着每一个检修人的心血和汗水，他们坚持“修车人想着用车人”的理念，干标准活，交放心车，严格把控机车质量最后一道关。

车载无线通信设备的电性能指标决定了设备在使用过程中能否符合行业通信的技术标准，因此性能指标测试会结合机车检修修程（中修）同步进行，或按 2 年的周期进行集中检修。测试过程应在规定的测试环境中，严格遵循操作规范进行。测试人员应通过多次操作练习，力求快速、精准地完成各性能指标的测试。

任务 4.1　发射机主要电性能指标测试

1. 电台发射机与 CMS50 的连接

当进行发射机测试时，CMS50 输出一个音频信号至电台麦克风输入端，测试电台天线端输出信号的参数。被测电台与 CMS 的连接如图 4-6 所示。

连线

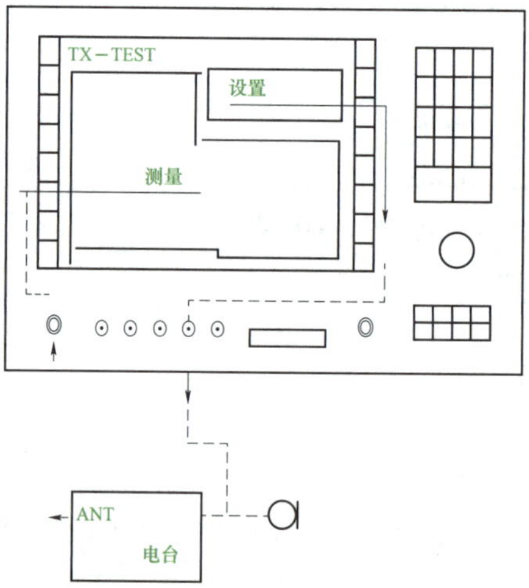

图 4-6　被测电台与 CMS 的连接（发射机测试）

开机后，屏幕上会显示主菜单。当按下 0 号键（TX-TEST）后，CMS50 就进入了发射机测试菜单，如图 4-7 所示。菜单右上角 9、10 号键为音频信号设定区，可同时

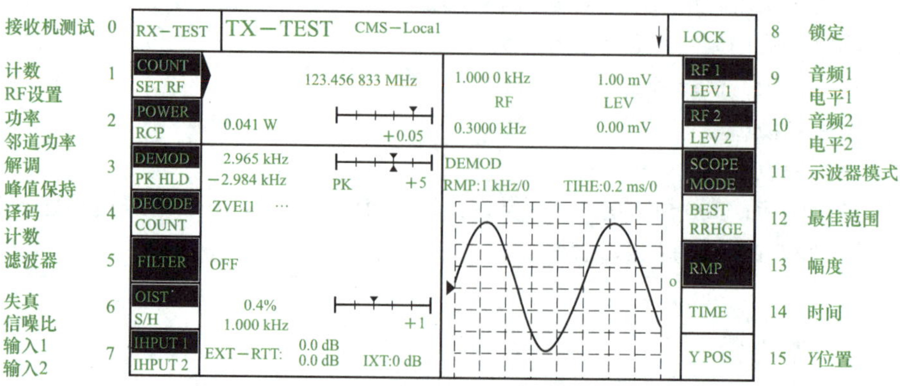

图 4-7　发射机测试菜单

设定两个音频信号源的频率 AF1（或 AF2）及电平 LEV1（或 LEV2）。而菜单其他部分为测量信号显示部分。右下角是小型示波器，可显示解调信号的波形，左半部分为测量结果显示部分，用数字和模拟形式同时显示被测电台的发射功率、载波频率、调制频偏、信纳比等。

在测试中，若要选择某项测试功能，只要根据菜单提示，按下相应的软功能键即可。选中功能的菜单提示变成反转显示（黑底白字），且显示旁出现三角游标。需指出的是，有些软功能键是双功能键，如 9 号键，它既可设定音频信号源 1 的频率（AF1），又可设定音频信号源 1 的输出电平（LEV1）。此时，只需重复按动 9 号键，直至所需的功能提示为反转显示。

另外，有些测试功能还带有子菜单，此时，提示行末端出现“↓”，若按下“MENU↓”软键（图 4–12 中的 17 号），则进入该功能的子菜单。这些子菜单包含一些特殊的测试功能。如果要返回到上一级菜单，只需按下“EMNU↑”键（图 4–12 中的 18 号）就可退出该子菜单。

2. 发射机主要电性能指标及其测试方法

1）载波输出功率

（1）定义。

载波输出功率是指发射机在无调制情况下，在一个射频周期供给标准输出负荷的平均功率。

（2）测试方法。

① 切断电台麦克风输入端与 CMS50 的连线，使电台在无调制下工作。

② 用 50 Ω同轴电缆线将电台天线端与 CMS50 的射频输入/输出端（图 4–12 中的 29 号）连好；

③ 按下电台 PTT 键，使电台处于发射状态，在测量结果显示部分即可读出载波输出功率。

> 注：（1）CMS50 有两个射频输入端，RF INPUT/OUTPUT（图 4–12 中的 29 号）称作 INPUT1，RF IN2（图 4–12 中的 28 号）称作 INPUT2；
>
> （2）功率测试只能由 INPUT1 端口进行；
>
> （3）在进行大功率测试时，不要使电台过长时间发射。

2）载波频率误差

（1）定义。

发射机的载波频率误差是指其未调制载波频率与标称工作频率之差值。

载波频率误差指标可用该差值来表示，也可用该差值与标称工作频率之相对比值以 10^{-6} 为单位（ppm）来表示。国家标准规定工作频率为 450 MHz 和 900 MHz、波道间隔 25 kHz 的小型电台，发射机的载频误差应分别小于等于±5 ppm 和±3 ppm。

（2）测试方法一。

① 电台与 CMS50 连接同载波输出功率测试。

② 按下 1 号键，使 COUNT 功能选中（菜单提示 COUNT 成反转显示）。

③ 按下电台 PTT 键使电台发射，从屏幕上 COUNT 显示区可直接读出载波频率，减去标称频率即为载波频率误差。

（3）测试方法二。

也可以利用 CMS50 内部提供的精度为 1 Hz 的计数器和相对计数功能直接读出载波频率误差。

① 按下 1 号键（使 COUNT 功能选中）。依次输入“1”“Hz”，设定计数器的精度为 1 Hz。

② 按下 SHIFT 软键（图 4-12 中的 13 号）+REF 软键（图 4-12 中的 18 号）。输入“发射机标称频率”“MHz”，设定相对计数的参考频率。

③ 按下电台 PTT 键，使电台发射。由 COUNT 显示区可直接读出载波频率误差。

④ 若想关闭相对计数功能，依次按下 SHIFT+REF+CLEAR 键。

3）调制灵敏度

（1）定义。

调制灵敏度是指发射机得到标准试验调制的载波输出所需的 1 000 Hz 音频调制信号的电动势值。

（2）测试步骤。

① 将电台天线端与 CMS50 的 INPUT（图 4-12 中的 29 号）连好并将 CMS50 上 MOD GEN（音频信号输出，图 4-12 中的 25 号）的输出连接到电台的 MIC 输入端。

调制灵敏度及载波输出功率

② 按下 9 号键，使 AF1 选中，依次输入“1”“kHz”，设定音频信号频率为 1 kHz。

③ 按下 9 号键，使 LEV1 选中，依次输入“1”“mV”，设定音频信号电平为 1 mV。

④ 按下电台 PTT 键，使电台发射。

⑤ 按下 3 号键，使 DEMOD 选中，输入“3”“kHz”，这样就启动了 CMS50 的一个自动测量程序，CMS50 将会自动变化 LEV1 电平直至解调频偏为 3 kHz。测试结束后在屏幕提示行给出“Search Ended Normally”。

⑥ 记下此时的 LEV1 数值即为调制灵敏度。

注：在测量非双音调制电台时，需注意关闭第二音频信号源，具体方法是按下 4 号键（选中 AF2）+OFF 键（图 4-12 中的 11 号）。

4）调制限制

（1）定义。

调制限制是发射机音频电路防止调制超过最大允许偏移的能力，最大允许频偏为 5 kHz。

具体做法是：在调制灵敏度测量的基础上，调节 LEV1，使之增大 20 dB。再测量发射机输出频偏，不应超过 5 kHz。

（2）测试方法。

① 测试调制灵敏度。

② 按下 9 号键，选中 LEV1。再按“dBm”键，使 LEV1 以 dBm 为单位，记住这个数值。转动调节旋钮（图 4-12 中的 12 号），使 LEV1 增大 20 dB。观察屏幕上 3 号显示区（DEMOD）的发射机的输出频偏值，不应超过 5 kHz。

③ 保持 LEV1 不动，变化 AF1，使其从 300 Hz 变到 3 kHz，记下相应的频偏值，均应不大于 5 kHz。

5）音频失真系数

（1）定义。

发射机音频失真系数是指当设备的输入端加上规定信号时，发射机输出端除去其基波分量的失真正弦信号的均方根值与全信号均方根值之比，通常用百分数来表示。这个失真的正弦信号包括谐波分量、电源纹波和非谐波分量。

（2）测试方法。

① 连接方式同调制灵敏度的测试。

② 先进行调制灵敏度的测试。

③ 按下 6 号键，选中 DIST 功能，其读数即为谐波失真系数。

6）剩余调频

（1）定义。

在没有任何外部调制信号的情况下，由于哼声和噪声引起的发射机输出端信号的调频，它通常为没有和有外部调制时频偏仪的输出电压之比，用 dB 表示。

（2）测试方法。

① 先进行调制灵敏度的测试。

② 按下 6 号键，选中 S/N 功能，即为剩余调频。

7）调制特性

（1）定义。

调制特性是指发射机的调制音频在 300～3 000 Hz 变化时，发射机频偏与一个 6 dB/倍频程的加重特性的重合程度。

（2）测试方法。

① 将电台天线端与 CMS50 的 INPUT（图 4-12 中的 29 号）连好并将 CMS50 上 MOD GEN（音频信号输出，图 4-12 中的 25 号）的输出连接到电台的 MIC 输入端。

② 按下 9 号键，使 AF1 选中，依次输入“1”“kHz”，设定音频信号频率为 1 kHz。

③ 按下 9 号键，使 LEV1 选中，依次输入“1”“mV”，设定音频信号电平为 1 mV。

④ 按下电台 PTT 键，使电台发射，

⑤ 按下 3 号键，使 DEMOD 选中，依次输入“1.5”“kHz”，这样就启动了 CMS50 的一个自动测量程序，CMS50 将会自动变化 AF1 电平直至解调频偏为 1 kHz。测量结束后在屏幕提示行给出“Search Ended Normally”。

⑥ 记下此时 LEV1 的数值 $U_{1\,000}$。

⑦ 按下 9 号键，使 AF1 选中，分别选择 300 Hz、500 Hz、2 000 Hz、3 000 Hz，重复前面步骤，分别记录 LEV1 的数值 U_{300}、U_{500}、$U_{2\,000}$、$U_{3\,000}$。

⑧ 分别求比值 $U_{1\,000}/U_f$，并用 dB 表示，按下式计算：

$$N=20\lg（U_{1\,000}/U_f）$$

所得 N 值与表 4-3 中各项相比差值应符合标准规定。

表 4-3　不同调制频率对应的加重特性

调制频率/Hz	300	500	1 000	2 000	3 000
加重特性	−10.4	−6	0	+6	9.5

任务 4.2　接收机主要电性能指标测试

1. 电台接收机与 CMS50 的连接

当进行接收机主要电性能指标测试时，从 CMS50 输出一个带调制的射频信号至电台天线输入端，以测试电台的解调信号（由电台喇叭输出端口输出）。被测电台与 CMS50 的连接如图 4-8 所示。

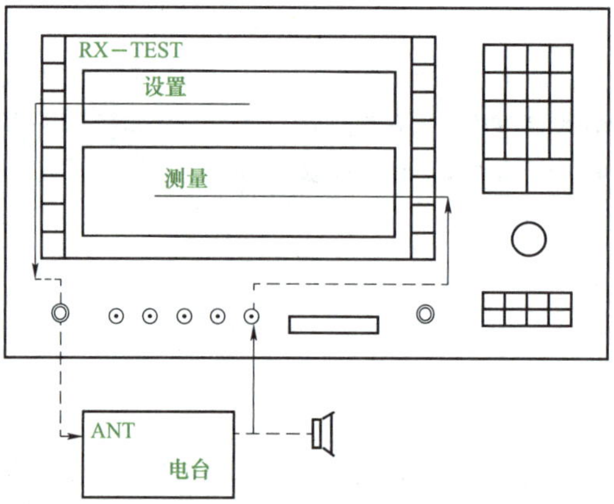

图 4-8　被测电台与 CMS50 的连接（接收机测试）

开机后屏幕进入主菜单，当按下 0 号键后，CMS50 就进入了接收机测试菜单，如图 4-9 所示。

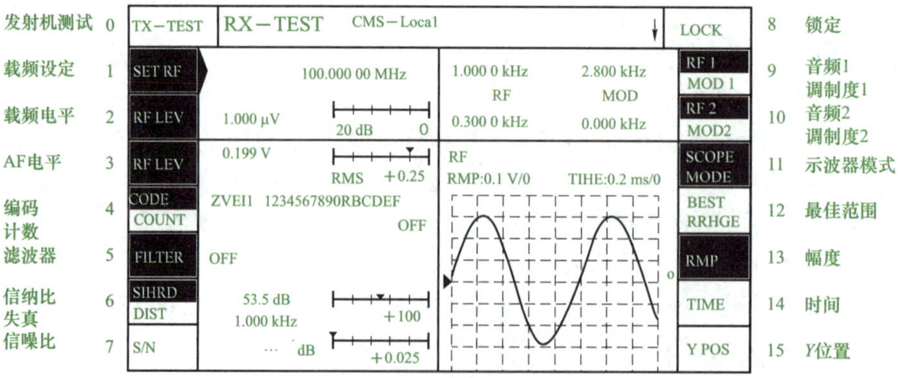

图 4-9　接收机测试菜单

这个菜单包括完成一个标准的接收机测试所需的全部控制功能。许多功能都包含有子菜单，需特别指出的是，在功能 RF LEV 的子菜单中包含 3 个重要的测试程序，可用于自动测量抑噪灵敏度、静噪开启灵敏度和接收机的调制接收带宽。

菜单上半部分为信号源设定部分，可设定载波频率、载波输出电平和调制度，菜单下半部分为测量显示部分，给出从 AF/SCOP INPUT 端口送进来的电台解调信号的电平、频率、信纳比等，同时示波器给出解调信号的波形。

CMS50 配有两个调制信号源，以适应双音调制的需要。在单音调制时，可用下面方法关闭其中一个信号源，即按下 10 号键（选中 AF2），再按下 OFF 键（图 4-12 中的 11 号）。

2. 接收机主要电性能指标及其测试方法

接收机主要电性能指标及其测试方法

1）参考灵敏度

（1）定义。

接收机参考灵敏度是指在标准试验条件下，接收机输出端得到信纳比为 12 dB，输出功率不小于额定输出功率的 50%，接收机所需的最小的经标准试验调制的射频输入信号电压数值（以μV 为单位）。

（2）测试步骤。

① 将 CMS50 射频输出端 RF IN/0UT 与电台天线输入端连好，将电台的音频输出端（喇叭）与 CMS50 的 AF/SEOPE　INPUT（图 4-12 中的 24 号）端连好。

② 电台静噪控制应置于不静噪的位置。

③ 按下 1 号键 SET RF，依次输入“电台接收频率的数值”“MHz”。

④ 按下 2 号键 RF LEV，依次输入“1”“μV”，设定载波电平为 1 μV。

⑤ 按下 9 号键，选中 AF1，依次输入“1”“kHz”，设定音频信号频率为 1 kHz。

⑥ 按下 9 号键，选中 MOD1，依次输入“3”“kHz”，设定调制频偏为 3 kHz。

⑦ 调节电台音量电位器，使屏幕上 3 号显示区 AF LEV 的测量数据达到 2 V 左右。

⑧ 按下 6 号键，选中 SINAD 功能，依次输入“1”“2”“dB”，这样就启动了参考灵敏度自动测量程序。CMS50 将自动调节 RF LEV，直至 SINAD 达到设定的 12 dB。记下此时 RF LEV 的读数，即为参考灵敏度。

2）抑噪灵敏度

（1）定义。

接收机抑噪灵敏度是指使接收机的音频输出产生 20 dB 噪声抑制的接收机输入未调的标准输入频率的最小信号电平值。

当标准输入频率的未经调制射频信号加到接收机输入端时，接收机噪声输出随着未调制射频信号的增加而减少，当射频信号电平增加到接收机输出噪声电压降低 20 dB 时的输入载波电平即为抑噪灵敏度。

（2）测试方法。

① 电台与 CMS50 的连接方式同接收机标准测试。

② 按下 1 号键，依次输入“电台的接收频率数值”“MHz”。

③ 关断 CMS 的射频输出，依次按下“RF LEV”“OFF”。

④ 将电台静噪开关置于 OFF 位置。

⑤ 调节电台音量控制电位器，使屏幕上 3 号显示区的 AF LEV（音频电平）数值为 1 V 左右。

⑥ 按下 2 号键 RF LEV，待出现“RF LEV”后，再按下“MENU↓”键，则可进入该功能的子菜单。此时屏幕上的 3、4、5 和 7 号显示区将被子菜单替换，如图 4-10 所示。

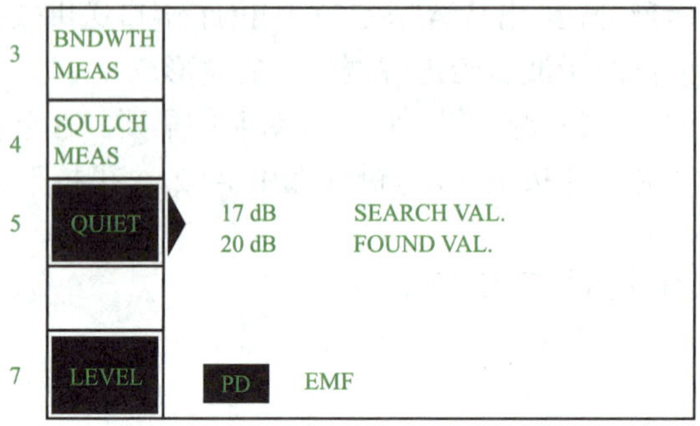

图 4-10　抑噪灵敏度的测量 RF LEV 子菜单

⑦ 按下此时的 5 号键“QUIET”，依次输入“2”“0”“dB”，CMS50 将启动自动测试程序，程序结束时，提示行出现“Normally Search Ended”。记下此时屏幕上 2 号显示区的 RF LEV 的读数，即为该接收机的抑噪灵敏度。

⑧ 按下“MENU↑”键，则可返回到接收机测试菜单。

3）门限静噪开启灵敏度

（1）定义。

门限静噪开启灵敏度是指当静噪控制置于门限位置时，使接收机静噪开启的接收机输入带标准试验调制的标准输入频率的最小信号电平值。

（2）测试方法。

① 电台与 CMS50 的连接方式同接收机标准测试。

② 将电台的静噪控制开关置于临界位置。

③ 按下 1 号键，依次输入“电台接收频率数值”“MHz”。

④ 按下 9 号键，依次输入“1”“kHz”，设定调制频率为 1 kHz。

⑤ 再按下 9 号键，依次输入“3”“kHz”，设定调制频偏为 3 kHz。

⑥ 按下 2 号键，待出现“RF LEV”后，再按下“MENU↓”，则可进入该功能的子菜单。此时屏幕上的 3、4、5 和 7 显示区将被子菜单代替，如图 4-11 所示。

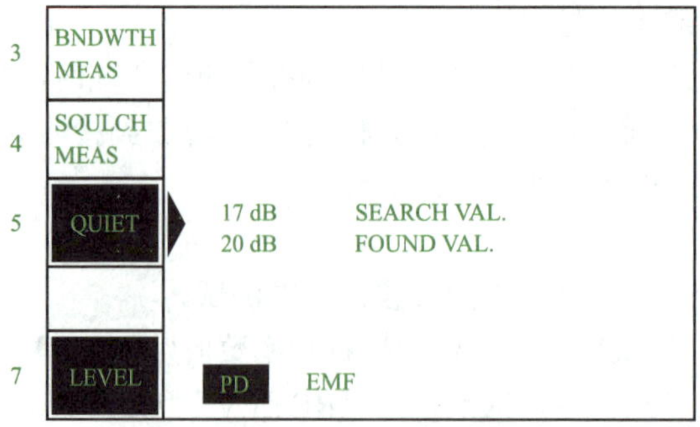

图 4-11　RF LEV 子菜单

⑦ 按下子菜单的 4 号键“SQULCH MEAS”，启动 CMS50 内部的门限静噪开启灵敏测量程序。程序结束时，提示行将给出提示“Serch Ended Normally”。记下此时的 RF LEV 数值，即为门限静噪开启灵敏度。

⑧ 按下“MENU↑”键，则返回到接收机测试主菜单。

4）音频谐波失真系数

（1）定义。

音频谐波失真系数是指在接收机输入端加入一个标准输入信号，而输出功率为额定值时，其中各次谐波分量总和的有效值与总输出信号有效值之比，用百分数表示。

（2）测试方法。

① 电台与 CMS50 的连接方式同接收机标准测试。

② 按下 1 号键，依次输入“电台接收频率的数值”“MHz”。

③ 按下 2 号键 RF LEV，依次输入“54”“dBμV”，设定标准输入信号电平为 54 dBμV。

④ 按下 9 号键，选中 AF1 功能，依次输入“1”“kHz”，设定调制频率为 1 kHz。

⑤ 按下 9 号键，选中 MOD1 功能，依次输入“3”“kHz”，设定调制频偏为 3 kHz。

⑥ 调节电台音量电位器，使屏幕上 3 号显示区 AF LEV（音频输出功率）达到 2 V 左右。

⑦ 按下 6 号键，选中 DIST 功能，则显示的数据即为音频谐波失真系数。

5）调制接收带宽

（1）定义。

调制接收带宽是指接收机接纳一个输入电平比实测参考灵敏度高 6 dB 并使输出信号信纳比下降到 12 dB 的输入信号的调制频偏值。

调制接收带宽直接反映了接收机工作时的动态带宽，测试时利用增大频偏，使频谱展宽导致失真增大而使信纳比下降。频谱展宽后，失真的增大和中频滤波器的带宽、中频滤波器中心频率的准确度、本振频率的准确度、鉴频器的鉴频特性等因素有关，所以该指标在衡量接收机的电性能上更有实用意义。

（2）测试方法。

① 电台与 CMS50 的连接方式同接收机标准测试。

② 在测试参考灵敏度的基础上增加 6 dB。

③ 按下 9 号键，选中 MOD1 功能。

④ 调整 VAR 变量，调整 MOD1 值，观察 SINAD 使之回到 12 dB。

⑤ MOD1 所显示的值即为调制接收带宽。

6）音频响应

（1）定义。

音频响应是指接收机在输入信号的频偏保持不变的情况下，其音频输出电平随调制频率而变化的特性与一个−6 dB/倍频程的去加重特性之间重合的程度。

（2）测试方法。

① 电台与 CMS50 的连接方式同接收机标准测试。

② 按下 1 号键，依次输入“电台接收频率的数值”“MHz”。

③ 按下 2 号键 RF LEV，依次输入“54”“dBμV”，设定标准输入信号电平为 54 dBμV。

④ 按下 9 号键，选中 MOD1 功能，依次输入“1”“kHz”，即设定调制频偏为 1 kHz。

⑤ 按下 9 号键，再选中 AF1 功能，依次输入 300 Hz、500 Hz、1 000 Hz、2 000 Hz、3 000 Hz 的调制频率。

⑥ 分别记录屏幕上 3 号显示区 AF LEV 的 U_{300}、U_{500}、$U_{2\,000}$、$U_{3\,000}$ 值。

⑦ 计算各输出电平相对于 1 000 Hz 时的输出电平的分贝数：

$$N=20\lg(U_f/U_{1\,000})$$

所得 N 值与表 4–4 中各项相比差值应符合标准规定。

表 4–4 不同调制频率对应的去加重特性

调制频率/Hz	300	500	1 000	2 000	3 000
去加重特性	+10.4	+6	0	−6	−9.5

任务评价

450 MHz 电性能指标测试评价表见表 4–5。

表 4–5　450 MHz 电性能指标测试评价表

<table>
<tr><th>任务名称</th><th colspan="2">任务内容</th><th colspan="2">交付标准</th><th>笔记栏</th></tr>
<tr><td rowspan="4">450 MHz 电性能指标测试</td><td colspan="2">设备缆线连接</td><td colspan="2">能根据任务要求，正确连接或甩开连接线缆</td><td rowspan="4"></td></tr>
<tr><td colspan="2">测试参数设置</td><td colspan="2">参数设置与测试方法一致，数值单位没有错漏</td></tr>
<tr><td colspan="2">测试步骤</td><td colspan="2">测试步骤完整，无跳漏或操作重复</td></tr>
<tr><td colspan="2">测试结果</td><td colspan="2">测量值偏差不超过 5%</td></tr>
<tr><td rowspan="5">考核评价</td><td>序号</td><td>考核内容</td><td>配分</td><td>评分标准</td><td>得分</td></tr>
<tr><td>1</td><td>团队协作</td><td>10</td><td>在小组活动中，能够与他人进行有效合作</td><td></td></tr>
<tr><td>2</td><td>职场安全</td><td>10</td><td>在活动中，严格遵守安全章程、制度</td><td></td></tr>
<tr><td>3</td><td>设备清单</td><td>10</td><td>设备无损坏，按要求清理、归位</td><td></td></tr>
<tr><td>4</td><td>交付结果</td><td>70</td><td>交付结果是否合理、正确</td><td></td></tr>
</table>

知识拓展

1. 测试条件

当进行电台各项电性能的测试时，应避免周围无线电波的干扰影响测量结果，接收机的电性能测试必须在屏蔽室内进行。屏蔽室应有80～100 dB 的电磁衰减能力，屏蔽室的接地电阻应小于 5 Ω。电台的各项电性能测试，应在标准试验条件下进行。

测试条件

1）正常大气条件

正常大气条件是指温度、相对湿度和气压在下列范围内的任何实际存在的组合：

温度　　　　15～35 ℃；

相对湿度　　25%～75%；

气压　　　　86～106 kPa。

当未规定试验的大气条件时，一切测试和试验均应在正常大气条件下进行。当对某一设备进行某一项试验的测量中，温度和相对湿度应基本上保持固定。

2）标准试验信号

（1）标准测试音。

标准测试音是指 1 000 Hz 的正弦信号。

（2）标准试验调制。

标准试验调制是指由 1 000 Hz 正弦输入信号在一定电平下产生的频偏等于最大允许频偏的 60%的调制。正弦输入信号的谐波失真应小于 1%。

对于波道间隔为 25 kHz 的移动通信调频无线电台，最大允许的载波频偏值为±5 kHz，而额定频偏是最大允许频偏值的 60%，即额定频偏为 3 kHz。

（3）接收机标准输入信号。

标准输入信号指一个具有标准输入信号频率并加有标准调制，电平为标准输入信号电平的射频信号。标准输入信号电平为 60 dBμV（源电动势）或 54 dBμV（匹配负载端电压）。标准输入信号频率应为测试的标称频率之一。输入信号的标准调制指由 1 000 Hz 正弦音频输入信号，其电平产生最大允许频偏的 60%的调制。

（4）发射机标准输入信号。

发射机标准输入信号电平是指当使发射机产生标准试验调制时，加在送话器输入端的标准测试音（1 000 Hz）的电平。

3）标准信噪比

信噪比规定为试验负载上信号、噪声、失真三者之和的功率与噪声、失真二者之和的功率之比，即

$$(S+N+D)/(N+D)$$

式中：S——标准试验调制产生的有用音频信号；

N——标准试验调制下的噪声；

D——标准试验调制下的失真。

信噪比单位用分贝（dB）表示，通常称为信纳比（SINAD），标准信噪比的值规定为 12 dB。

4）电台天线端的特性阻抗

电台天线端的特性阻抗为 50 Ω。

5）标准输出负荷

（1）发射机标准输出负荷是一个能承受被测发射机载波输出功率的 50 Ω非辐射电阻性负荷。

（2）接收机标准音频输出负荷是一个阻值与接收机正常时音频负荷相等的电阻性负荷。

6）标准试验电压

标准试验电压是指电台测量时的工作电压，应与其标称工作电压一致，在测量中，试验电压和频率的偏差均不应超过标称值的±2%。

当对电台进行电性能测量时，所用的测量仪器应经过计量合格，且应满足测量精度的要求，其输入（或输出）阻抗在接入测量系统后，应不影响电台及其他测量仪器的正常工作，且应保证在阻抗匹配状态下工作。

2. 无线综合测试仪的使用

CMS50 综合测试仪是适用于电台维护、维修和生产的理想的通用型综测仪，可对各种电台进行收、发信机测试。CMS50 拥有许多附加功能，如频谱监测、示波器、连续可调谐失真仪、自动过滤器和可调的测量操作；自动测量的同时可输出测试报告；可提供菜单式测量选择，使得操作简单方便，符合使用者习惯；配有子菜单，可提供更多的设定和测试程序。CMS50 综合测试仪配有 IEC/IEEE 总线；配有放大的模拟显示表，并可显示容限标志；可自动进行自我校准及自检，保证测量精度；可利用自动测量程序进行重复测量。

CMS50 综测仪主要测试项目包括：载波输出功率、频率、调制灵敏度、最大频偏、音频谐波失真和、剩余调频、音频预加重特性、可用灵敏度、静噪灵敏度、抑噪灵敏度、调制接收带宽、剩余输出电平、音频加重特性等，也可根据用户要求测量一些特殊的指标参数。

无线综合测试仪

下面介绍仪器面板上各操作功能键。

1）CMS50 前面板

CMS50 前面板如图 4-12 所示。CMS50 的操作控制和参数设置都由控制键及变量调节旋钮 12 组成，所有与仪器手动操作相关的控制和参数设置输出都在显示屏 1 上。控制键包括软键和硬键。

（1）软键。

软键具有转换功能，其有关功能直接显示在紧靠该软键的显示屏上。与显示屏一样，软键是菜单操作的主要部件之一。一个软键最多有 2 种功能，对每一个菜单来说，用反转字体显示的功能是可用的，其他功能可用 SHIFT 键或直接按同一个键来选择。

（2）硬键。

功能型硬键有：RANGE（量程）、VAR（变量）、REF（参考）、−TOL（下限）、+TOL（上限）、MENU↓（DOWN）[菜单（下)]、ENTER（输入）、CLEAR（清除）。

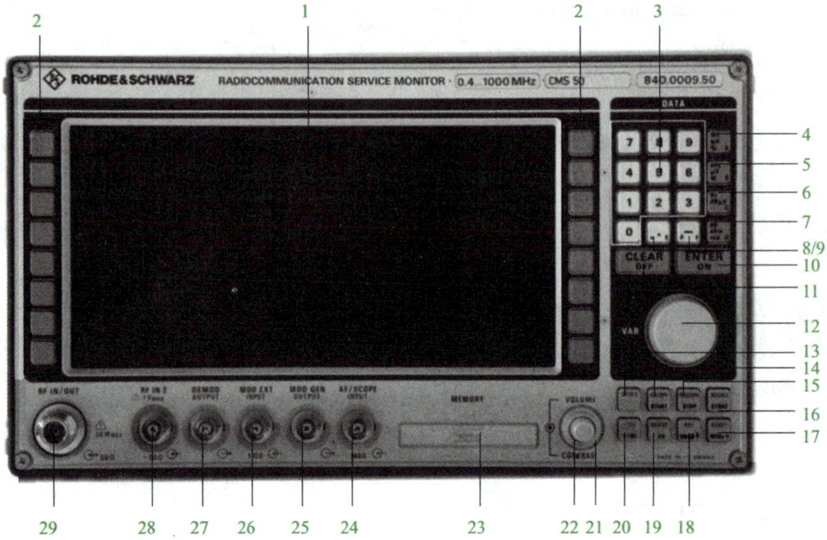

图 4-12　CMS50 前面板

（3）各控制键功能。

CMS50 各控制键的功能见表 4-6。

表 4-6　CMS50 各控制键的功能

仪器控制键编号	名称	功　　能
1	DISPLAY 显示屏	提供给用户的所有信息均在显示屏上输出，并可用数字和模拟形式反应设定值及测量值，屏幕上显示的信息取决于指定的菜单
2	SOFTKEYS 软键	16 个软键具有交替改变的功能，其相关的功能直接在显示屏上显示
3	0～9 数字键	用于输入数值
4	带有输入功能的量纲键	频率：MHz 电平：mV 调制（AM、失真）：% 音调键系列：A
5	带有输入功能的量纲键	频率调制（FM）：kHz 电平：μV 功率：W 音调键系列：B
6	带有输入功能的量纲键	频率调制（FM）：Hz 电平：dBμV 音调键系列：C
7	带有输入功能的量纲键	准量纲（相对设置 SINAD，S/N）：dB 电平、功率：dBm 调相制（ΦM）：rad 音调键系列：D

续表

仪器控制键编号	名称	功　　能
8	负号键	输入一个负号音调系列输入：使用双音多频（DTMF）#； 使用所有其他代码：F
9	小数点键	十进制小数点； 单音系列输入：使用 DTMF*； 使用所有其他代码：E
10	输入/开启键	用于所有没有或不需要量纲键或准量纲键的输入，作为结束 重新接通已被 OFF 键关闭的电平
11	清除/关闭键	放弃已开始输入的字串； 关闭具有准量纲的电平（如：0 dBm 是一个限定值，因此可用 OFF 键关闭）； 除去诸如 REF、RANGE、VAR、TOL 等功能； 删除在第 2 状态行上的可消除信息
12	变量调节旋钮	任一设置都可用这一旋钮来改变，如步进大小及参数的指定
13	SHIFT	使 14～20 键具有双重功用
14	硬拷贝/启动键	在打印纸上打印出屏幕上的内容； 执行自动运行控制程序
15	返回/停止键	由 IEC 总线模式转为手工模式
16	RECALL STORE	RECALL：重新调用仪器设置； STORE：存储仪器设置
17	RESET MENU ↓	RESET（复位）：将仪器置到定义的状态； MENU ↓（菜单）：使用户可以在显示器上使用活动光标进入下一级子菜单
18	REF MENU ↑	REF（参考）：宣布输入或所测得的数值为参考值； MENU ↑（菜单）：转换至高层级菜单
19	RANGE VAR	RANGE（量程）：存储使用模拟显示时的全量程值； VAR（变量）：当使用 VAR 键时，用以设置增量的数值
20	–TOL +TOL	定义上限和下限，在模拟显示屏上设置容限标志，在自动运行控制中定义容限值
21	CONTRAST （对比度）	屏幕对比度调整
22	VOLUME （音量）	扬声器音量调节
23	MEMORY （存储器）	用于 CMS–ZI 或 CMS–Z2 芯片卡的插件
24	AF/SCOPE INPUT 1 MΩ	用于全部 AF 和 DC 测量，输入连接在这里的信号能够由 AF 和 DC 测试点计算出来或在屏幕上显示出来
25	MOD GEN OUTPUT	用于 AF 信号源输出

续表

仪器控制键编号	名称	功　能
26	MOD EXT IN PUT	用于外部调制信号输入，也是显示器的第 2 个输入
27	DEMOD OUTPUT	用于解调信号的输出
28	RF IN2（射频输入 2）	第 2 个 RF 输入；高灵敏度，因而适用于遥测
29	RF IN/OUT（射频输入/输出）	用于射频功率输入，也作为仪器的 RF 信号输出，通常与无线电台的天线连器相连

2）CMS50 后面板

CMS50 的后面板如图 4-13 所示，包括：外接电源（电池供电接口）、开关、电源（外接交流供电接口）、风扇（辅助设备散热）、打印机接口（并行接口）、用于 IEC/IEEE 488 总线连接接口。交流可以选择 100/120 V 或 220/240 V 电压，电源供电为 DC 30 V。

图 4-13　CMS50 后面板

3）操作

CMS50 的工作模式包括：手工操作、自动运行控制、通过 IEC/IEEE 488 总线进行遥控。在这 3 种主要工作模式下，CMS50 的全部功能均可实现。

在 CMS50 加电后，即进入自检状态，设备启动一个包括各种内部调整在内的自检程序。若无任何错误被检测出来，选择菜单将输出在显示屏上，否则相应的错误信息将被输出在屏幕上。

在接通电源后，CMS50 选择菜单提供全部主菜单，如图 4-14 所示。

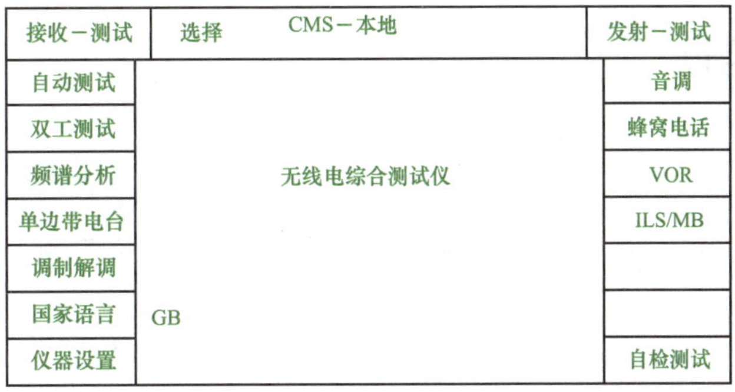

图 4-14　CMS50 提供全部主菜单

该仪器备有辅助电源，以保证设置的参数及测得的数值在仪器关闭和掉电的情况下仍能被保存下来，但选择菜单的设置和 RF 电平、AF 电平不再是相应关闭前的状态。

CMS50 可以用键 SHIFT、RESET 来进入一个不同于先前设置的状态。除了使用者输入的数据（如音调序列频率），该状态对应于当前的状态。

若在加电期间 RESET 键被激活和保持，则所有已输入的数据都将被复位（出厂时的设置）。

复习思考题

1. 标准试验调制包括了哪些条件？

2. 信道间隔为 25 kHz 的移动通信调频电台的最大允许频偏和额定频偏分别是多少？

3. 请根据 TK868G 信道机电路图，分别画出发送电路信号走向图和接收电路信号走向图。

4. 锁相环包括哪些组成部分？

5. 载波频率误差的概念是什么？

6. 无线列调车站电台的额定输出功率的音频失真范围是多少？

7. 调制灵敏度测试中，发射机使用的标准试验调制的载波输出所需的音频调制信号频率是多少？

8. 正常测试下规定的相对湿度是多少？

9. 调制限制指发射机音频电路防止调制超过最大允许偏移的能力，测试调制限制时，通常频偏值应不大于多少？

10. 正常测试环境下规定的温度是多少？

11. 调制灵敏度指发射机得到标准试验调制的载波输出所需要的 1 000 Hz 音频调制信号的什么参数值？

12. 在使用 CMS50 测试时，显示什么信息即表示搜索成功？

学习笔记

项目 5
车载无线通信故障排查

项目导入

调度命令信息无线传送系统是一套简单快捷、安全准确的专用信息传输系统，能够及时准确地将铁路调度命令信息传达给机车司机，为提高运输效率和确保运输生产安全提供有力的保障。系统传送的调度命令信息主要有：

（1）列车调度员在列车调度台上发送的调度命令信息，包括调度命令、行车凭证、调车作业通知单；

（2）车站值班员在终端上发送的调度命令信息，包括行车凭证、调车作业通知单；

（3）由 CTC/TDCS 自动生成的列车进路预告信息；

（4）由机车司机按调车请求键发送的调车请求信息。

机车在行驶途中如果遗漏调度命令信息，则会危及行车安全和整点到达。

现有一个调度命令丢失案例：2017 年 8 月 24 日 10:19:03—10:26:37 时间段 91037 车次在杭深线樟林至福州区间未收到调度命令信息（命令编号 19537）。现通过读取该机车 CIR 记录单元数据信息进行车载无线通信故障排查，分析为何会未收到调度命令。

思维导图

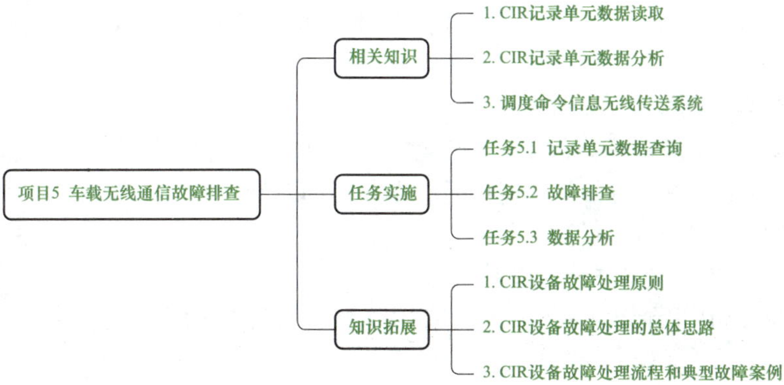

学习目标

1. 知识目标

- 掌握车载无线通信设备的工作原理；
- 掌握无线列车调度通信系统的组成；
- 掌握车载无线通信设备的使用。

2. 能力目标

- 熟练使用数据分析软件；
- 熟悉车载无线通信故障的处理排查流程；
- 能够快速进行故障定位。

3. 素质目标

- 培养岗位责任感和服务意识；
- 熟知行业维护标准；
- 培养分析问题、解决问题的能力；
- 具备日常维护测试、检修、故障处理及施工的职业能力和职业素养。

知识链接

1. CIR 记录单元数据读取

CIR 记录单元用于语音、业务信息及操作过程的电子化记录，同时记录相关数据及通话状态信息。CIR 记录单元采用外接 USB 设备读取数据，可以设置读取速度段，读取速度快。读取过程如下：

（1）CIR 上电，等待记录单元启动完成（运行指示灯 500 ms 周期闪烁）；

（2）连接线一端插 U 盘，另一端插入记录单元面板的 mini USB 接口中；

（3）插入后记录单元运行指示灯开始快闪，记录、COM、GPS 指示灯均持续不亮，此时正在检测 U 盘规格及数据传输（持续时间 3～5 min）；

（4）完成数据下载后，运行灯常亮，记录、COM、GPS 指示灯均不亮，此时，拔下 USB 设备即完成下载数据操作。

注意：若插入 U 盘一段时间后，运行灯恢复慢闪（500 ms 周期闪烁），记录、COM、GPS 指示灯正常闪烁，表明数据下载失败，可能 U 盘规格不正确，或传输过程有错误。

2. CIR 记录单元数据分析

使用专用的记录单元分析软件可以对 CIR 记录的数据和语音进行分析。确定主控单元与其他功能单元数据通信的时间及报文，为设备故障及操作过程分析提供可靠依据。

记录单元分析软件主要功能

1）记录单元分析软件的主要功能

打开 GSM-R 记录单元分析软件，程序主界面如图 5-1 所示。

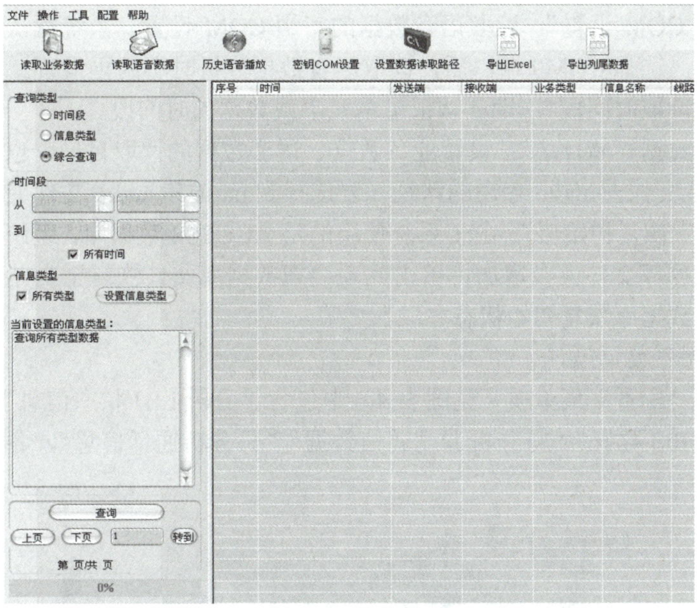

图 5-1　GSM-R 记录单元分析软件主界面

（1）“操作”菜单项。

在菜单栏“操作”菜单项（见图 5-2）中包含“读取业务数据”“读取语音数据”“历史语音播放”“导出 Excel”。各项的详细说明如下。

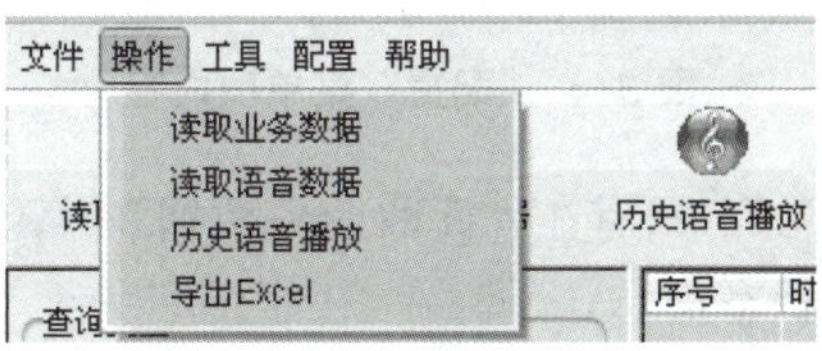

图 5-2　“操作”菜单项内容

①“读取业务数据”：从指定目录中读取记录单元中的数据文件，并进行分析。

②“读取语音数据”：从指定目录中读取记录单元中的语音文件，并进行分析。

③“历史语音播放”：查询并播放历史读取的语音内容。

④“导出 Excel”：把当前界面中查询到的数据以 Excel 文件形式导出（注意：Excel 文件中只能保存 65 535 条数据）。

（2）“工具”菜单项。

在菜单栏“工具”菜单项（见图 5-3）中包含“密钥 COM 设置”“设置读取时间段”“设置数据存储目录”“数据库恢复初始值”，各项的详细说明如下。

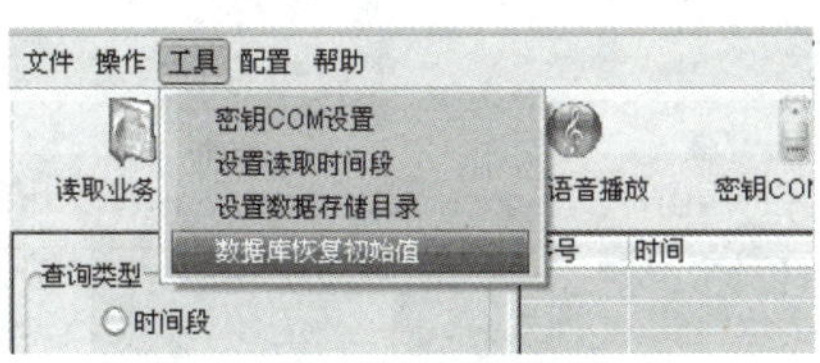

图 5-3　“工具”菜单项内容

①“密钥 COM 设置”：读取语音数据的密钥 COM 设置，系统默认为 COM9。安装密钥驱动时，选择 COM9 端口后，读取语音数据分析时不用再设置。

②“设置读取时间段”：设置从记录单元下载数据的时间段。

③“设置数据存储目录”：设置业务数据、语音数据的读取目录，也就是数据文件夹 uarts 和语音文件夹 audio 存在的路径（要选择到 uarts 和 audio 文件夹）。

④“数据库恢复初始值”：由于系统使用的是 ACCESS 数据库，系统使用一段时间后，相应的数据库文件就会增加，单击此项会把数据库文件恢复至初始状态，恢复完成后会提示“数据库恢复初始状态完成”。

（3）“配置”菜单项。

在菜单栏“配置”菜单项（见图 5-4）中包含“分析 LBJ 状态信息”“分析所有数据”“只分析 GPS 数据”“只分析调度通信数据”“只分析通话信息”，各项的详细说明如下。

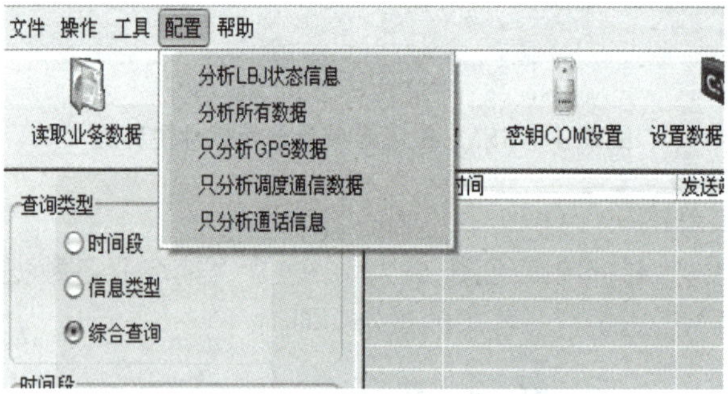

图 5-4 “配置”菜单项内容

①“分析 LBJ 状态信息”：只有在“读取业务数据”时，才会同时分析 LBJ 状态信息，否则就不会分析 LBJ 状态信息。

②“分析所有数据”：分析记录单元中符合 1002 开头、1003 结尾的所有数据；否则只分析调度通信、调度命令、列尾传输、无线车次号等信息。

③“只分析 GPS 数据”：在“读取业务数据”时，只分析 GPS 数据信息。

④“只分析调度通信数据”：只分析调度通信数据。

⑤“只分析通话信息”：只分析调度通信中和通话相关的数据。

（4）工具栏选项。

工具栏中的内容（见图 5-5）包括“读取业务数据”“读取语音数据”“历史语音播放”“密钥 COM 设置”“设置数据读取路径”“导出 Excel”“导出列尾数据”（把分析的列尾数据以 Excel 文件形式导出），各项的含义和菜单栏中的相应内容相同，只是将菜单栏中经常操作的内容在工具栏中进行直接体现。

图 5-5 工具栏选项

2）记录单元下载

（1）所需设备及软件运行环境。

安装有“GSM-R 记录单元分析软件”和密钥 U 盘驱动的 Windows XP 计算机 1 台；U 盘（U 盘容量为 512 M 以上，最好为 1 G 以上）1 个；记录单元密钥 1 个。

记录单元下载

（2）U 盘配置。

将用于下载数据的 U 盘插到计算机上，打开“GSMRalyse.exe”记录，选择“工具”→“设置读取时间段”，弹出“U 盘时间配置”对话框，设置要下载的话音记录和数据记录的时间段，如图 5-6 所示。单击“配置”，自动生成“Download”文件。

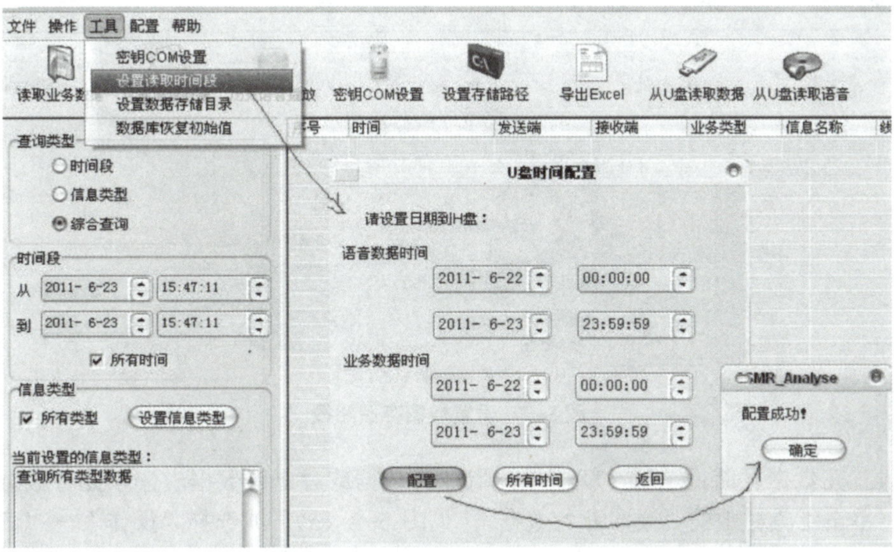

图 5-6　用于下载数据的 U 盘配置

> 注：
>
> （1）当所设置的读取时间段前后日期相同时，系统不下载数据到 U 盘；
>
> （2）当所设置的读取时间内含有存储的数据时，系统按所设置的时间下载数据到 U 盘；
>
> （3）当所设置的时间内没有存储的数据时，系统认为所设置的日期不正确，系统自动把所存储的所有数据下载到 U 盘。

（3）数据下载。

把配置好的 U 盘插到记录单元 USB 口上，记录单元按设定的下载时间把数据转存到 U 盘上。此时可以看到状态指示 GPS、COM 灯闪烁，开始下载数据。数据下载结束时，GPS、COM 灯灭，系统重新启动（记录单元面板 ERR 灯亮），此时拔下 U 盘即可。

3）操作说明

（1）读取业务数据。

① 设置及读取。

操作说明

进入界面后，首先设置存储路径，也就是设置目前要读取数据的路径，如果不设置，系统默认的路径是“D:\\”。具体设置方法是直接单击工具栏中的“设置数据读取路径”[见图 5–7（a）]，或者选择“工具”→“设置数据存储路径”，如图 5–7（b）所示。

（a）设置数据存储路径方法 1

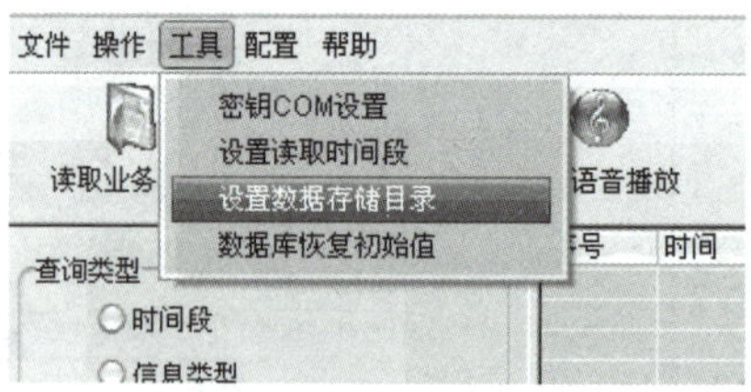

（b）设置数据存储路径方法 2

图 5–7 设置数据存储路径

设置完数据存储目录后，就可以读取业务数据或者语音数据。读取业务数据的方法是：单击工具栏中的“读取业务数据”[见图 5–8（a）] 或选择“操作”→“读取业务数据”[见图 5–8（b）]，界面中会提示正在读取数据，同时左下方进度条显示读取进度，数据读取完成后，会在界面的状态栏中显示当前记录条数（见图 5–9）。

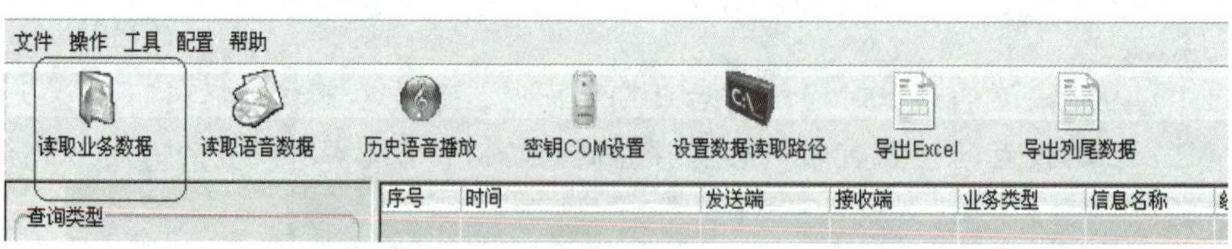

（a）读取业务数据 1

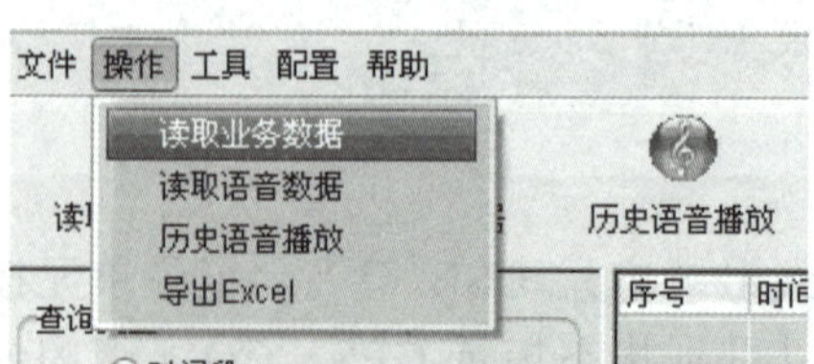

（b）读取业务数据 2

图 5–8 读取业务数据

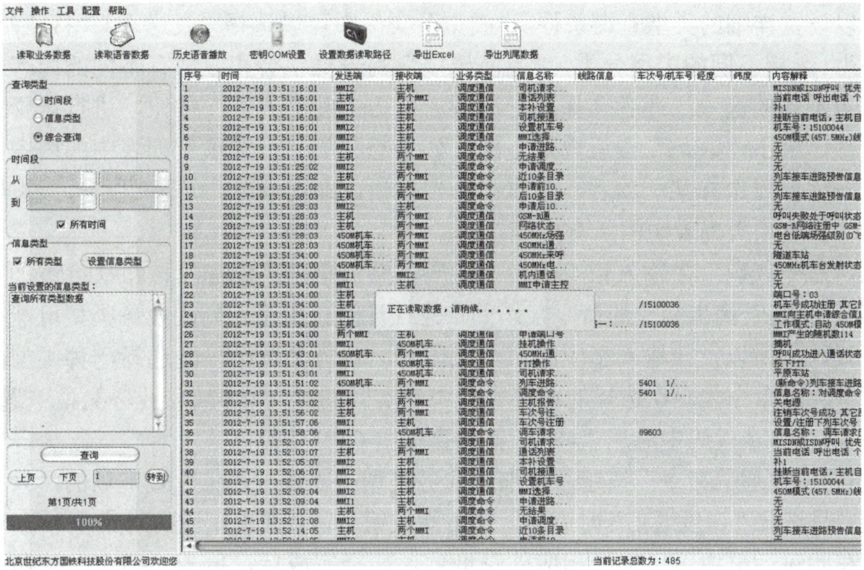

图 5-9　正在读取业务数据界面

说明：如果上下两条数据时间相差 30 s，或者两条 GPS 信息时间相差 10 s，或者两条综合信息时间相差 40 s，会用不同的颜色标示出。

② 查询设置。

数据读取完成后，通过界面左侧的内容可以查询符合不同条件的内容（见图 5-10）。单击“设置信息类型”按钮，会弹出设置“数据查询类型”界面（见图 5-11），通过此

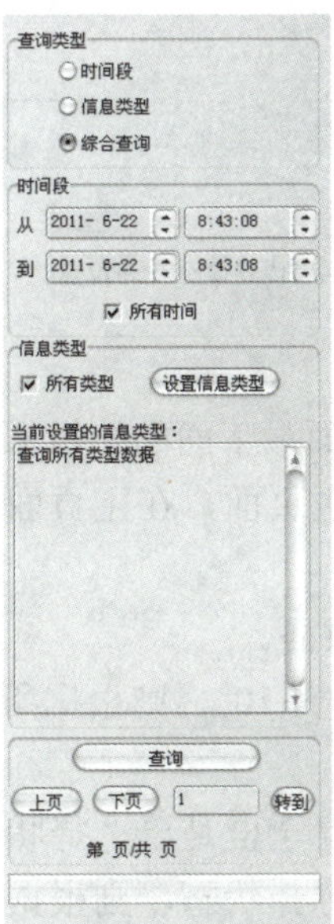

图 5-10　数据查询条件设置界面

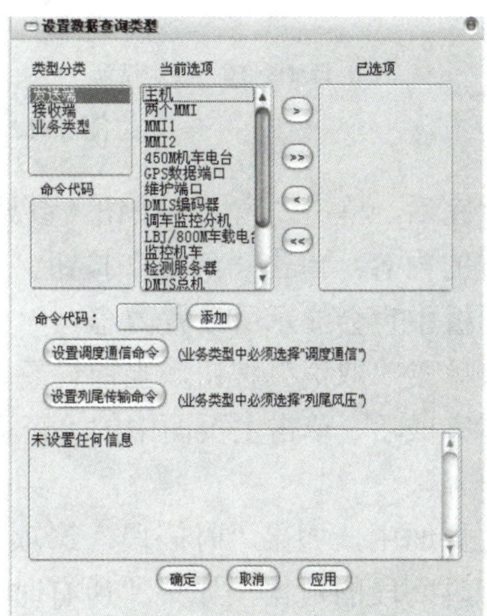

图 5-11　数据查询类型设置界面

界面可以设置详细的类型查询条件。“类型分类”中可以选择“发送端”“接收端”“业务类型”，选择不同的类型分类，“当前选项”列表框中会相应地有不同的内容。可以通过双击不同的选项，或者选择某一选项后单击中间的“＞”按钮，进行选择；如果选择全部，单击“＞＞”按钮选择全部；如果想删除“已选项”列表中的内容，可以双击某一项，或选择某一项后，单击“＜”按钮，即可删除；单击“＜＜”按钮，可以删除“已选项”列表中的所有内容。

在“命令代码”中输入相应的命令代码，然后单击“添加”按钮（可添加多个命令代码），就能查询出相应的命令代码的信息（注意：由于不同的业务类型可能有相同的命令代码，所以，在输入相应的命令代码时，业务类型中只能选择一种类型，而且要保证输入的命令代码在选择的业务类型中有实际的意义）。例如，业务类型中选择“调度通信”，在命令代码中添加“48”，就能查询出 GPS 信息。

“设置调度通信命令”按钮，是细化业务类型中“调度通信”查询项的，只有当业务类型中只选择“调度通信”时有效。单击此按钮后，会弹出相应的对话框［见图 5-12（a）］。在此对话框中可以选择相应的查询项，选择完成后，单击“确定”按钮，保存选择项并返回上级界面；单击“取消”按钮，只返回上级界面，先前设置项无效。

“设置列尾传输命令”按钮，是细化业务类型中“列尾风压”查询项的，只有当业务类型中只选择“列尾风压”时有效。此按钮的操作方法和“设置调度通信命令”按钮相同。图 5-12（b）为列尾传输命令设置界面。

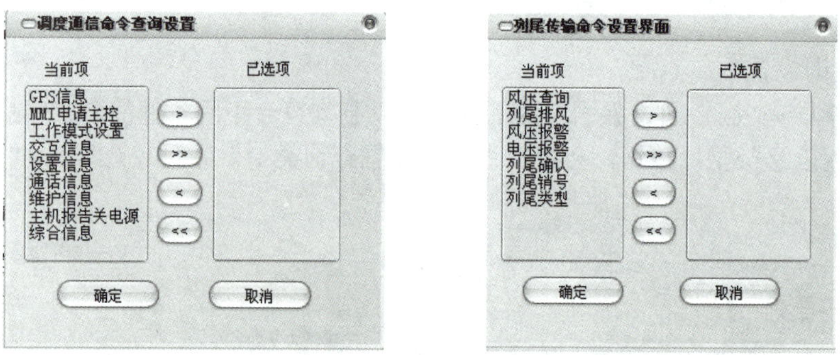

（a）调度通信命令查询设置　　（b）列尾传输命令查询设置

图 5-12　命令查询设置

设置完后，单击“应用”按钮（参见图 5-11），在界面最下面的编辑框中会出现当前所设置的内容；单击“确定”按钮，设置完毕，返回主页面，在主页面左侧“信息类型”面板中也会显示所设置内容。

如果单击“取消”按钮，当前设置无效，并返回主页面。

设置完成后，单击主页面中的“查询”按钮（参见图 5-10），则根据所设置项，查询相关内容。

在主页面中，如果“时间段”选项中“所有时间”复选框是已选择状态，则表示查询所有时间段的数据，如果“所有时间”复选框是未选择状态，则根据已设置的时间查询相关数据；如果“所有类型”复选框是已选择状态，则表示查询所有类型的数据，如果“所有类型”复选框是未选择状态，则根据已设置的查询类型，查询相关数据。

③ 查询结果操作。

在数据显示列表中，如果右键双击某一列中的单元格，就会缩小相应列，如果想显示缩小列，可以通过手动拉宽，或者单击“查询”按钮，初始化各列宽度。

如果左键双击某一行，则会弹出选择行的详细信息，如图 5-13 所示。

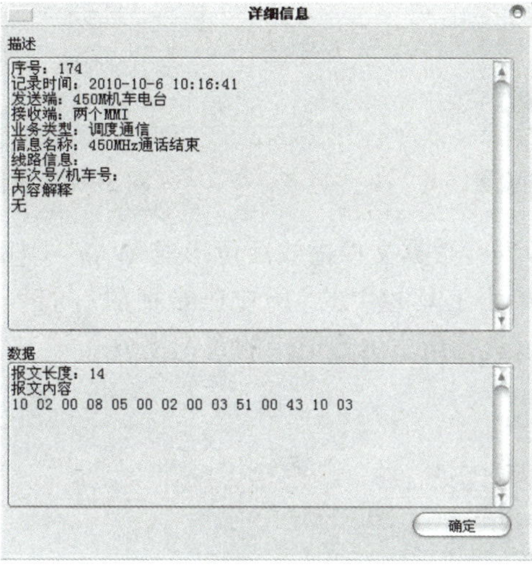

图 5-13　信息行详细显示

在数据显示列表“内容解释”后面，添加了“报文长度”“报文”两列数据，系统中把这两列数据的列宽设置得很小，需要自己手动拉宽，便于查看所有内容，如图 5-14 所示。

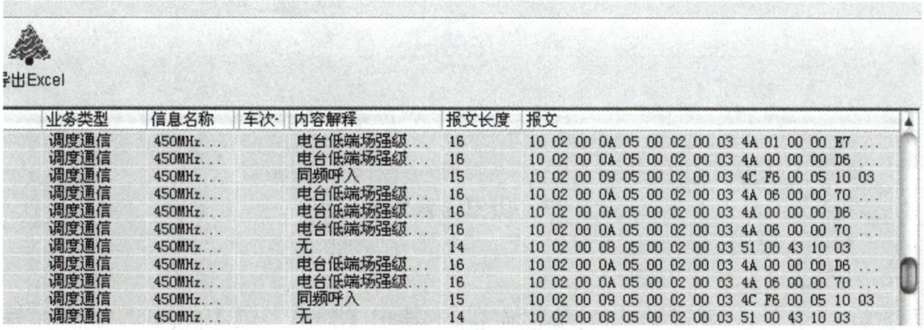

业务类型	信息名称	车次	内容解释	报文长度	报文
调度通信	450MHz...		电台低端场强级...	16	10 02 00 0A 05 00 02 00 03 4A 01 00 00 E7 ...
调度通信	450MHz...		电台低端场强级...	16	10 02 00 0A 05 00 02 00 03 4A 00 00 00 D6 ...
调度通信	450MHz...		同频呼入	15	10 02 00 09 05 00 02 00 03 4C F6 00 05 10 03
调度通信	450MHz...		电台低端场强级...	16	10 02 00 0A 05 00 02 00 03 4A 06 00 00 70 ...
调度通信	450MHz...		电台低端场强级...	16	10 02 00 0A 05 00 02 00 03 4A 00 00 00 D6 ...
调度通信	450MHz...		电台低端场强级...	16	10 02 00 0A 05 00 02 00 03 4A 06 00 00 70 ...
调度通信	450MHz...		无	14	10 02 00 08 05 00 02 00 03 51 00 43 10 03
调度通信	450MHz...		电台低端场强级...	16	10 02 00 0A 05 00 02 00 03 4A 00 00 00 D6 ...
调度通信	450MHz...		电台低端场强级...	16	10 02 00 0A 05 00 02 00 03 4A 06 00 00 70 ...
调度通信	450MHz...		同频呼入	15	10 02 00 09 05 00 02 00 03 4C F6 00 05 10 03
调度通信	450MHz...		无	14	10 02 00 08 05 00 02 00 03 51 00 43 10 03

图 5-14　查看报文长度及报文内容

（2）读取语音数据。

① 记录单元密钥，选择“工具”→“密钥 COM 配置”，或者直接单击工具栏中的“密钥 COM 设置”，在弹出的对话框中（见图 5-15），选择“COM9”（根据安装的记录单元密钥端口进行选择）。

② 选择“操作”→“读取语音数据”或者直接单击工具栏中的“读取语音数据”，弹出语音回放窗口（见图 5-16），在该窗口可以按时间段进行语音段的查询。查询完成后选择要播放的语音段双击或单击“播放”按钮即可进行语音数据的播放。

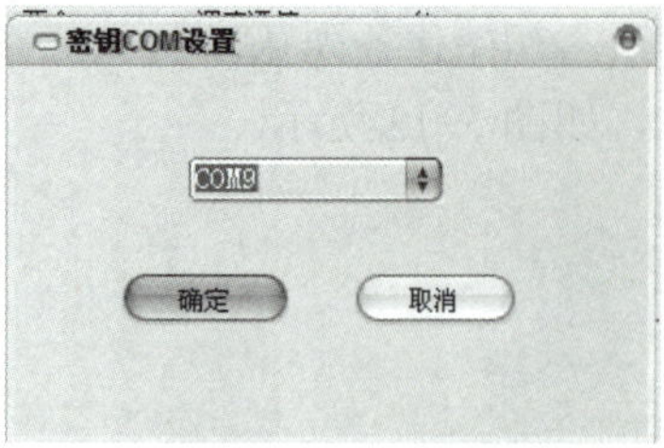

图 5-15　密钥 COM 设置

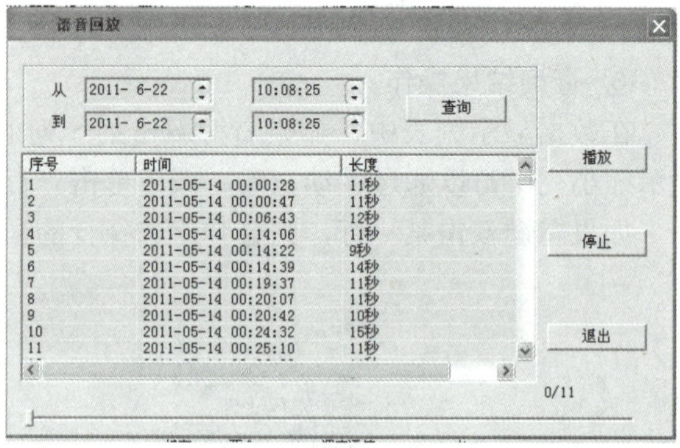

图 5-16　语音回放设置

③ 历史语音播放。语音数据文件播放后可形成 WAV 文件，选择“操作”→“历史语音播放”或者直接单击工具栏中的“历史语音播放”，打开历史语音播放窗口（见图 5-17），在该窗口可以进行历史语音记录的查询播放。

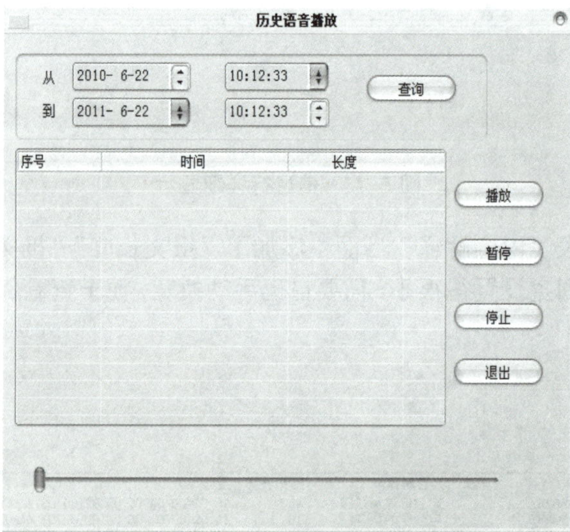

图 5-17　历史语音播放设置

（3）导出数据。

业务数据读取后，可以单击工具栏中的“导出 Excel”以 Excel 文件形式导出所有通信数据，便于进一步分析。也可以单击工具栏中的“导出列尾数据”以 Excel 文件形式导出 450 MHz 列尾通信数据，便于进一步分析。

3. 调度命令信息无线传送系统

1）系统组成

调度命令信息可利用 GSM-R 数字移动通信网络（以下简称 GSM-R 网络）或 450 MHz 列车无线调度通信系统传送。调度所与车站之间利用 TDSC 通道，车站与机车之间利用无线通道。调度命令传输是一个双向传输的过程，调度员发送调度命令给机车司机。机车司机收到后，返回自动确认；机车司机阅读、签收后，还要向调度员发送相应的签收信息。

在 GSM-R 工作模式下，调度命令信息无线传送系统（见图 5-18）由 GSM-R 网络、CTC/TDCS 设备（含 CTC/TDCS 中心设备、CTC/TDCS 车站设备）与 CIR（含置入机车安全信息综合监测装置内的车次号校核机车数据采集编码器）、GRIS（GPRS 接口服务器）等组成。

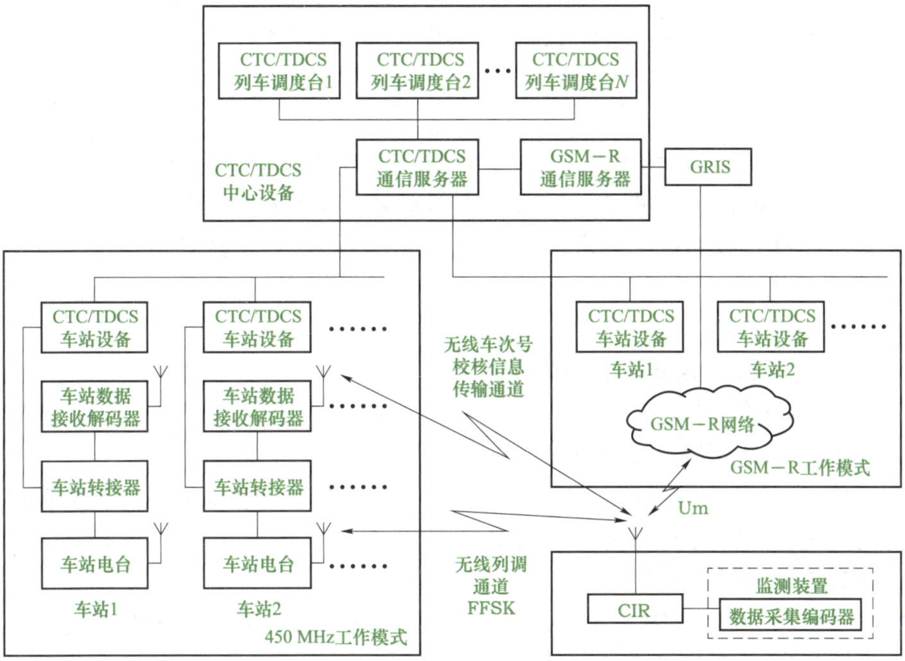

图 5-18　调度命令信息无线传送系统

在 450 MHz 工作模式下，调度命令信息无线传送系统由列车无线调度通信系统车站设备（含车站电台、车站数据接收解码器、车站转接器）、CTC/TDCS 设备（含 CTC/TDCS 中心设备、CTC/TDCS 车站设备）与 CIR（含置入监测装置内的数据采集编码器）等组成。

2）系统功能

（1）调度员应能通过本系统向辖区内运行的列车发送调度命令、行车凭证、调车作业通知单等信息。

（2）车站值班员应能通过本系统向辖区内运行的列车发送行车凭证、调车作业通知单等信息。

（3）CTC/TDCS 设备应能自动向辖区内运行的列车发送列车进路预告信息。

（4）CIR 应能向发送方发送自动确认信息。

（5）机车司机应能通过 CIR 向发送方发送手动签收信息。

（6）CTC/TDCS 设备在规定时间内未收到自动确认或手动签收信息，应向调度命令信息发送方给出提示。

（7）机车司机应能通过 CIR 发送调车请求信息。

（8）CTC/TDCS 设备应具备分别按车站和机车自动统计调度命令信息传送成功率的功能。

（9）CTC/TDCS 设备、车站转接器和 CIR 应完整存储调度命令信息和操作过程。

（10）系统中各终端应具有文字提示功能，CIR 还应具有语音提示功能。

（11）在 GSM-R 工作模式下，CTC/TDCS 设备应支持跨相邻调度区段发送调度命令信息。

（12）GRIS、CTC/TDCS 中心设备及 CTC 列车调度台应具备按机车号、发令处所、调度命令编号、列车进路预告编号、发送时间、签收地点等多种条件或组合条件自动统计调度命令信息传送成功率的功能。

3）系统通信方式

（1）在 GSM-R 工作模式下，调度命令信息采用 GPRS 方式（UDP 协议）传送。

（2）在 450 MHz 工作模式下，调度命令信息采用列车无线调度通信话音信道传送，自动确认、手动签收和调车请求信息采用无线车次号校核信息信道传送，数据采用 FFSK 编码方式传送。

4）系统通信过程

（1）GSM-R 工作模式下的通信过程。

① 发送调度命令信息。

a）编辑、发送调度命令信息。

调度员、车站值班员编辑调度命令信息，按下“调度命令信息发送”键，CTC/TDCS 设备将调度命令信息发送到 GRIS（GPRS 接口服务器）。

b）GRIS 处理调度命令信息。

GRIS 接收到 CTC/TDCS 设备发送的调度命令信息后，在本地存储，并根据机车号自动查询对应 CIR 的 IP 地址并转发至对应的列车。

c）CIR 接收、处理调度命令信息。

CIR 接收到调度命令信息后进行判断，当车次号和机车号与本列车相符时，发送自动确认信息，在接收到一条完整命令后，在 MMI 上显示调度命令信息并给出阅读提示音。当机车司机阅读完调度命令信息后按“确认/签收”键时，CIR 发送手动签收信息。CIR 每次发送 2 帧自动确认或手动签收信息，每帧发送间隔为 3～5 s（随机）。手动签收后，机车司机可根据需要按“打印”键打印调度命令信息，按“退出”键返回主界面。

d）GRIS 接收、转发调度命令信息的自动确认和手动签收信息。

GRIS 接收到 CIR 发送的自动确认和手动签收信息后，在本地存储，并转发给 CTC/TDCS 设备。

e）CTC/TDCS 设备处理自动确认和手动签收信息。

CTC/TDCS 设备接收到自动确认、手动签收信息后，在调度命令信息发送方的终端上显示。调度命令信息发出后 15 s 内，如果收不到自动确认或手动签收信息，应自动重发，重发不应超过 2 次。当 2 次重发后仍收不到自动确认或手动签收信息时，应在调度命令信息发送方终端显示并给出提示音，由调度员（或车站值班员）选择重发或结束。

② 发送调车请求。

当机车司机根据调车作业通知单需要进行调车作业时，在 MMI 上按“调车请求”

键，CIR 将调车请求信息按照当前目的 GRIS 的 IP 地址发送至 GRIS。当工作在补机状态时不发送调车请求信息。

GRIS 接收到 CIR 发来的调车请求信息后，在本地存储，并转发至 CTC。

CTC 接收到请求信息后自动发送确认信息，CIR 收到调车请求确认信息后，在 MMI 上显示接收到的确认信息，此时不发送回执信息、不进行语音提示。

③ 发送列车进路预告信息。

接车站列车进路已经排列，CTC/TDCS 设备在列车通过出发站的出站信号机位置时，将列车进路预告信息发送至 GRIS，如果信息发出后未收到自动确认信息，CTC/TDCS 设备应每隔 15 s 向 GRIS 发送一次列车进路预告信息。

当收到自动确认信息或列车越过接车站进站信号机时，不再发送列车进路预告信息。

当列车进入区间后接车站列车进路发生变更时，CTC/TDCS 设备应立即发送新的进路预告信息。

④ 向辖区内所有列车发送调度命令信息。

CTC/TDCS 设备可以向辖区内所有列车发送调度命令信息，发送过程同①。

⑤ 向在规定时间内通过某站的所有列车发送调度命令信息。

在规定时间内，CTC/TDCS 设备可向所有通过某站的列车发送调度命令信息，发送过程同①。

⑥ 多信息排队。

当系统有多条信息需要发送时，发送顺序依次为列车进路预告信息、行车凭证、调度命令、调车作业通知单，同种调度命令信息按编辑的时间顺序进行排队。

（2）450 MHz 工作模式下的通信过程。

① 调度员发送调度命令。

a）CTC/TDCS 设备自动选站发送调度命令信息。

b）调度员手动选站发送调度命令信息。

调度员编辑调度命令信息并选择车站后按下“调度命令信息发送”键，当 CTC/TDCS 设备接收到受令列车到达某站一接近与三接近之间（具体位置可根据各线路的情况确定）信息时，将调度命令信息发送至该站车站转接器；如果此时受令列车已在该站设置的位置与出站信号机之间，应立即将调度命令信息发送至该站车站转接器。

调度员可选择多个车站进行发送，在该方式下发送不成功时，下一站不自动重发。

当调度员需要立即发送调度命令信息时，选站后按“立即发送”键，CTC/TDCS 设备将信息立即发送到对应车站转接器。若该方式下发送不成功，下一站不重发。

② 车站值班员发送行车凭证。

车站值班员编辑行车凭证（当输入车次号后，系统判断对应的机车号唯一时自动填入相应的机车号，不唯一时，应显示对应车次全部机车号并提醒车站值班员选择），按下“发送”键，当 CTC/TDCS 设备收到受令列车到达本站或相邻站（TDCS 区段前后各一个站、CTC 区段前后各两个站）一接近与三接近之间（具体位置可根据各线路的情况确定）信息时，将行车凭证信息发送至该站车站转接器，如果此时受令列车已在该站设置的位置与出站信号机之间，立即将行车凭证信息发送至该站车站转接器。

当车站值班员需要立即发送行车凭证信息时，按“立即发送”键，CTC/TDCS 设备将信息立即发送到列车邻近的车站转接器（在半自动闭塞区段手动选站）。

车站转接器向 CTC/TDCS 车站设备回发应答信息，同时控制车站电台建立信道，发送行车凭证信息。

车站转接器接收到自动确认和手动签收信息后，通过 CTC/TDCS 设备将信息发送至相关的车站值班员终端。

当 CTC/TDCS 设备在行车凭证信息发出后 15 s 内收不到自动确认或手动签收信息时，应自动重发，重发不应超过 2 次。当 2 次重发后仍收不到自动确认或手动签收信息时，应在 CTC/TDCS 车站值班员终端上提示，由车站值班员选择重发或结束。选择重发则重复以上发送过程，选择结束则退出命令发送状态。

当多包发送时，若第一包发送 2 次均未收到自动确认信息，系统自动继续发送后续包，每包发送 1 次。无论收到或未收到自动确认信息，两次发送时间间隔均为 15 s。

在 CTC 区段行车凭证信息可在列车调度台发送，相应的自动确认和手动签收信息应发送到列车调度台。

③ 发送调车请求。

当机车司机根据调车作业通知单需要进行调车作业时，在 MMI 上按“调车请求”键，CIR 发送调车请求信息。工作在补机状态时不能发送调车请求信息。

车站转接器接收到调车请求信息后，将调车请求信息转发至 CTC。CTC 接收到调车请求信息后自动回送确认信息，CIR 接收到调车请求确认信息后在 MMI 上显示，此时不发送回执信息、不进行语音提示。

④ 发送列车进路预告信息。

a）半自动闭塞区段发送列车进路预告信息。

b）自动闭塞区段发送列车进路预告信息。

c）列车进路发生变更。设备列车进路发生变更时，CTC/TDCS 设备应立即发送新的进路预告信息，在未收到列车自动确认信息时，重复发送。当列车越过接车站进站信号机时，不再发送列车进路预告信息。

d）接近重发。当列车在接车站占用接近轨时，若 CTC/TDCS 设备仍未收到列车进路预告的自动确认信息，强制发送一次进路预告信息。

e）向辖区内所有列车发送调度命令信息（群发功能）。在规定时间内，CTC/TDCS 设备可通过某一车站将调度命令信息发送至所有通过该站的列车。

f）多信息排队。当系统有多种信息需要通过同一车站向列车发送时，在列车到达该车站一接近与三接近之间（具体位置可根据各线路的情况确定）时按顺序发送，发送顺序依次为列车进路预告信息、行车凭证、调度命令、调车作业通知单，同种调度命令信息按编辑的时间顺序进行排队。

g）CTC/TDCS 设备对确认信息的处理。调度命令信息发出后，CTC/TDCS 设备终端收到车站转接器的应答时显示“车站收到”，未收到车站转接器的应答时显示“车站未收到”；收到 CIR 的自动确认信息时显示“机车自动确认”，未收到 CIR 的自动确认信息时显示“未收到机车自动确认”；收到手动签收信息时显示“发送成功”，收到自动确认但未收到手动签收信息时显示“未收到签收”；收到自动确认后在系统设定的时间内未收到手动签收信息时，系统应在调度命令信息发送方终端上自动提示重发/记录。

任务实施

CIR 记录单元在机车运行过程中，会将语音、数据业务和状态信息进行记录和转储，并能进行话音回放，因此通常会对记录单元进行数据分析来进行故障定位和排查。

任务 5.1　记录单元数据查询

1. 确定 2017 年 8 月 24 日担任 91037 次任务的机车号

步骤：打开记录单元分析软件。①“查询类型”选择“综合查询”，不勾选“所有时间”选项，设置查询时间段。② “信息类型”选择“所有类型”，再进行“查询”。③ 在右侧信息显示区“信息名称”栏选择“TAX 到 CIR 数据”就可以得到需要查询的 91037 次机车号，如图 5-19（a）所示。双击该条记录可以查看具体信息，如图 5-19（b）所示。

(a) 查看“TAX 到 CIR 数据”

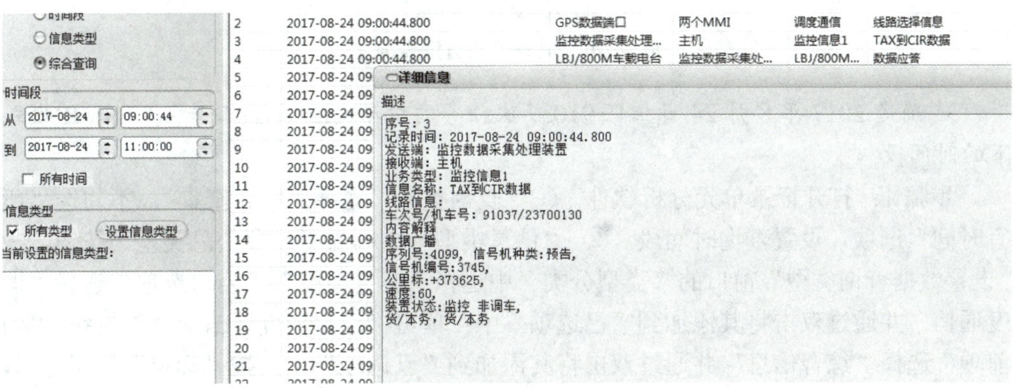

(b) 查看记录完整信息

图 5-19　记录单元数据查询 1

2. 确定 2017 年 8 月 24 日担任 91037 次任务的机车 CIR 设备的本机 IP 地址

步骤：打开记录单元分析软件。①“查询类型”选择“综合查询”，不勾选“所有时间”选项，设置查询时间段。②“信息类型”选择“所有类型”，再进行“查询”。③ 在右侧信息显示区“信息名称”栏选择“活动性检测信息应答”就可以得到需要查询的 91037 次机车本机 IP 地址，如图 5-20（a）所示。双击该条记录可以查看具体信息，如图 5-20（b）所示。

（a）查看活动性检测信息

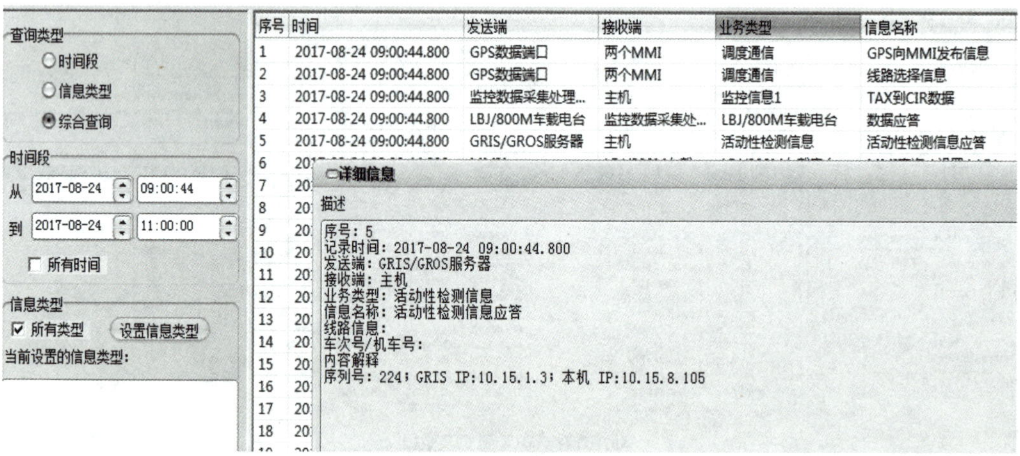

（b）双击查看具体信息

图 5-20　记录单元数据查询 2

3. 确定 2017 年 8 月 24 日担任 91037 次任务的机车 CIR 设备工作在 GSM-R 模式下的时间段

步骤 1：打开记录单元分析软件。①“查询类型”选择“综合查询”，不勾选“所有时间”选项，设置查询时间段。② “信息类型”中单击“设置信息类型”按钮，在“设置数据查询类型”窗口的“类型分类”中选择“业务类型”，“当前选项”选择“调度通信”并通过双击将其添加到“已选项”中；单击“设置调度通信命令”按钮，“当前项”选择“综合信息”并通过双击将其添加到“已选项”中，按“确定”按钮返回。然后单击“应用”按钮，单击“确定”按钮返回，最后单击“查询”按钮，就可以得到需要查询的 91037 次机车综合信息，如图 5-21（a）所示。

步骤 2：在“内容解释”栏选择查找 91037 次任务的机车 CIR 设备工作在 GSM-R 模式下的时间段使用起始时间，如图 5-21（b）所示。

步骤 3：在“内容解释”栏选择查找 91037 次任务的机车 CIR 设备工作在 GSM-R 模式下的时间段使用结束时间，如图 5-21（c）所示。

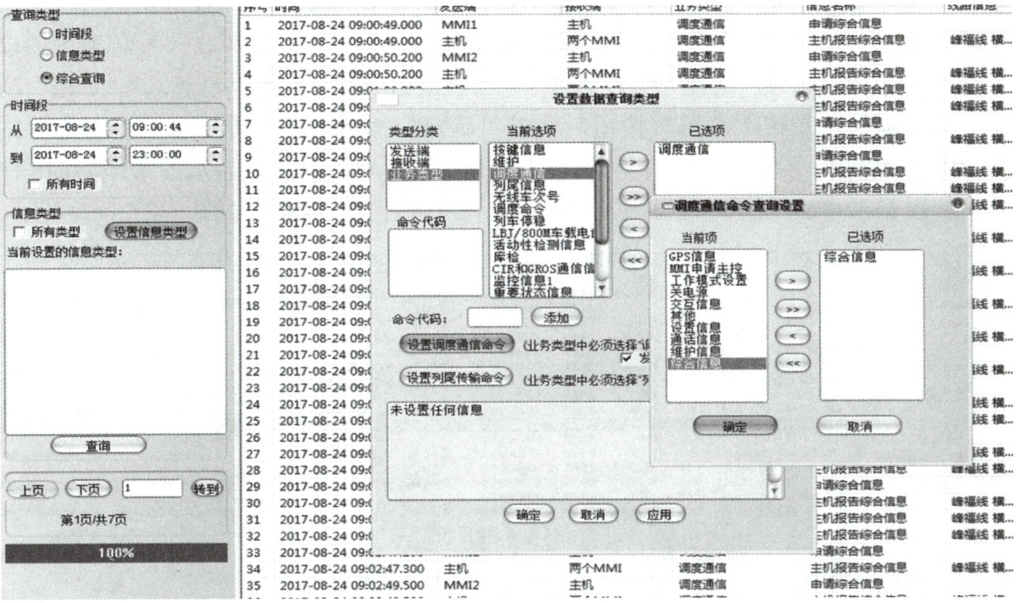

（a）查看机车综合信息

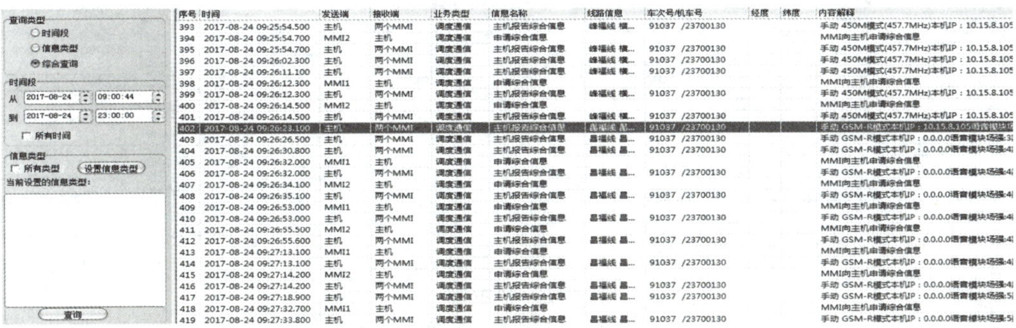

（b）查看起始时间

（c）查看结束时间

图 5-21　记录单元数据查询 3

4. 确定 2017 年 8 月 24 日担任 91037 次任务的机车 CIR 设备工作在 GSM-R 模式下的当前 GRIS IP

步骤：打开记录单元分析软件。①“查询类型”选择“综合查询”，不勾选“所有时间”选项，设置查询时间段为 2017 年 8 月 24 日 09:00:44—23:00:00。②“信息类型”单击“设置信息类型”按钮，在弹出窗口的“类型分类”中选择“业务类型”，“当前选项”选择“调度通信”并通过双击将其添加到“已选项”中；单击“设置调度通信命令”按钮，“当前项”选择“综合信息”并通过双击将其添加到“已选项”。单击“确定”按钮返回，单击“应用”按钮，单击“确定”按钮返回，最后单击“查询”按钮。③ 在右侧信息显示区的“内容解释”列查找 GSM-R 模式下显示的本地 GRIS IP 行，如图 5-22（a）所示。通过双击该条记录可以查看具体信息，如图 5-22（b）所示。

(a) 查看 GRIS IP

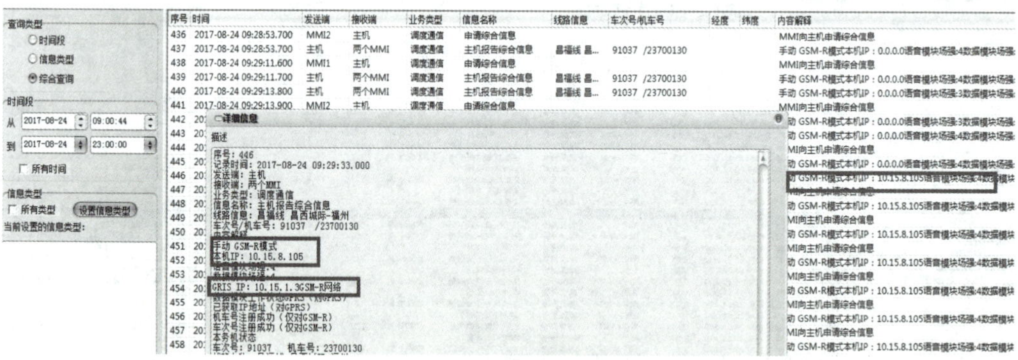

(b) 通过双击查看具体信息

图 5-22　记录单元数据查询 4

5. 确定 2017 年 8 月 24 日司机设置 91037 次机车功能号注册成功的时间

步骤 1：打开记录单元分析软件。①“查询类型”选择“综合查询”，不勾选“所有时间”选项，设置查询时间段。②“信息类型”单击“设置信息类型”按钮，在弹出的窗口中选择“类型分类”→“业务类型”，“当前选项”选择“调度通信”并通过双击将其添加到“已选项”中；单击“设置调度通信命令”，“当前项”选择“设置信息”并通过双击将其添加到“已选项”。单击“确定”按钮返回，然后单击“应用”按钮，单击“确定”按钮返回，最后单击“查询”按钮。在左侧信息栏可以得到需要查询的 91037 次机车综合信息，如图 5-23（a）所示。

步骤 2：在“信息名称”列查找“车次号注册结果”，选择“内容解释”列中“注册车次号成功”行，查找 91037 车次功能号注册成功的时间，如图 5-23（b）所示。

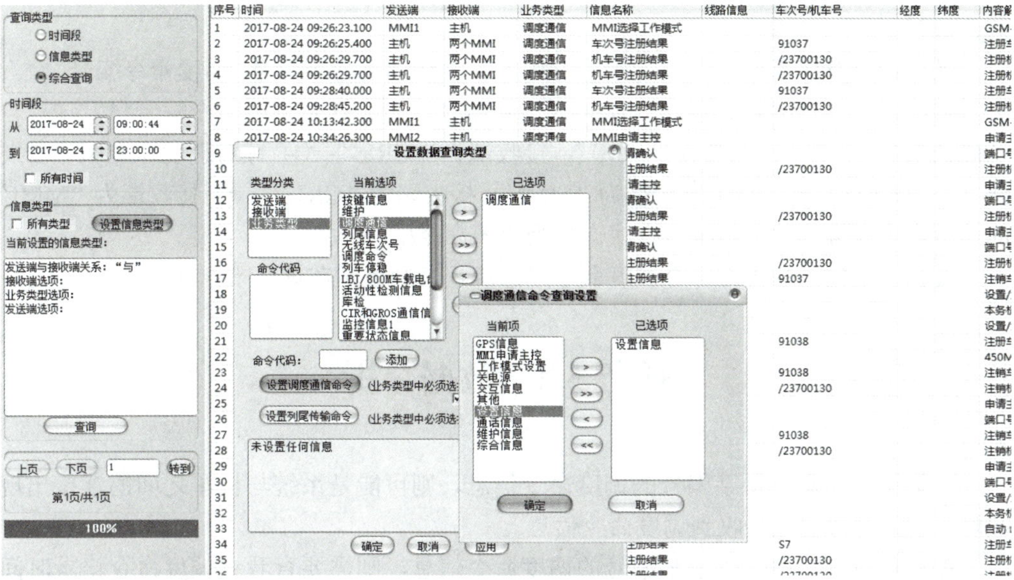

(a) 查询车次功能号注册时间

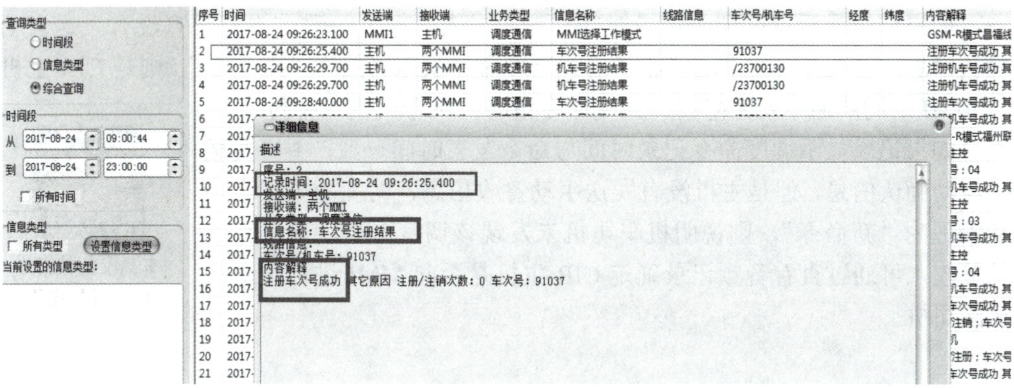

(b) 通过双击查看具体信息

图 5-23　记录单元数据查询 5

任务 5.2　故障排查

1. 查询机车行程过程中接收的调度命令

打开记录单元分析软件，“查询类型”选择“综合查询”，“时间段”选择“所有时间”，“信息类型”单击“设置信息类型”按钮，在弹出的窗口中选择“类型分类”→“业务类型”，“当前选项”选择“调度命令”并通过双击将其添加到“已选项”中，单击“应用”按钮，然后单击“确定”按钮返回，最后单击“查询”按钮，就可以得到需要查询的 91037 次机车接收的所有调度命令。

2. 数据对比

查看对比在机车承担 91037 次车次任务时，接收到的调度命令记录是否符合调度命令流程。

调度命令发送流程：① 发送端为“GRIS”，发送调度命令信息，调度命令编号“**”；② 接收端为“MMI”，调度命令状态为“新命令”；③ 针对调度命令编号**发送“自动确认信息”，其中发送端为“MMI”，接收端为“GRIS”；④ 针对调度命令编号**发送“手动签收信息”，其中发送端为“MMI”，接收端为“GRIS”；⑤ 接收端为“MMI”的调度命令编号为**，调度命令状态变为“旧命令/已签收”。

任何一条信息如果不符合调度命令发送流程，则说明在该环节出现问题。

任务 5.3 数据分析

如果记录信息缺少某编号的调度命令信息，则可能是系统与机车之间的连接出现故障，在该时段内无法收到调度命令信息。

如果记录信息中包含了某编号的调度命令信息，则需要查看该调度命令记录时间与命令发布时间是否一致。

如果记录显示调度命令记录时间与命令发表时间不一致，主机一直没有发送自动确认信息，也没有发送手动签收信息，调度命令状态仍然为“新命令”，则是 CIR 主机与 MMI 之间的通信发生障碍，调度命令没有向机车司机进行传达。

如果记录显示调度命令记录时间与命令发表时间一致，主机发送了自动确认信息，但是主机没有发送手动签收信息，调度命令状态仍然表现为“新命令”，则说明机车司机未发现该调度命令，未进行手动签收，可通过查看音频记录确定 CIR 主机是否向 MMI 进行推送来提醒司机。

车载设备数据分析软件的应用

任务评价

车载无线通信故障排查评价表见表 5-1。

表 5-1　车载无线通信故障排查评价表

<table>
<tr><th>任务名称</th><th colspan="2">任务内容</th><th colspan="2">交付标准</th><th>笔记栏</th></tr>
<tr><td rowspan="4">记录单元数据分析</td><td colspan="2">数据导出</td><td colspan="2">能根据任务要求将记录单元数据导入到分析软件中</td><td rowspan="4"></td></tr>
<tr><td colspan="2">查询条件设置</td><td colspan="2">能根据查询参数进行查询条件的正确设置，并能获得相关数据记录信息</td></tr>
<tr><td colspan="2">分析过程</td><td colspan="2">能根据故障信息进行查询信息的步骤规划及数据排查</td></tr>
<tr><td colspan="2">分析结果</td><td colspan="2">能通过数据分析进行故障定位</td></tr>
<tr><td rowspan="5">考核评价</td><td>序号</td><td>考核内容</td><td>配分</td><td>评分标准</td><td>得分</td></tr>
<tr><td>1</td><td>团队协作</td><td>10</td><td>在小组活动中，能够与他人进行有效合作</td><td></td></tr>
<tr><td>2</td><td>职场安全</td><td>10</td><td>在活动中，严格遵守安全章程、制度</td><td></td></tr>
<tr><td>3</td><td>设备清单</td><td>10</td><td>设备无损坏，按要求清理、归位</td><td></td></tr>
<tr><td>4</td><td>试验结果</td><td>70</td><td>试验结果是否合理、正确</td><td></td></tr>
</table>

知识拓展

1. CIR 设备故障处理原则

CIR 设备故障处理原则应按照时间清、地点清、原因清、影响范围清、处理过程清的“五清”原则进行，处理 CIR 故障时，维护人员应遵循“一询问、二查看、三思考、四动手”的基本步骤。

接到故障通知后，有条件时应先询问机车司机故障现象、影响范围，以及机车司机采取的操作，大致判断故障发生的范围。

上车后不应盲目更换单元器件，应先观察主机各单元灯显状态、MMI 显示是否正常，查看各单元版本号是否正确。

一般情况下故障处理人员需上车观察 CIR 的设备状态，如在 G 网区段可以借助库检设备进行查看，必要时联系 GSM-R 网管中心一同协助进行故障定位，判断故障点和故障原因。

判断出故障单元部件采用倒代、替换等方式迅速修复，减少故障延时。

CIR 设备故障总体处理流程如图 5-24 所示。

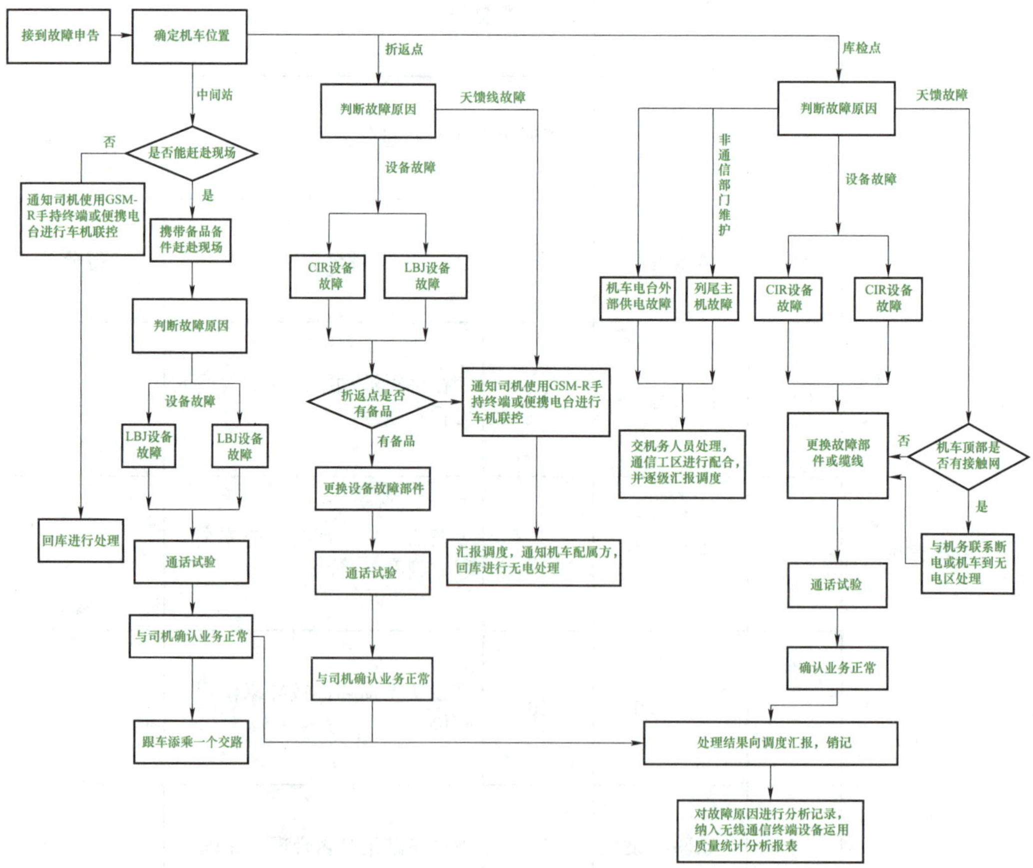

图 5-24　CIR 设备故障总体处理流程

2. CIR 设备故障处理的总体思路

根据 CIR 的设备组成特点和工作原理方式，CIR 现场故障处理的主要工作是对设备故障点进行定位。首先，根据设备上发生的故障现象，推断可能存在问题的几个单元或部件。然后，根据损坏概率由高到低及更换难度由小到大的顺序，用功能正常的单元对怀疑对象进行替换，直到设备功能恢复正常。故障定位常见方法有：观察分析法、分段排除法、替换定位法、测试法、配置数据分析法、复位操作法等。

（1）观察分析法：主要通过查看 CIR 各单元状态，特别是灯显、版本号等。这也是故障处理的常用方法。

（2）分段排除法：通过分段试验逐次缩小故障范围，直到找到故障点。

（3）替换定位法：通过用好的单元替换疑似故障的单元，对比故障现象，判定故障点，这也是工作中常用的方法。要注意的是，替换的设备必须是好的。替换定位法可分为以下两种。

① 直接定位法。

从 CIR 业务角度考虑，按照 CIR 处理此业务流程所涉及的单元及通路来排查故障。依次考虑故障单元、主控单元及此业务的信号通路。

② 交叉对比法。

遇到故障时通过 G 网和 450 MHz 对比及主副控对比来定位故障点。

（4）测试法：利用仪表、工具判定故障。

（5）配置数据分析法：CIR 设备由软硬件组成，参数设置错误将影响设备使用，部分故障还需要分析运行数据。

（6）复位操作法：按住 MMI 上的“复位”键可以对 CIR 整机进行复位。复位后，各单元重新进行初始化，因程序运行错误、数据误码、状态不同步等原因造成的软故障可得到有效解决。

3. CIR 设备故障处理流程和典型故障案例

铁路工作人员肩负着铁路运输生产的重任，铁路运输生产的首要任务就是要保证安全。没有安全就没有一切，无论哪个岗位，无论在列车上还是在轨道旁，都要时刻提高安全意识，遵守安全制度和操作规范，及时发现安全隐患，果断处理安全问题，保证列车运行、人身、设施的安全。

在进行 CIR 设备故障处理时，可综合运用上述故障处理方法并结合设备故障处理流程进行综合判断，定位故障原因。各类 CIR 故障处理流程及典型案例如下。

1）CIR 设备加电后无法进入正常状态

（1）处理流程。

首先，检查机车 110 V 供电，保证供电无问题。然后，检查 CIR 设备 A 子架上的保险管是否有损坏，如损坏进行更换。如果前面两步检查都正常，说明主机电源部分故障或是与主机相连接的线缆存在故障，需要更换 A 子架（标准型 CIR）或主机（小型化 CIR）或连接电缆。具体处理流程如图 5–25 所示。

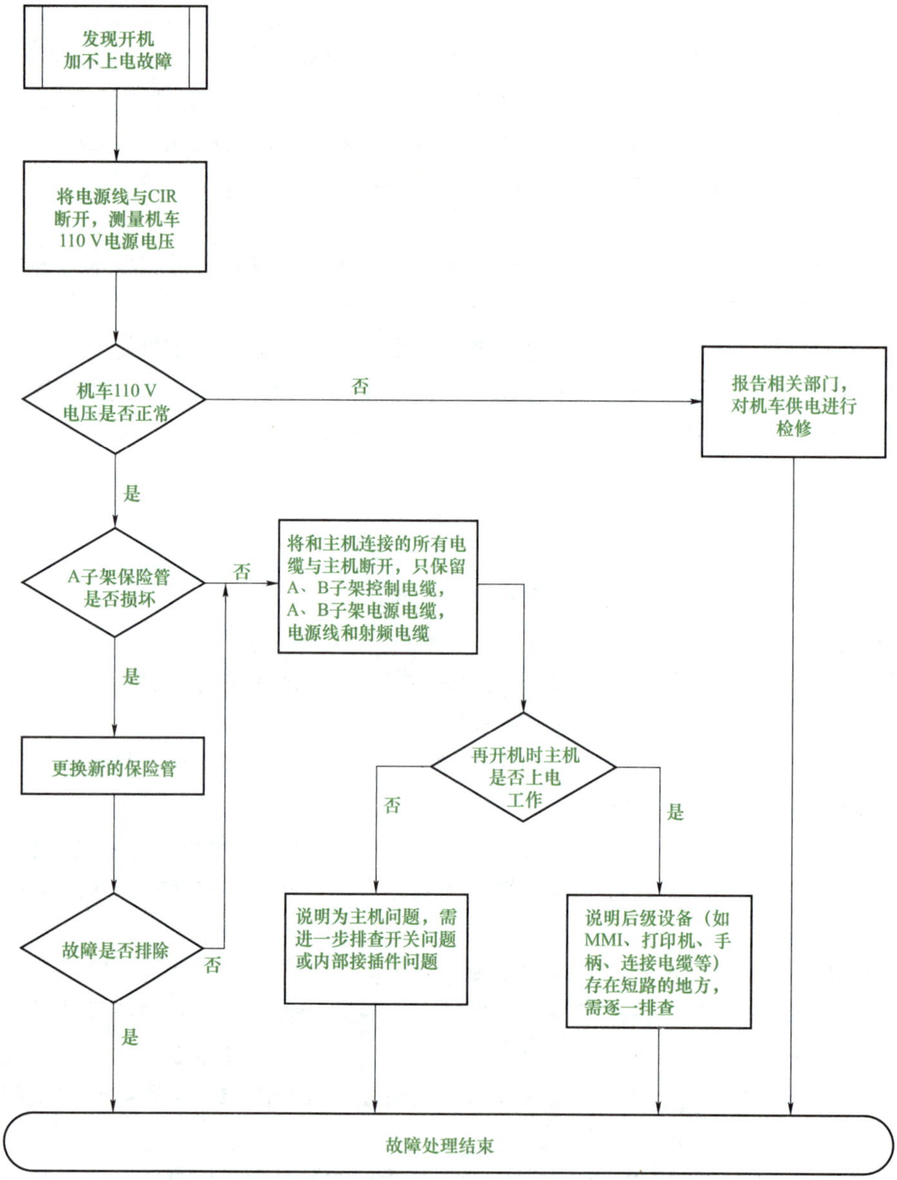

图 5-25　CIR 设备加电后无法进入正常状态故障处理流程

（2）典型案例。

故障现象：某局机车 CIR 设备主机电源上电后输出电源低，整机无法正常工作。

处理过程：测试机车输入 110 V 电源正常，初步判断有设备短路的地方；处理时逐个拔出或断开与主机的连接线，当将 TDCS 连接线断开时，设备恢复；更换 TDCS 连接线，设备正常。判断故障是 TDCS 连接线被挤伤。

处理建议：TDCS 连接线内有 12 V 电源，该电源设计的初衷是方便 DMIS 板测试，而 DMIS 板工作时则由 TAX 箱供电。

2）CIR 开机后 MMI 无法与主机正常通信

（1）处理流程。

首先，检查是否两端 MMI 均与主机不能通信，如果两端均与主机不能通信，则说明故障点位于主机上。如果只有一端故障，将主机上两个 MMI 端口上的电缆互换，互换后如果故障端和正常端也发生交换，则说明故障点在主机上，否则故障点在无法握手一端的 MMI 或者电缆上。

当故障点在主机上时，依次尝试更换 A、B 子架连接电缆，更换主控单元，更换 A 子架（标准型 CIR），更换 B 子架（标准型 CIR）或主机（小型化 CIR），更换两端 MMI，直到故障排除。

当故障点在 MMI 或电缆上时，应首先对 MMI 进行更换，如故障仍未排除，则继续检查、修理 MMI 控制电缆。具体处理流程如图 5–26 所示。

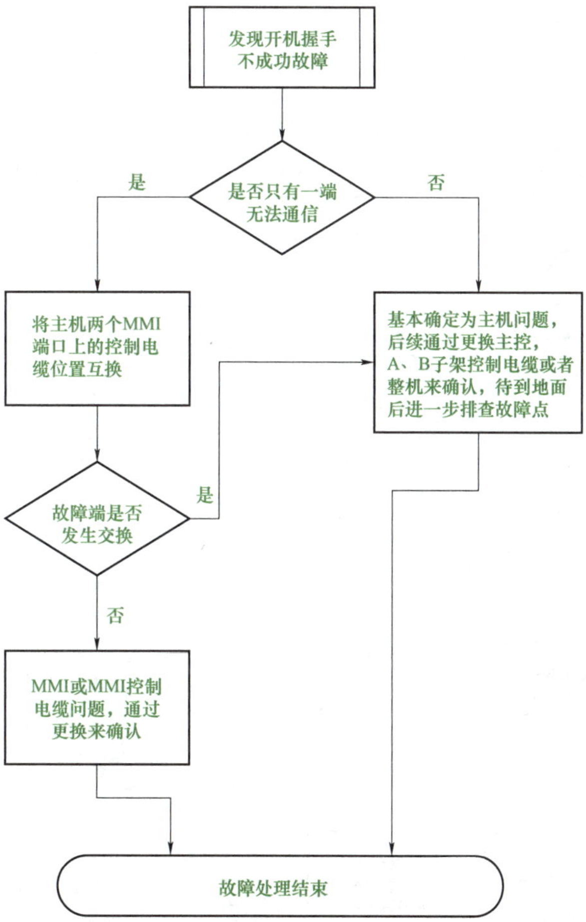

图 5–26　CIR 开机后 MMI 无法与主机正常通信故障处理流程

（2）典型案例。

故障现象：MMI 主副控不能切换，指挥机车司机在非操作端 MMI 进行主副控切换，也无法实现，CIR 主机电源指示灯正常，将 CIR 设备关机，5 min 后重新开机，故障依然存在。

处理过程：经对 CIR 主机 A 子架各功能单元进行检测，确定故障由 A 子架主控单元工控机内存条材质不良、卡接不牢固等问题引起。

3）GPRS 数据故障

（1）处理流程。

GPRS 数据的故障点基本可归类为 4 处：① GSM-R 数据单元本身存在故障导致不能附着网络；② 主控单元数据设置不正确；③ 主控单元与数据单元通信故障；④ 天线系统有问题。在处理此类故障时，可按照如图 5-27 所示流程对 GPRS 数据模块故障进行定位。

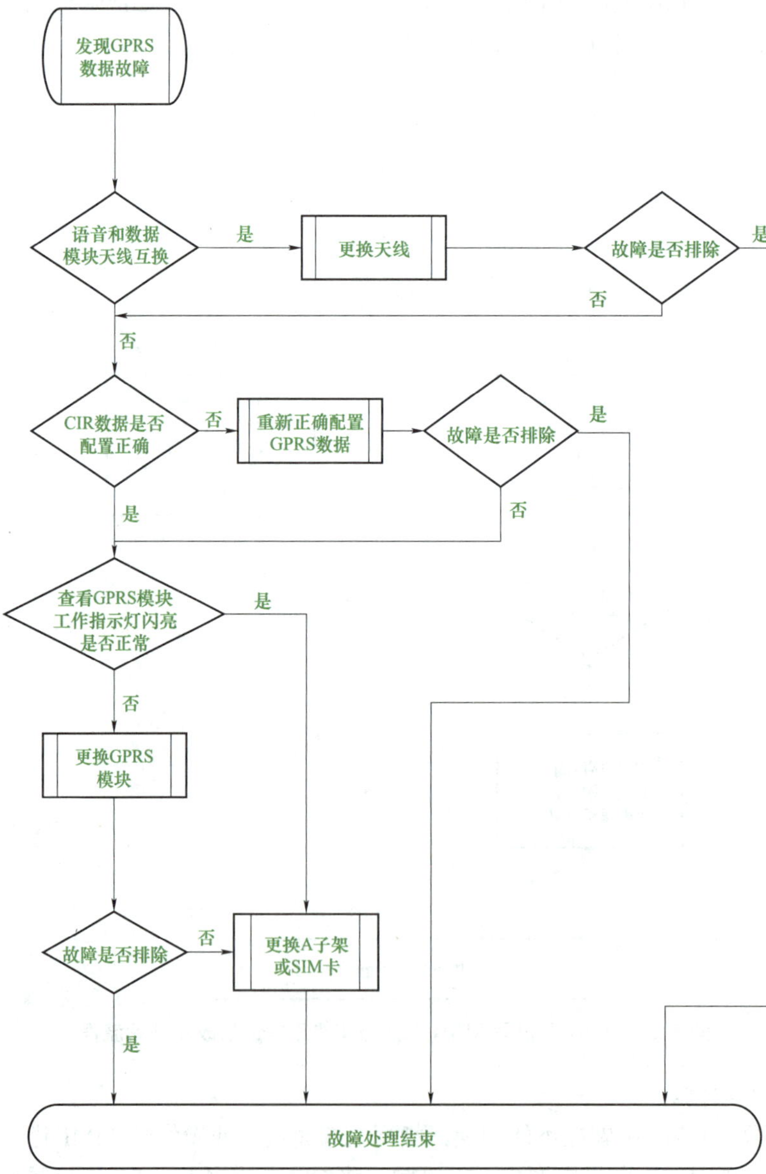

图 5-27　GPRS 数据故障处理流程

（2）典型案例。

故障现象：某机车应用中数据模块上不了网，无法获得 IP。

处理过程：维修人员首先将语音、数据天线互换，发现语音正常，数据模块还上不了网，更换数据模块故障依旧，在更换 SIM 卡后故障消除，判断故障原因为数据 SIM 卡损坏。

4）GRIS 接收不到 CIR 的 GSM-R 车次号校核信息

（1）处理流程。

在 GSM-R 数据单元正常时，故障点通常有两处：一是主/备用 GROS 地址设置错误；二是未开启 GPRS 活动性检测。可按照如图 5-28 所示流程进行故障处理。

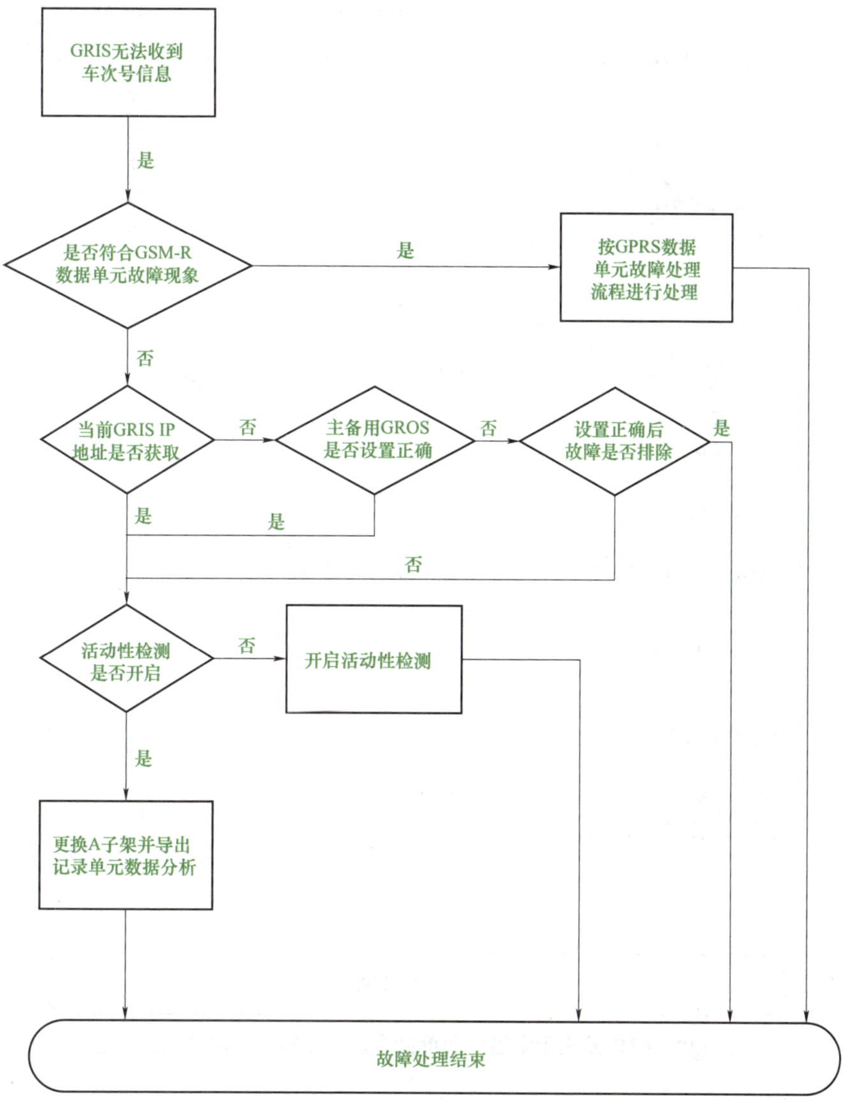

图 5-28　GRIS 接收不到 CIR 的 GSM-R 车次号校核信息故障处理流程

（2）典型案例。

故障现象：某局机车牵引太原—青岛交路，进入胶济线后，CIR 在济南东—淄博段未收到进路预告。

处理过程：维护人员查询到无车次号校核信息上传，机车司机重启设备后恢复。入库提取数据进行分析，发现在进入胶济客专后，GRIS 还保留着石太线的 IP 地址，未转换到济南局的 GRIS，重启后则跳转到济南局 GRIS，恢复正常。此故障说明该 CIR 设备不具备 GPRS 活动性检测功能，导致目标 GRIS 地址未及时得到更新。

5）CIR 无法正常接收 GSM-R 调度命令、进路预告

（1）处理流程。

首先，确认故障区间的 GRIS 服务器是否收到 CIR 的车次号校核信息；然后，确认 GPRS 上下行通道是否正常；最后，确认 CIR 发送的车次号校核信息中是否不满足调度命令发送条件。CIR 无法正常接收调度命令、进路预告的故障处理流程如图 5-29 所示。

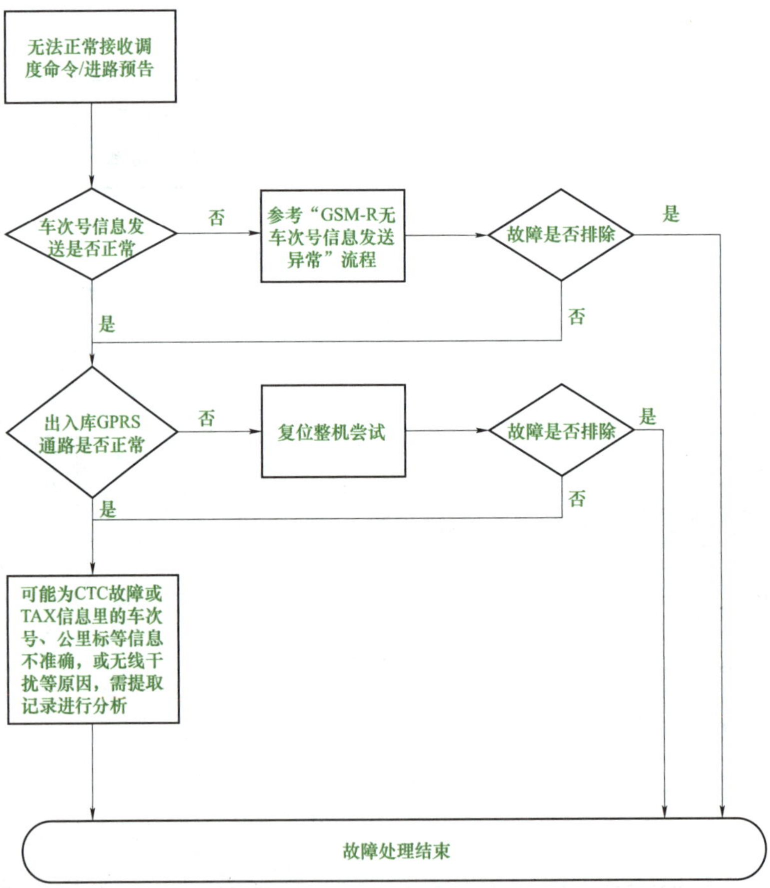

图 5-29　CIR 无法正常接收调度命令、进路预告的故障处理流程

（2）典型案例。

HXD 型机车在胶济客专报未收到进路预告，语音正常，联系 GRIS 查询该车的机

车号与实际机车号不符，上车发现 MMI 提示请注意机车号，怀疑 TAX 数据异常；将 CIR 关机，并断开 TDCS 连接线，开机后机车号注册正常，IP 获得正常，GPRS 库检正常。断定 TAX 传来的机车号数据异常。

处理过程：200 km 以下各种型号的机车均从 TAX 箱中提取机车号并与 CIR 配置机车号进行对比，当发现不正常时会提示告警，发送的车次号校核信息中填入的也是 TAX 箱的机车号，所以收不到进路预告信息（非正常处理手段：将 TDCS 连接线断开，CIR 将启动上传自身存储的机车号，此时能获得 IP，但是注意机车司机必须手动注册车次号，否则车站无法使用车次功能号呼叫机车）。

6）CIR 无法正常注册车次号信息

（1）处理流程。

此故障一般与主控单元和 GSM-R 语音单元相关，处理原则为先观察 GSM-R 语音单元网络是否注册成功，再观察机车号是否注册成功，最后通过逐一更换主控单元或 GSM-R 语音单元确定故障点。具体故障处理流程如图 5-30 所示。

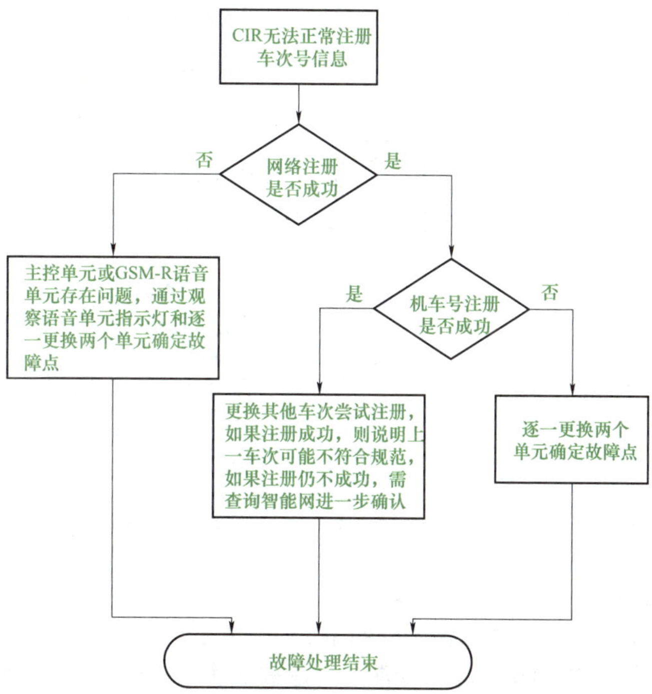

图 5-30 CIR 无法正常注册车次号信息故障处理流程

（2）典型案例。

某 HXD3C 型机车安装了 D 公司的 CIR 设备，机车司机反映车次号注册不上。工区遥测设备良好，DMIS 板正常，入库后上车自检设备正常，按压 DMIS 测试键，试验正常。联系 LKJ 上车后，在监控器输入车次号，模拟开车键，发现车次号无法注册。怀疑 TAX 箱通信不良，考虑到该车 TAX 箱是 A 公司的产品，更换为 B 公司的产品后故障消除。

处理过程：在实际使用中发现 A 公司 TAX 箱与 CIR 之间的通信协议有问题，应提高注意。

7）地面按车次功能号呼叫不到机车司机

（1）处理流程。

首先确认车次号是否注册成功，如注册成功，再确认车次号是否注册正确，必要时需要通过智能网查询注册的车次号具体情况。具体故障处理流程如图 5-31 所示。

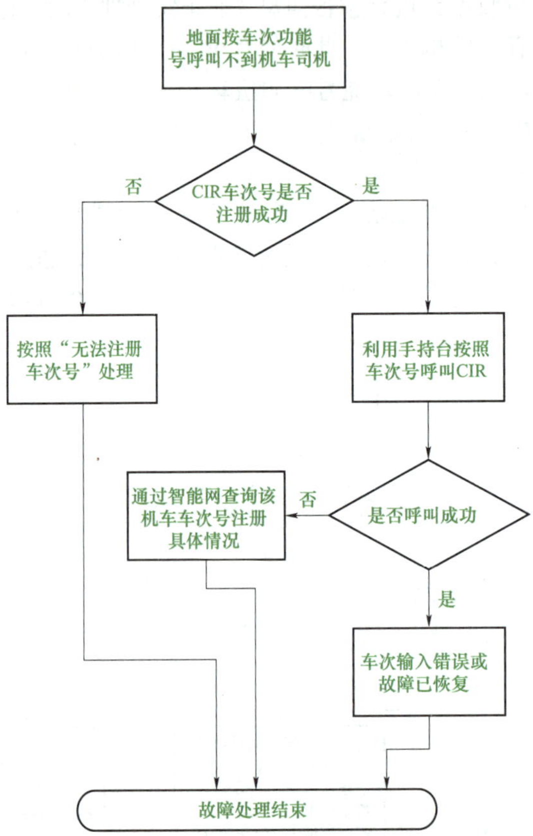

图 5-31　地面按车次功能号呼叫不到机车司机故障处理流程

（2）典型案例。

故障现象：调度员按车次功能号呼叫不到动车组。

故障分析：若 MSISDN 号呼叫正常而只是车次功能号呼叫不到，则 CIR 在车次号注册方面可能存在异常，网络中可排除基站和 MSC，只与智能网有关。查看 MMI 屏幕上的车次号是否为白色，若是白色，说明车次号在智能网已经与 MSISDN 号做了关联；若是黑色，说明车次号未与 MSISDN 号做关联。验证网络中是否重复注册该车次号，即一个车次号关联了两个 MSISDN 号，利用 G 网手机按车次功能号呼叫便可进行验证。这种故障现象一般不会由 CIR 硬件造成。

故障判断：利用 G 网手机对该动车组分别进行机车功能号呼叫和 MSISDN 号呼叫，并询问机车司机主叫情况。如以上情况均正常，即可排除 CIR 硬件故障，重点查找是否有其他用户非法注册该车次号。如按 MSISDN 号也呼叫不到动车组，则重点依次更换排查 G 网语音模块、G 网天线、主控单元及 SIM 卡。

故障排除建议：

（1）正常情况下调度员只按车次功能号呼叫动车组，所以首先利用 G 网手机对该动车组进行车次功能号呼叫；

（2）若手机呼叫不到，手机屏幕显示两个 MSISDN 号码，则通过核对台账，有一个号码为非法注册用户，且为 CIR 用户；

（3）联系机务部门，确认为前一天担当该车次的动车组入库时未将车次号注销，造成第二天出现该车次号重复注册而影响通话；

（4）按照机务的交路计划，找到前一天未注销车次号的动车组，上车开机后再重新进行该车次号的注册注销过程，在确认注销成功后关机。这时再按车次功能号即可正常呼叫到该车次的动车组司机。

8）在 GSM–R 模式下 MMI 不显示站名

（1）处理流程。

首先，确认无论线路选择模式为手动还是自动，当前 MMI 显示的线路和区段名称均应该符合当前机车所在的位置。然后，通过启动 CIR 自检确认 GPS 单元通信和 GPS 数据接收都正常。最后，确认能否查询到 GPS 数据库版本。具体故障处理流程如图 5–32 所示。

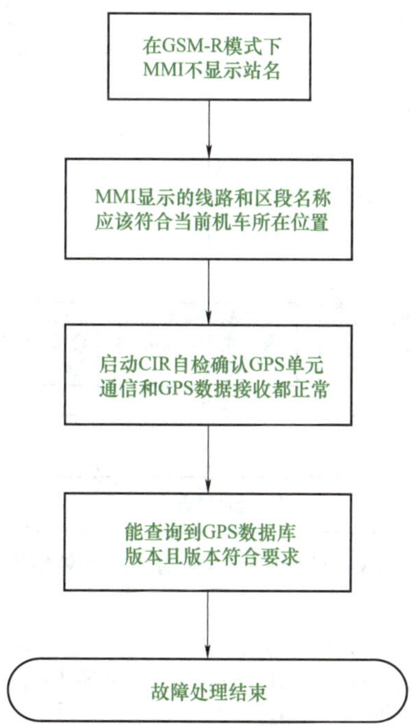

图 5–32　在 GSM–R 模式下 MMI 不显示站名故障处理流程

（2）典型案例。

某 CRH5 型动车组在运行中司机报自动状态下不显站名，因而转为手动使用。进库后发现自检单元正常数据无效，因而怀疑天线不良。由于 CRH5 型动车组蓝信 DMS 设备与 CIR 通过一个 2 分支器共用 GPS 天线，因此甩开分支器将 GPS 天线直接接在 GPS 单元上，故障消除。判断故障是由于蓝信设备 GPS 单元不良影响到 CIR，需通知电务处理。

处理建议：CRH2、CRH5 型动车组蓝信 DMS 设备由于共用 CIR GPS 天线，如发生故障将影响 CIR。

9）450 MHz 语音通信故障

（1）处理流程。

此故障处理方式同 MMI 与主机通信故障处理方式相似，首先通过分别查看两端司机室现象是否一致确定是主机还是 MMI［包括送（受）话器］的问题。如果确定为主机问题，需要再次排除天馈系统的问题，注意在安装合路器时需要将功率级串联于主机与合路器之间，确定故障点后对相应部件进行更换。具体故障处理流程如图 5-33 所示。

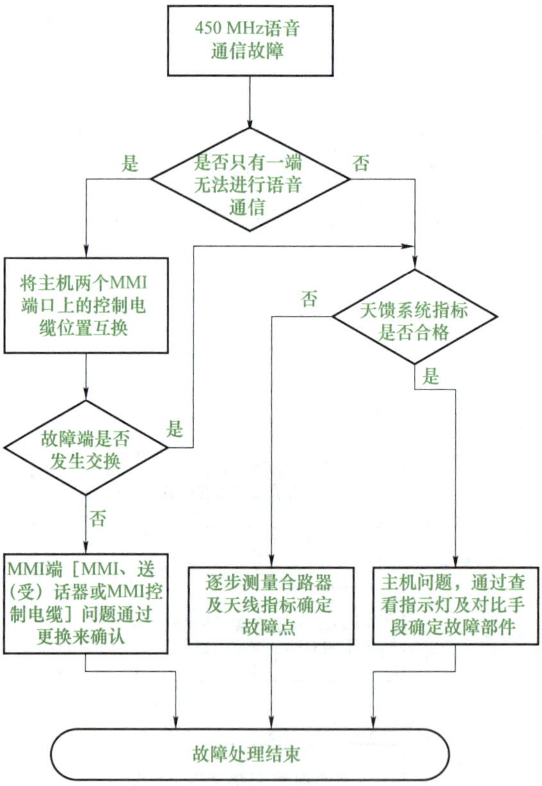

图 5-33　450 MHz 语音通信故障处理流程

（2）典型案例。

故障现象：当 CIR 设备工作在 450 MHz 时，司机与车站通话时车站值班员听不到话音，但列尾工作正常。

处理过程：无线维护人员通过电话指导司机更换送话器、使用副控端 MMI 试验、进行 MMI 断电复位试验、检查 MMI 设置的运行区段均正常，但设备故障依旧，列车运行至前方车站停车时，指导司机关闭 CIR 主机电源后重启，设备恢复正常；列车运行途中再次发生类似故障，司机采取相同措施，设备恢复正常。机车入库后，维护人员对 CIR 设备反复进行试验，设备正常，将设备拆下送至检修工区做进一步检测。在检修工区加电反复进行试验，均未发现问题。与厂方联系并反馈故障现象及信息，厂家分析原因是“死机”造成。

处理建议：在 CIR 运用现场此类故障较多，影响严重，许多设备的入库检查都是正常，因找不到原因只能继续使用。建议厂家优化设备控制软件，提高软件控制能力，减少“死机”现象。

复习思考题

1. CIR 设备具有语音、数据业务、状态信息记录和转储功能并能进行话音回放的模块是什么？
2. CIR 设备提供 GSM-R 语音业务的模块是哪个模块？
3. 记录单元前面板上的转储灯显示什么状态时表示开始转储？
4. CIR 控制记录单元播放话音时，记录单元应按照“后录先放”的方式播放最后几段录音吗？
5. 故障定位常见方法有哪些？
6. CIR 出现加电故障的处理流程是什么？
7. CIR 开机后 MMI 与主机无法通信可能是由什么原因导致？
8. 机车运行中数据模块无法获取 IP 可能是由什么原因导致？
9. 无法接收到调度命令可能是由什么原因导致？
10. 在 450 MHz 工作模式下无法呼叫车站，可能是什么原因？
11. 机车在 450 MHz 工作模式下，运行时查询列尾风压困难，停靠车站时查询风压正常，可能是什么原因？

学习笔记

项目 6 列车防护报警设备与列尾系统的应用

项目导入

作为保障铁路行车安全的重要技术手段，列车防护报警设备与列尾系统在防止列车二次事故、保障铁路沿线人员人身安全和旅客列车行车安全等方面具有突出作用。列车防护报警设备与列尾系统由数据采集编码器（以下简称编码器）、800 MHz 机车电台（以下简称 LBJ）、道口报警设备、施工防护报警设备、列车接近预警器（以下简称预警器）、客车尾部安全防护装置（以下简称 KLW）和专用维护设备（含便携测试台、数据管理器和出入库检测设备）等组成。

列车防护报警设备安装在机车上，是保障行车安全的重要设备，具有列车二次事故防护报警、客车列尾控制和列车接近预警等安全防护功能。机车出入库时，检测人员使用便携测试台和出入库检测设备对 LBJ 进行检测。

思维导图

- 项目6 列车防护报警设备与列尾系统的应用
  - 相关知识
    - 1. 800 MHz机车电台(LBJ)
    - 2. 客车尾部安全防护装置(KLW)
  - 任务实施
    - 任务6.1 列尾操作
    - 任务6.2 列车防护报警(LBJ)操作
  - 知识拓展
    - 1. 道口报警设备
    - 2. 施工防护报警设备
    - 3. 预警器
    - 4. 数据管理器

学习目标

1. 知识目标

- 掌握 LBJ 的设备构成及其主要功能、维护作业标准、流程；
- 了解 KLW 的设备构成及其主要功能。

2. 能力目标

- 能通过 CIR/LBJ 设备各单元面板指示灯显示，了解设备运用状态；
- 能正确连接 CIR/LBJ 设备各部件连接电缆；
- 能操作使用 LBJ；
- 能建立列尾连接关系，查询风压情况。

3. 素质目标

- 养成求真务实的学习态度，具备勤奋严谨的探究精神；
- 培养安全意识；
- 培养严格执行操作规程的职业素养。

知识链接

1. 800 MHz 机车电台（LBJ）

1）设备构成

LBJ 由电源单元、控制单元、电池控制板、电磁兼容板、信道机、备用电池电源、防震架、数据电缆、电源电缆及天馈线组成。LBJ 设备构成如图 6-1 所示。

LBJ 的设备构成和主要功能

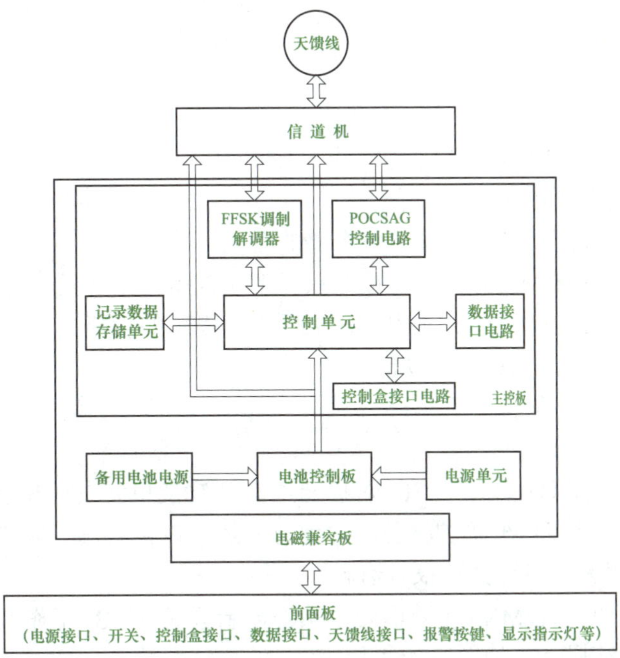

图 6-1　LBJ 设备构成框图

LBJ 的使用方式共两种：一种是 LBJ 和司机控制盒配套使用，如图 6-2 所示；另一种是 LBJ 和 CIR 配套使用，如图 6-3 所示。这两种使用方式均能实现相同的功能。在现有已安装 CIR 的机车上可以通过改造 CIR 实现和 LBJ 的配套使用，这样既可以减少司机的烦琐操作，又可以节约成本。当 LBJ 和 CIR 配套使用时，操作显示终端更加直观，在此主要介绍 CIR 和 LBJ 的配套使用。

图 6-2　LBJ 和司机控制盒配套使用

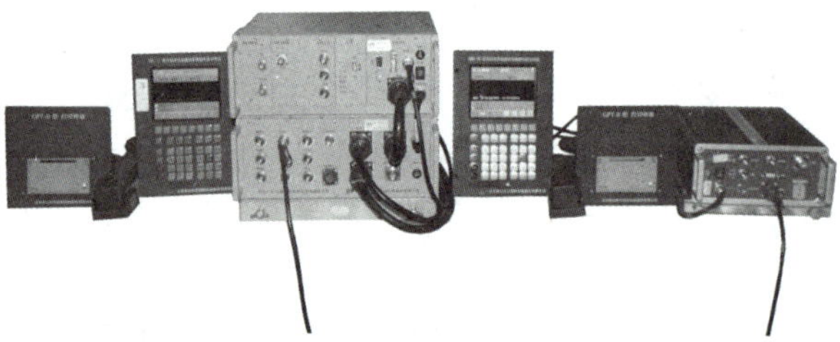

图 6-3　LBJ 和 CIR 配套使用

2）主要功能

（1）LBJ 具有向尾部装置查询风压和控制尾部装置排风制动的功能。

（2）LBJ 具有发送和接收列车事故报警信息并发出声光提示的功能。

（3）LBJ 具有接收道口事故报警信息和施工防护报警信息并发出声光提示的功能。

（4）LBJ 具有发送列车接近预警信息的功能。

（5）LBJ 具有记录的功能。

（6）方便专用维护设备对 LBJ 进行出入库检测。

（7）LBJ 具有和 CIR 整合的功能。

（8）LBJ 具有发送和接收列车事故报警的功能。

（9）LBJ 具有连接和拆除列尾连接关系、手动查询列尾风压、列尾风压动态显示、辅助排风制动、风压自动提示、供电电压欠压自动提示的功能。

（10）LBJ 具有出入库检测的功能。

3）主要工作过程

LBJ 的主要工作过程

（1）列车防护报警。

当 CIR 与 LBJ 配套使用时，CIR 可以通过 LBJ 功能单元发送和接收列车防护报警信息和列车防护报警解除信息，还可以接收施工防护报警信息、道口报警信息等其他报警信息。

① CIR 开机加电后，MMI 主界面安全预警显示区显示 LBJ 工作状态指示图标和“LBJ 已连接”字符提示，如图 6-4 所示。

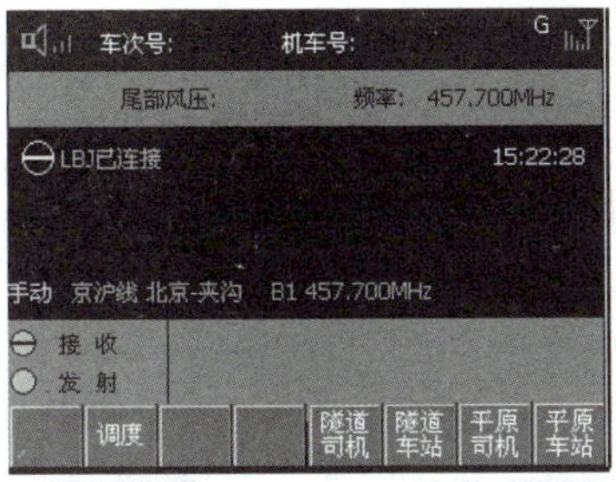

图 6-4　报警主界面

其中，LBJ 工作状态指示图标的上半圆表示 LBJ 发送报警信息状态，下半圆表示接收报警信息状态。LBJ 工作状态指示图标表示含义如下：

a）两个黄色的半空心圆表示 LBJ 未发送过列车防护报警信息，也未接收过报警信息；

b）一个黄色的上半实心圆和一个黄色的下半空心圆表示 LBJ 已发送过列车防护报警信息，未接收过报警信息；

c）一个黄色的上半空心圆和一个黄色的下半实心圆表示 LBJ 未发送过列车防护报警信息，但已接收过报警信息；

d）黄色的实心圆表示 LBJ 已发送过列车防护报警信息，也接收过报警信息。

② 如果 CIR 未连接 LBJ（或 LBJ 故障），MMI 主界面安全预警显示区显示“LBJ 未连接”字符提示，如图 6-5 所示。

③ 如果 LBJ 列车防护报警功能关闭，MMI 主界面安全预警显示区显示“报警功能已关闭”字符提示，如图 6-6 所示。

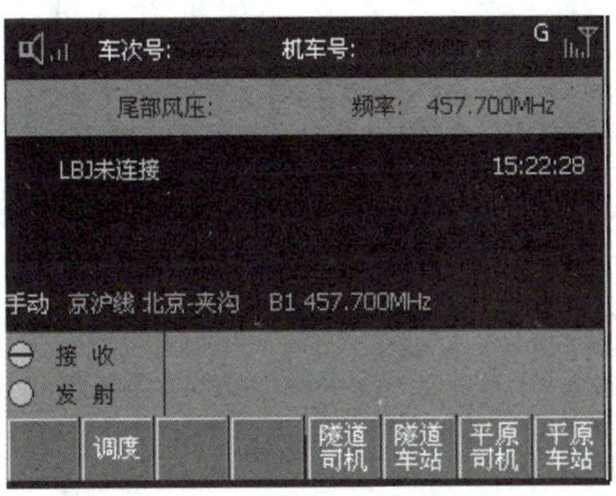

图 6-5　LBJ 未连接界面

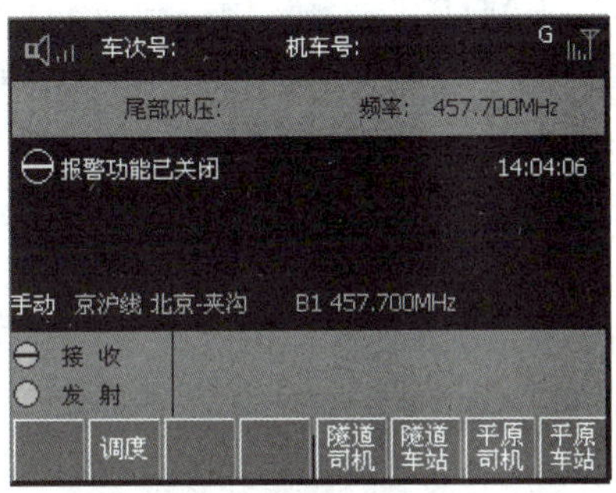

图 6-6　LBJ 报警功能已关闭界面

设备处于报警功能关闭状态后，LBJ 不再接收防护报警信息，也不能发送列车防护报警信息。

（2）发送列车防护报警信息。

① 通过 MMI 面板按键启动发送。

a）按下 MMI 面板中的“报警”键并持续 3 s 以上，发出“按确认键发送报警信息”的语音提示，同时 MMI 主界面安全预警显示区显示“按‘确认’键发送报警信息，按‘退出’键返回”和 8 s 倒计时提示信息，如图 6-7 所示。

b）在随后的 8 s 时间内，继续按下“确认/签收”键，LBJ 开始发送列车防护报警信息。在 8 s 时间内如不按下“确认/签收”键，当 8 s 倒计时结束时，提示信息清除，退出发送报警启动状态。按“退出”键，直接退出发送报警启动状态。

列车防护报警信息每 5～10 s（随机）发送一次，同时 MMI 发出间歇的蜂鸣音，主界面安全预警显示区 LBJ 工作状态指示灯（红色实心圆）每 1 s 闪烁一次，安全预警显示区显示“本车正在发送报警信息！”的红色文字提示信息和“再次按下‘报警’键 3 秒后解除报警”的黄色文字提示信息，如图 6-8 所示。

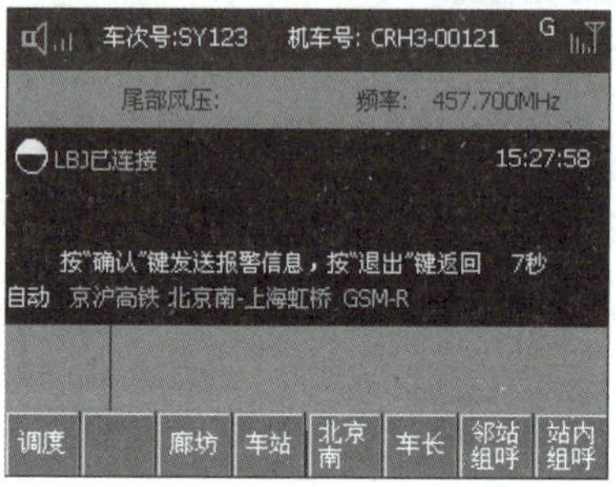

图 6-7 持续按报警键 3 s 后状态显示界面

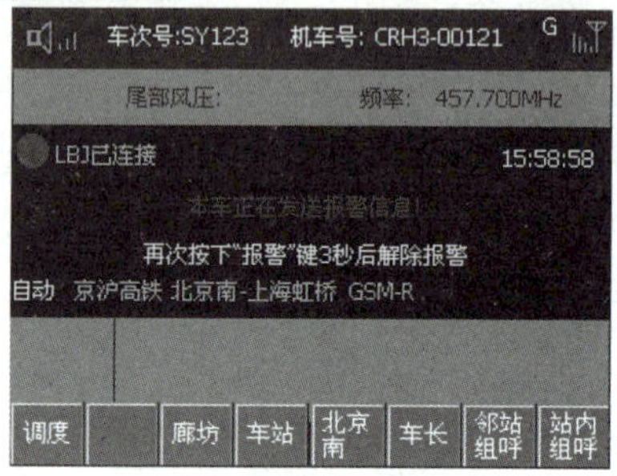

图 6-8 正在发送报警信息界面

LBJ 通过 TAX 装置或动车组 DMS 设备获取列车速度信息，当列车当前速度为 0 时（列车处于停车状态），LBJ 启动发送列车防护报警信息；当列车当前速度不为 0 时（列车处于运行状态），LBJ 向 MMI 回送无法启动防护报警的信息，MMI 安全预警显示区显示“非停车状态下禁止发送防护报警信息！”提示信息，如图 6-9 所示。提示信息显示 5 s 后自动清除。

② 通过主机按键启动发送。

a）在 MMI“报警”键失效或紧急情况下，可持续按压 CIR 主机面板（或 LBJ 主机面板）的“报警”键约 3 s 启动发送报警信息。

b）按下“报警”键 3 s 后，“报警”键指示灯变为长亮。

c）松开“报警”键，如果列车处于停车状态，LBJ 将发送列车防护报警信息。

当主机报警按键启动发送防护报警信息时，主机面板报警按键指示灯每 1 s 闪亮一次，同时 MMI 发出间歇的蜂鸣音，主界面安全预警显示区的 LBJ 工作状态指示灯（红色实心圆）每 1 s 闪烁一次，并显示“本车正在发送报警信息！”红色文字提示信息和“再次按下主机‘报警’键 3 秒后解除报警”黄色文字提示信息，如图 6-10 所示。

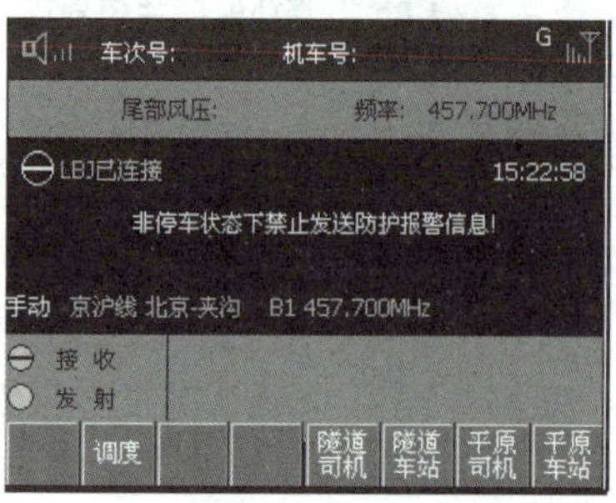

图 6-9 非停车状态下禁止发送防护报警信息界面

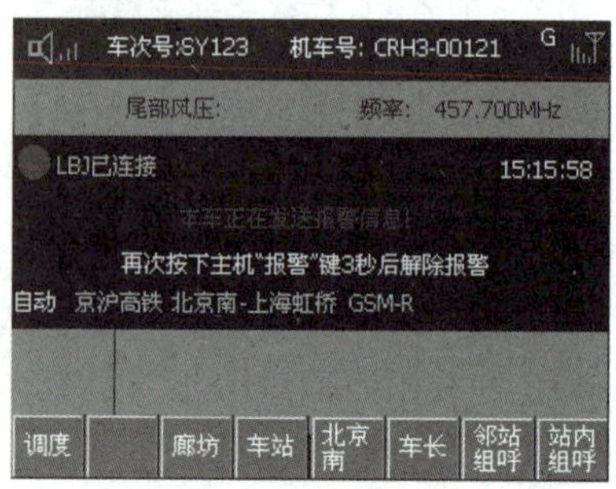

图 6-10 发送防护报警信息时状态显示界面

（3）解除列车防护报警信息。

① 通过 MMI“报警”键解除。

当发送列车防护报警信息时，再次按下主控端 MMI 的“报警”键（持续 3 s）后，LBJ 发出列车防护报警解除信息。MMI 发出 5 s 连续蜂鸣提示音，主界面安全预警显示区显示“列车防护报警已解除！”红色字体提示信息，同时 LBJ 工作状态指示灯（红色实心圆）连续闪烁 5 s，如图 6–11 所示。5 s 后 MMI 蜂鸣提示音停止，提示信息清除，LBJ 工作状态指示灯由红色（实心圆）变为黄色（上半实心圆）。

② 通过主机面板“报警”键解除。

持续按下主机面板“报警”键约 3 s，报警按键指示灯由闪亮变为长亮。松开“报警”键后，LBJ 发出列车防护报警解除信息，同时报警按键指示灯熄灭。MMI 发出 5 s 连续蜂鸣提示音，主界面安全预警显示区显示“列车防护报警已解除！”红色字体提示信息，同时 LBJ 工作状态指示灯（红色实心圆）持续闪烁 5 s，参见图 6–11。5 s 后 MMI 停止蜂鸣提示音，清除提示信息，LBJ 工作状态指示灯由红色（实心圆）变为黄色（上半实心圆）。

③ 列车移动后自动解除列车防护报警。

当发送列车防护报警信息时，如果 LBJ 通过 TAX 装置（或 DMS 设备）获取到有效的速度信息，当速度值大于 5 km/h、连续时间大于 30 s 时，LBJ 自动停发防护报警信息（不发送列车防护报警解除信息）。MMI 停止发出蜂鸣提示音，MMI 主界面安全预警显示区显示并语音提示“注意！列车移动，报警自动解除！”，如图 6–12 所示。提示信息在 5 s 后自动清除，LBJ 工作状态指示灯由红色（实心圆）变为黄色（上半实心圆）。

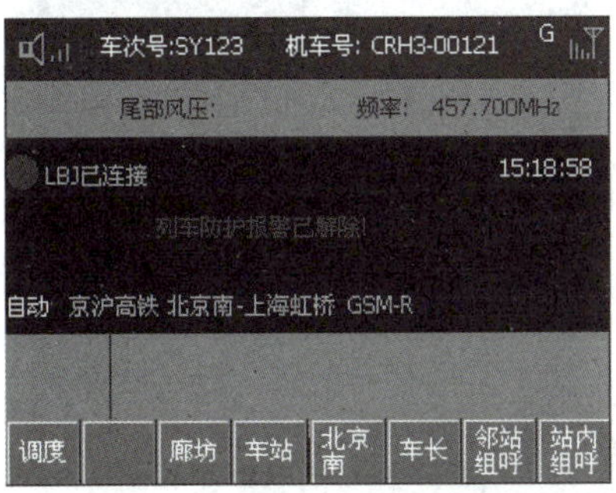

图 6–11　列车防护报警解除界面

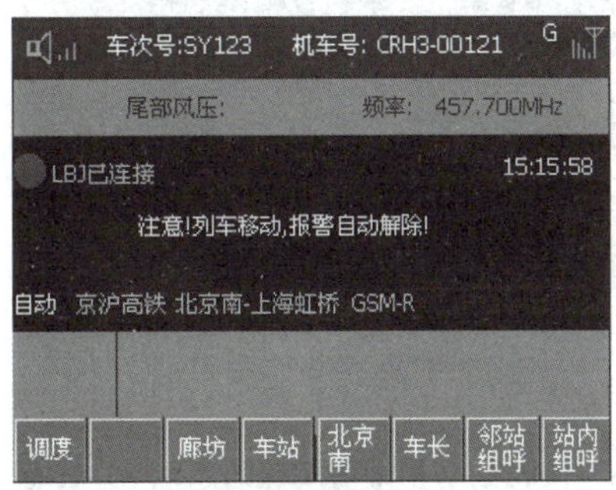

图 6–12　列车移动报警自动解除状态显示界面

由 CIR 或 LBJ 主机面板报警按键触发的报警，只能通过 CIR 或 LBJ 主机面板的“报警”键解除。而由 MMI 报警按键触发的报警，既可通过处于主控状态 MMI 的“报警”键解除报警，也可通过 CIR 或 LBJ 主机面板的“报警”键解除报警。

（4）接收列车防护报警信息。

当 CIR 接收到列车防护报警信息时，MMI 每隔 5 s 发出语音提示，主界面安全预警显示区 LBJ 工作状态指示灯（黄色上半空心圆+黄色下半实心圆）每 1 s 闪烁一次，并显示红色字体提示信息，如图 6–13 所示。

如果按下 MMI“确认/签收”键，对接收的报警信息进行确认，则提示语音停止，主界面安全预警显示区显示报警提示信息由红色变为黄色，并标记“……已确认！”文字提示。LBJ 工作状态指示灯变为黄色长亮（下半实心圆），如图 6–14 所示。

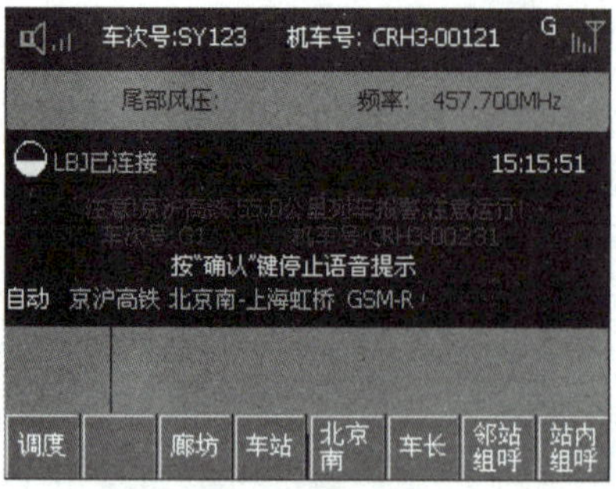

图 6-13 收到列车防护报警信息后 MMI 显示界面

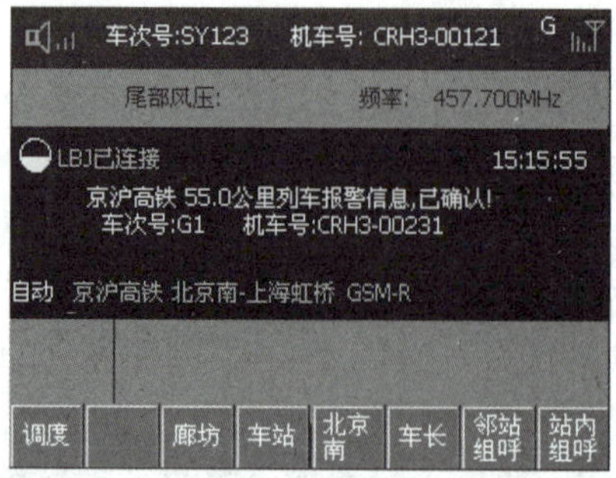

图 6-14 报警信息已确认后 MMI 显示界面

（5）接收列车防护报警解除信息。

当 CIR 接收到列车防护报警信息时，MMI 发出 2 次语音提示。MMI 主界面安全预警显示区显示红色字体的报警解除提示信息，如图 6-15 所示。语音提示结束后，主界面安全预警显示区显示的提示信息自动清除，LBJ 工作状态指示灯变为黄色长亮（下半实心圆）。

CIR 接收到施工防护报警信息、道口报警信息时的处理方法与列车防护报警相同。

（6）查询列车防护报警信息。

按下 MMI 的“查询”键，进入查询界面。移动光标选择查询发送或接收的报警信息，然后按下“确认/签收”键，如图 6-16 所示。

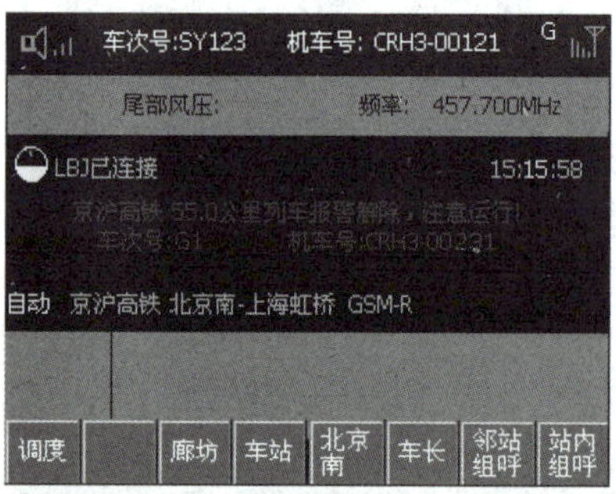

图 6-15 接收到防护报警解除信息后 MMI 显示界面

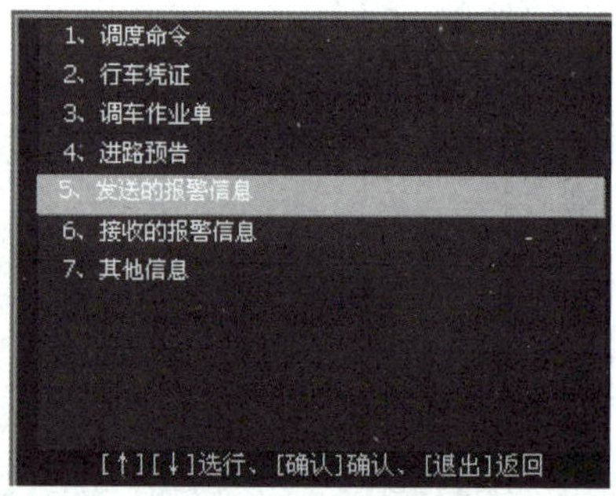

图 6-16 信息查询界面

MMI 显示屏显示已接收或已发送的报警信息列表，如图 6-17 所示。将光标移动到要查看的条目上按“确认/签收”键查看报警信息的具体内容，如图 6-18 所示。

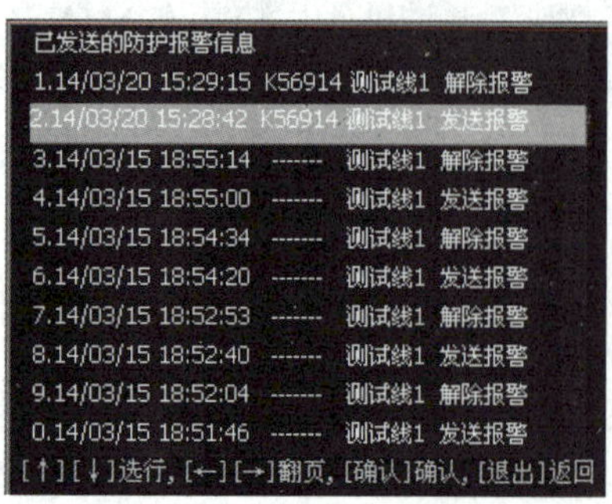

图 6-17 已发送的报警信息显示界面

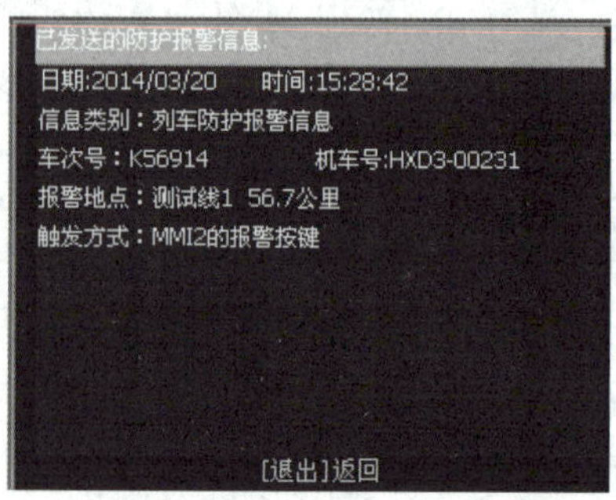

图 6-18 已发送的报警信息内容显示界面

（7）出入库检测功能。

在“LBJ 出入库检测”项选择 LBJ 出入库检测项，如图 6–19 所示。测试步骤如下。

① 选择正确的库检设备编号后，发送 LBJ 出入库检测请求。

② 库检设备收到出入库检测请求信息后，提取其中的机车号和机车端号，并以此向 LBJ 发送列车防护报警试验信息，试验信息中车次号采用“KJ99998”，公里标采用 FFFFFFH。

③ LBJ 收到列车防护报警试验信息后，如果报警试验信息中的机车号和机车端号与 LBJ 存储的一致，则 LBJ 向 MMI 转发防护报警试验信息，MMI 每间隔 5 s 发出一次语音提示：“注意，收到列车报警试验信息，请确认”，MMI 主机界面安全预警显示区工作状态指示灯（黄色下半实心圆）每 1 s 闪烁一次，并用红色字体显示“注意！列车报警试验，请确认！”，用黄色字体显示“请按‘确认’键”并显示 60 s 倒计时，如图 6–20 所示。

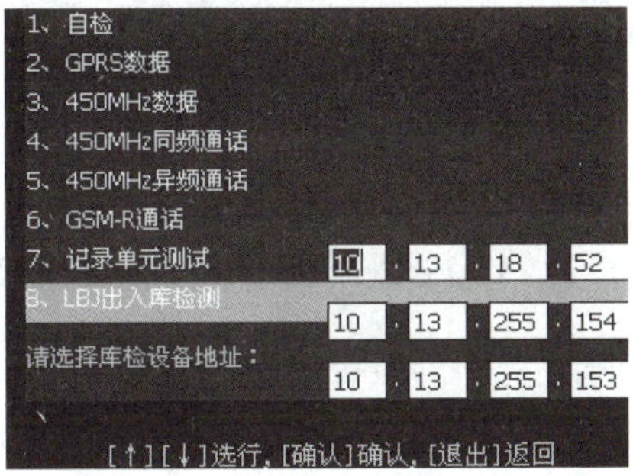

图 6–19　LBJ 出入库检测选择界面

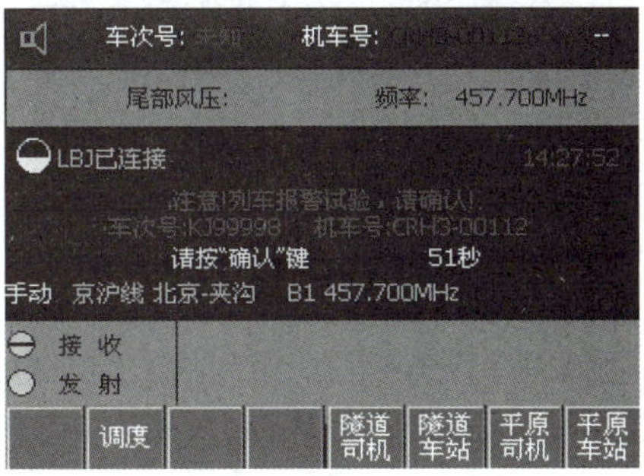

图 6–20　LBJ 报警试验界面

④ 按“确认/签收”键后，LBJ 向库检台发送报警试验确认信息，MMI 停止语音提示，报警信息内容变为黄色字体，状态指示灯停止闪烁，如图 6–21 所示。

如果未按“确认/签收”键，则当 60 s 倒计时结束时，自动清除报警试验状态，停止语音提示。

⑤ 库检设备收到 LBJ 防护报警试验确认信息后，向 LBJ 发送出入库检测启动命令。LBJ 接收到出入库检测命令后进入出入库检测状态，并向 MMI 发送当前状态信息。MMI 显示按键提示信息，并显示 120 s 倒计时，同时每隔 5 s 发出一次语音提示“请按键试验！”，如图 6–22 所示。

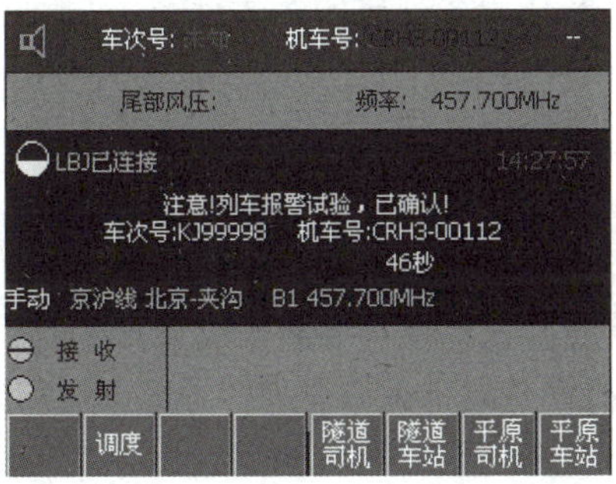

图 6–21　LBJ 报警试验界面确认界面

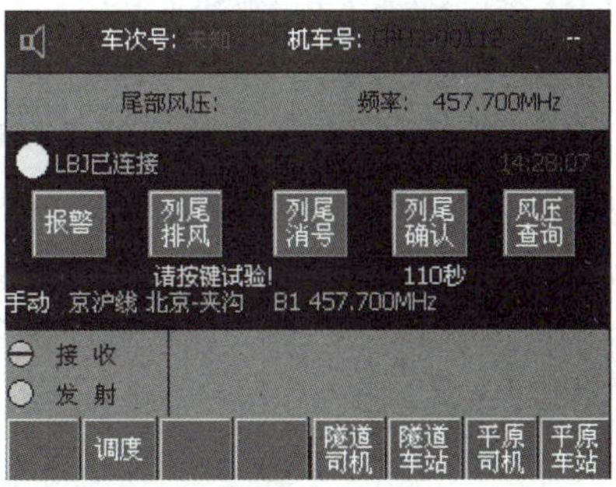

图 6–22　LBJ 按键试验界面

⑥ 当按下“报警”“列尾排风”“列尾消号”“列尾确认”“风压查询”键时，如果按键有效，屏幕上对应的按键变为灰色显示，否则保持蓝色显示，如图 6-23 所示。

⑦ 同时 MMI 向 LBJ 发送按键信息，LBJ 收到 5 个按键信息后，MMI 停止语音提示并清除“请按键试验！”及倒计时文字显示，同时 LBJ 以无线方式向库检设备发送一帧按键试验信息、一帧列车防护报警试验信息（采用 CIR 预置的机车号和库检试验时设置的虚拟车次号）和一帧列车接近预警试验信息，库检设备通过 LBJ 的报警信息通道向 CIR 回送 LBJ 出入库检测结果信息，MMI 显示出入库检测结果信息，如图 6-24 所示，并停止声光提示，LBJ 退出检测状态。

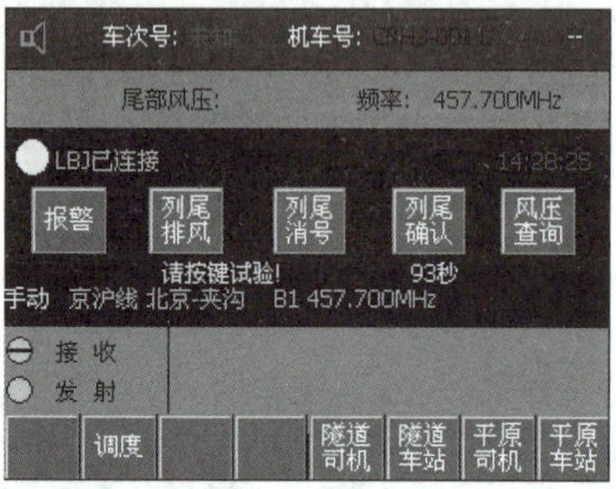

图 6-23　LBJ 按键已按下界面

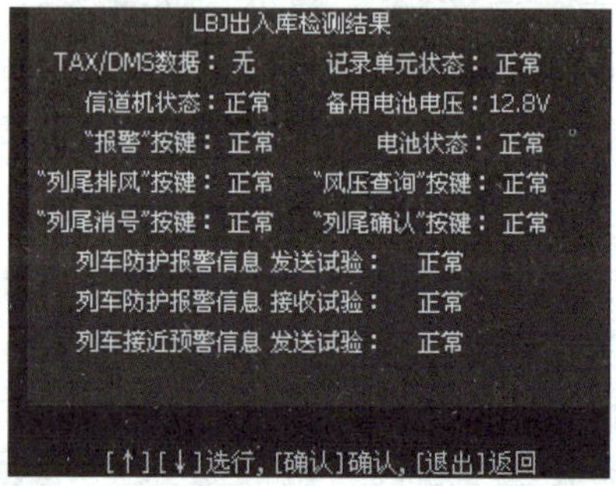

图 6-24　LBJ 出入库检测结果信息显示界面

如果 LBJ 进入出库检测状态后 120 s 内，未收到完整的按键信息，当 120 s 倒计时结束时，MMI 清除主界面安全预警显示区按键提示信息，LBJ 自动以无线方式向出入库检测设备发送一帧按键试验信息、一帧报警试验信息、一帧列车接近预警试验信息，库检设备通过 LBJ 的报警信息通道向 CIR 回送 LBJ 出入库检测结果信息，MMI 显示检测结果信息，并停止声光提示，LBJ 退出检测状态。检测结果信息显示 30 s 后，未按“退出”键则自动返回主界面。

如果 LBJ 发送按键试验信息、报警试验信息和列车接近预警试验信息后，10 s 内未收到库检设备回送的 LBJ 出入库检测结果信息，则重发一帧按键试验信息、一帧报警试验信息、一帧列车接近预警试验信息，重发不超过两次。若重发两次后仍未收到库检设备回送的出入库检测结果信息，LBJ 退出库检状态并向 CIR 回送 LBJ 出入检测失败信息，MMI 主界面安全预警显示区显示“LBJ 出入库检测失败！”，显示 10 s 后自动清除。

LBJ 在进行出入库检测试验时，不接收处理报警和客列尾的相关信息。

（8）LBJ 记录读取和分析功能。

LBJ 已发送过列车防护报警信息、接收过列车防护报警信息或以上两种情况都发生过后，启用电子铅封，状态指示灯长亮，即使 LBJ 重启，状态指示灯仍保持长亮状态，提示维护人员读取报警记录信息。在维护人员使用数据管理器读取报警记录信息后，LBJ 的状态显示灯自动熄灭，LBJ 工作状态提示恢复正常状态。在数据管理器把记录信息转存至出入库检测设备后，出入库检测设备能按照车次号、机车号对记录信息进行分类查询和分析。

（9）LBJ 备用电池电源供电功能。

机车直流供电电源意外中断后，LBJ 能够自动切换到备用电池电源并向 MMI 发出

"注意，LBJ 三分钟后关机"提示语音。如果 LBJ 当前没有发送报警并且在 3 min 内没有任何装置触发 LBJ 发送报警信息，则 LBJ 自动关机，否则 LBJ 不关机，并继续使用备用电池电源供电保持报警。

（10）LBJ 发送接近预警信息功能。

LBJ 的接近预警功能能够通过维护设备配置为开启或关闭状态。

（11）LBJ 自检测试功能。

当 CIR 进行自检时，向 LBJ 发送自检请求。LBJ 收到请求后进行自检并向 CIR 返回自检结果。自检结果包括 TAX 箱连接状态、记录单元状态、信道机状态和电池电压。

（12）LBJ 意外重启。

LBJ 记录断电前列尾连接状态和列车防护报警状态。LBJ 整机断电重新启动后，LBJ 查询断电前的状态，如果正在发送报警信息，保持发送报警状态，MMI 发出声光提示，直到解除报警。如果断电前为列尾已连接状态，MMI 发出"列尾装置通信失效"提示音。LBJ 每隔 25～30 s 随机自动向 KLW 发送风压查询命令信息，直至重新接收到风压信息后，MMI 才恢复正常的声光提示。

4）主要技术要求

（1）电源要求。

① LBJ 选配的电源单元能满足不同类型机车（含动车组、大型养路机械和轨道车等自轮运转设备）电源（蓄电池）供电条件，标称（额定）电压（U_n）为 DC 24 V、DC 48 V、DC 72 V、DC 96 V 或 DC 110 V。

② LBJ 适应的供电条件如下：

- 最低工作电压为 $0.7U_n$，最高工作电压为 $1.25U_n$；
- $0.6U_n$～$1.4U_n$（电压波动不大于 0.1 s），不应引起整机功能异常；
- $1.25U_n$～$1.4U_n$（电压波动不大于 1 s），不应引起损坏，允许整机功能降级。

③ LBJ 整机功耗应不大于 75 W。

④ LBJ 备用电池电源额定电压为 DC 12 V，电池电源容量应不低于 2 A·h，并能保证 LBJ 连续工作 30 min 以上。充电电压为 DC 13.8 V，充电方式采用浮充。

（2）天馈线要求。

① 一般要求。

工作频率范围：815～875 MHz。

天线端标准阻抗：50 Ω。

极化方向：垂直极化。

LBJ 的主要技术要求

② LBJ 天馈线要求。

电压驻波比（VSWR）：≤1.5。

最大承载输出功率：≥30 W。

天线增益：≥0 dB（全向）。

馈线衰耗：≤1.5 dB。

馈线弯曲半径：≤5 倍馈线外径。

（3）工作环境要求和试验方法。

工作环境要求和试验方法见表 6-1。

表 6-1　工作环境要求和试验方法

<table>
<tr><th>类别</th><th>道口报警设备</th><th>预警器</th><th>施工防护报警设备</th><th>LBJ</th></tr>
<tr><td>工作温度</td><td colspan="3">−10～55 ℃（A 类）
−25～55 ℃（B 类）</td><td>−25～65 ℃</td></tr>
<tr><td>存储温度</td><td colspan="4">−40 ～70 ℃</td></tr>
<tr><td>相对湿度</td><td colspan="4">95%（40 ℃）</td></tr>
<tr><td>振动</td><td>10 ～30 Hz，0.38 mm
30 ～55 Hz，0.19 mm</td><td>—</td><td colspan="2">10～30 Hz，0.75 mm
30～55 Hz，0.25 mm</td></tr>
<tr><td>振动方向</td><td>正常工作方向</td><td>—</td><td colspan="2">3 个方向</td></tr>
<tr><td>冲击</td><td colspan="2">6g，18 ms</td><td colspan="2">35g，18 ms</td></tr>
<tr><td>跌落</td><td>—</td><td>距光滑水泥地面
1.2 m 自由跌落 6 次</td><td colspan="2">—</td></tr>
<tr><td>海拔高度</td><td colspan="4">适用于 3 000 m 以下</td></tr>
</table>

注：1. A 类指标指设备的通用标准，B 类指标指设备用于特定环境条件下的技术要求；

2. g 表示重力加速度；

3. 在高原、高寒、高温等恶劣环境下使用时，使用本标准的各方可另行规定。

（4）可靠性要求。

LBJ 平均无故障时间应不小于 30 000 h，各部按键能使用 30 万次以上，正常使用时备用电池寿命应不低于 2 年。

（5）安全要求。

应符合相关标准中的有关规定。

（6）电缆要求。

① LBJ 各部电缆的基本技术要求、物理机械性能、电性能和安全性能应符合有关规定。

② 连接电缆具有与插座对应的标识。

（7）电磁兼容特性要求。

① LBJ 和 KLW 电磁兼容性能应符合相关标准的规定。

② 其他设备电磁兼容性能应符合相关标准的规定。

（8）结构要求。

结构设计应确保设备性能稳定可靠，并做到构件坚固、造型优美、色彩协调、操作方便和安全，使用标准简体汉字。各类设备应有铭牌标明制造厂的名称或商标、型号和制造序号。

2. 客车尾部安全防护装置（KLW）

1）设备构成

KLW 由主机和天馈线构成。主机包含外壳、控制单元、记录单元、数码管单元、电磁阀、风压传感器、风管、电源单元、电源电缆、信道机、转接馈线和挂接插槽等。KLW 设备构成如图 6-25 所示，图 6-26 为 KLW 主机示意图。KLW 过渡式列尾主机挂接在尾部边灯处，固定式列尾主机安装在车辆内部。采用车辆 48 V 供电，没有电池，图 6-27 为安装在车辆内部的固定式列尾主机。

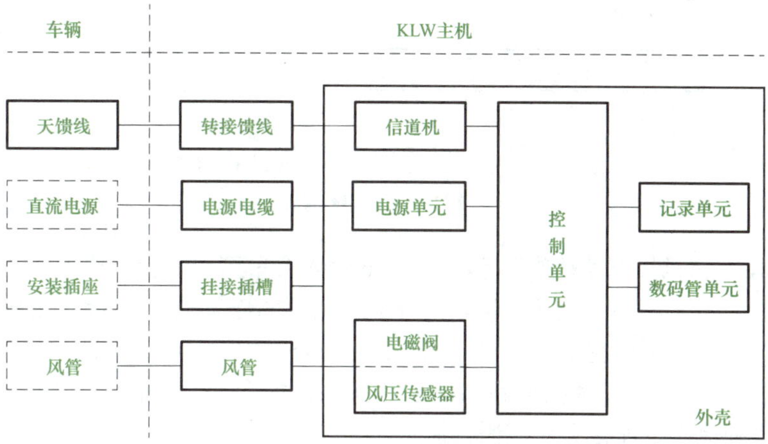

图 6-25　KLW 设备构成图

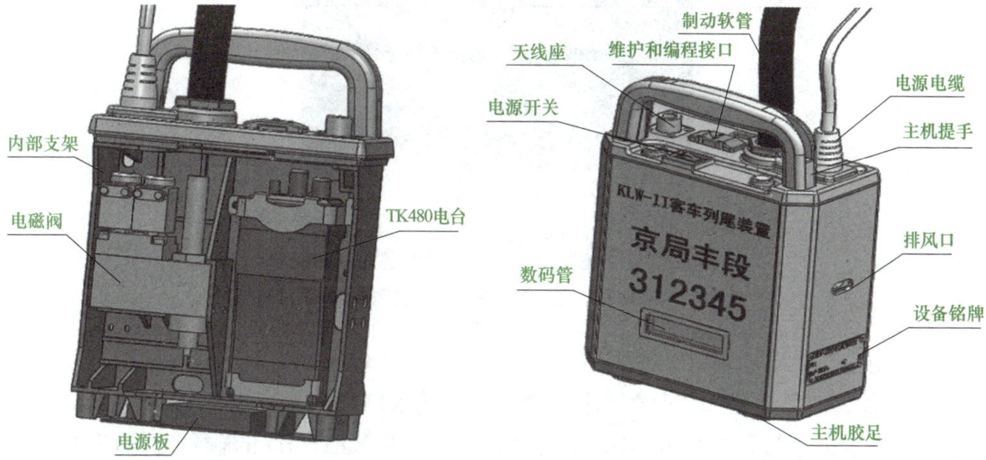

图 6-26　KLW 主机示意图

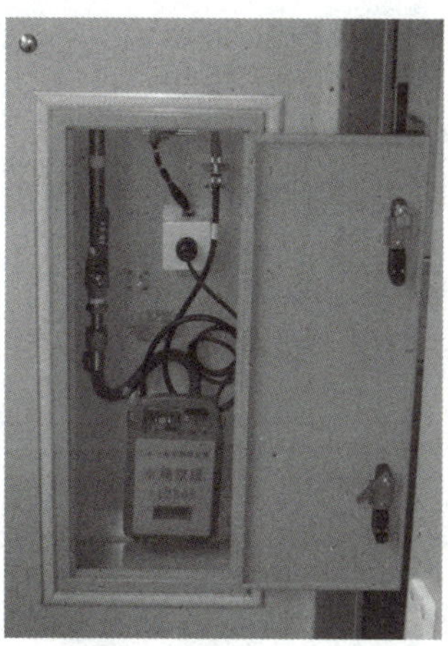

图 6-27　安装在车辆内部的固定式列尾主机

每一个 KLW 主机都有一个永久标识的 ID 号（简称 KLW ID）。KLW ID 在铁路管辖范围内是唯一的，按照国铁集团统一要求方式编号。KLW ID 由 6 位阿拉伯数字构成，标号方式如图 6–28 所示。

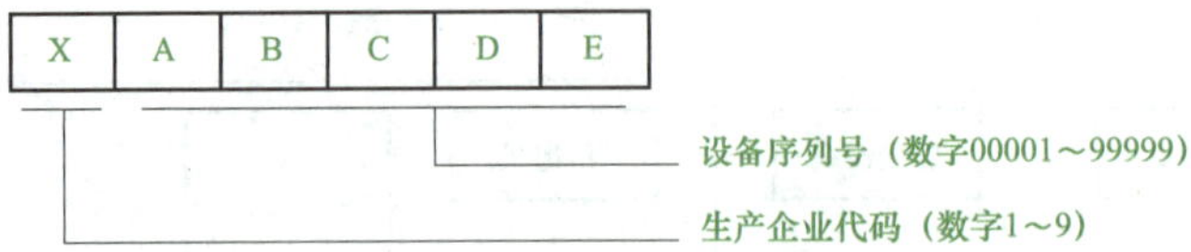

图 6–28　KLW ID 构成图

在 MMI 上司机按下“设置”键，选择“6 输入客车列尾装置 ID”后按“确认”键，输入 6 位列尾 ID 并按下“确认”键，可建立与列尾的连接关系。MMI 发出声音提示：“××××××（列尾装置 ID 号）列尾装置，连接成功”。连接成功后 MMI 主界面显示列尾装置 ID 号、尾部风压值和列尾连接状态，如图 6–29 所示；如果连接不成功，MMI 发出“列尾装置连接失败”语音提示。

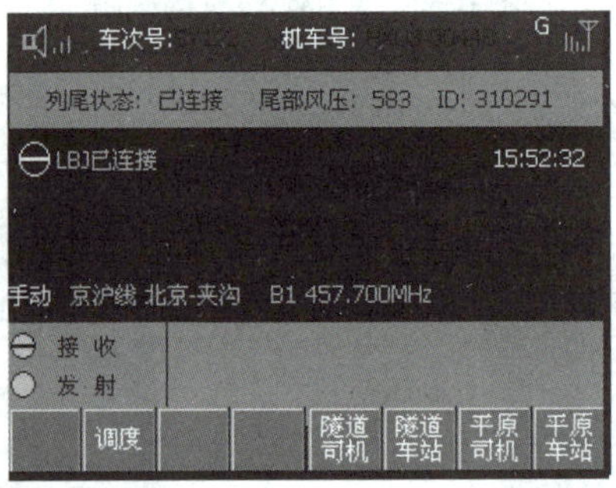

图 6–29　建立客车列尾连接关系

在 MMI 上输入 KLW ID 并按下“确认”键，LBJ 向 KLW 发送包含机车号和 KLW ID 的输号命令信息，KLW 对输号命令信息包含的 KLW ID 进行判断，如与本机一致，则存储并显示机车号，同时向 LBJ 发送包含机车号和 KLW ID 的输号应答信息，双方建立连接关系，LBJ 发出声光提示。

2）主要功能

（1）具有列车尾部风压检测和数据上传功能。

（2）具有辅助排风制动功能。

（3）具有风压自动提示和供电电压欠压自动提示功能。

（4）具有状态信息和风压数据存储功能。

3）主要工作过程

（1）建立列尾连接关系。

KLW 开机后自动进入待机状态（不主动发送任何信息）并显示本机的 KLW ID，显示格式为“ID：××××××”。

LBJ 和 KLW 之间以 KLW ID 作为基础进行一对一通信。已经建立列尾连接关系的 KLW 不再响应其他 LBJ 发出的输号命令信息。

KLW 设备构成和主要功能

（2）查询风压。

按下“风压查询”键，LBJ 向 KLW 发送手动风压查询命令信息，KLW 收到后对手动风压查询命令信息中包含的 KLW ID 和机车号进行判断，如与本机一致则向 LBJ 返回风压信息，LBJ 发出声光提示。KLW 返回当前列尾风压数值并显示在 MMI 显示屏上，并发出“××××机车，风压×××”语音提示。

（3）列尾风压动态显示。

LBJ 向 KLW 发送自动风压查询命令信息时，自动查询列尾风压的时间间隔为 120～130 s（随机），KLW 对自动风压查询命令信息中包含的 KLW ID 和机车号进行判断，如与本机一致，则向 LBJ 返回风压信息，MMI 显示屏上动态更新当前风压数据。如果 KLW 连续 5 min 未接收到 LBJ 发送的任何信息，则自动进入待机状态。KLW 处于待机状态时，如果接收到 LBJ 发送的风压查询命令信息、辅助排风制动信息或输号命令信息，即对信息中包含的 KLW ID 进行判断，如与本机一致，则向 LBJ 返回相应的应答信息，恢复为连接状态。

如果 5 min 内没有接收到列尾风压信息，LBJ 进入列尾通信连接失效状态，MMI 显示屏列尾状态显示“通信失效”，如图 6-30 所示。MMI 每隔 5 s 发出“列尾装置通信失效”语音提示。按下“列尾/确认”键可以停止语音提示。如果 LBJ 重新接收到列尾风压信息，列尾状态恢复“已连接”显示，同时 MMI 显示尾部风压值。

（4）辅助排风制动。

按下 MMI 上“列尾排风”键，MMI 向 LBJ 发送一次列尾排风制动命令。LBJ 以无线方式向 KLW 连续发送 5 帧排风制动命令，KLW 收到后对排风制动信息中包含的 KLW ID 和机车号进行判断，如与本机一致，则进行辅助排风制动并返回应答信息，LBJ 向 MMI 转发，MMI 发出声光提示“××××机车（机车号），排风”。KLW 一次排风电磁阀开启时间为 30 s，辅助排风制动应触发列车紧急制动。

（5）风压自动提示。

当列车主风管风压低于 560 kPa 时，KLW 每隔 20 s 向 LBJ 发送风压自动提示信息，LBJ 收到后，MMI 显示区的尾部风压值变成红色字样，如图 6-31 所示，并发出“××××机车注意，风压×××”语音提示。按下 MMI 的“列尾确认”键后，LBJ 向 KLW 发送应答信息，KLW 收到后停止发送风压自动提示信息。

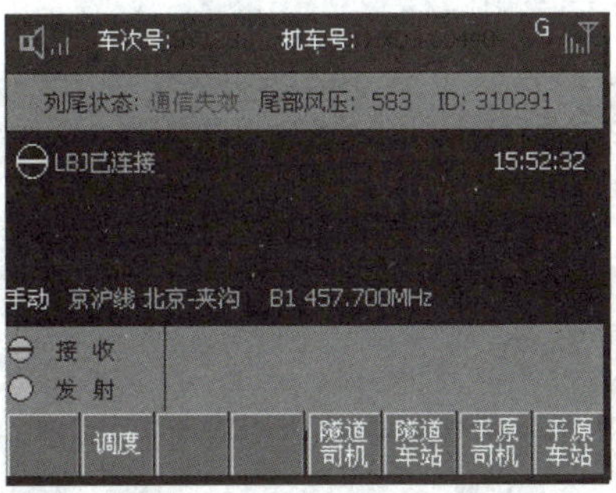

图 6-30　列尾通信失效显示界面

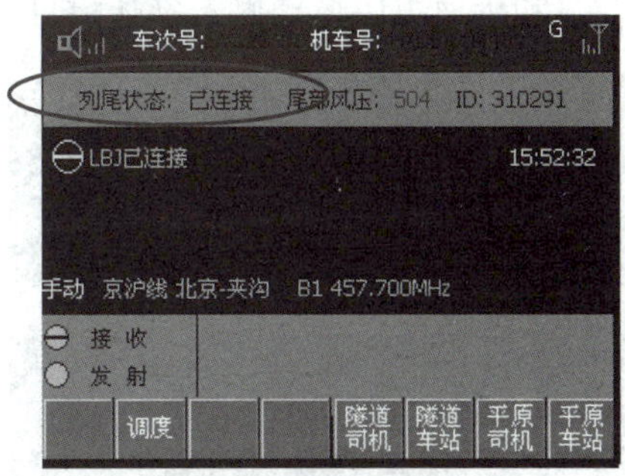

图 6-31　风压自动提示

（6）辅助排风制动。

按下“排风”键，LBJ 向 KLW 连续发送 5 帧排风制动信息，KLW 收到后对排风制动信息中包含的 KLW ID 和机车号进行判断，如与本机一致，则进行辅助排风制动并返回应答信息，LBJ 发出声光提示。KLW 返回应答信息后显示开始排风前的风压值，显示格式为“3P×××”直至排风结束。排风结束后，KLW 显示当前风压值，每秒闪烁 1 次，显示格式为“F×××”，显示 8 s。KLW 一次排风电磁阀开启时间为 30 s，辅助排风制动应触发列车紧急制动。

（7）供电电压欠压自动提示。

当供电电压低于 40 V 时，KLW 每隔 20 s 向 LBJ 发送供电电压欠压自动提示信息，LBJ 收到后，MMI 发出“××××机车，列尾装置电压不足”语音提示，KLW 发送供电电压欠压自动提示信息。按下 MMI 的“确认列尾”键，LBJ 向 KLW 发送应答信息，KLW 收到后停止发送供电电压欠压自动提示信息。

（8）解除连接关系。

在 MMI 输入 6 个 0 后并按下“确认”键，LBJ 向 KLW 发送消号命令信息，解除列尾连接关系并发出提示音。KLW 收到后对消号命令信息包含的 KLW ID 和机车号进行判断，如与本机一致，则进入待机状态，删除存储的机车号并显示本机的 KLW ID。

4）KLW 功能试验

（1）检测人员在设置界面上选择第 6 项“输入客车列尾装置 ID”，输入特殊的 KLW ID（99999×，其中，×取值范围为 0～9），根据库检台配置输入，与 CIR 库检设备模拟的客列尾主机进行通信功能试验，如图 6-32 所示。

KLW 功能试验

（2）与 CIR 库检设备模拟的客车列尾主机建立通信连接后，检测人员应按以下步骤进行 LBJ 与客车列尾通信功能试验。

① 按“风压查询”键，查询列车尾部风压信息；

② 按“列尾排风”键，发送列尾辅助排风命令。

库检设备返回列尾辅助排风应答信息后，每隔 10 s 交替发送一包模拟的尾部风压欠压自动提示信息和一包模拟的供电电压欠压自动提示信息，每类信息最多发送不超过 3 次，检测人员均应按“列尾确认”键进行确认。库检设备收到风压欠压自动提示确认信息和供电电压自动提示确认信息后，停止发送相应信息，如图 6-33 所示。

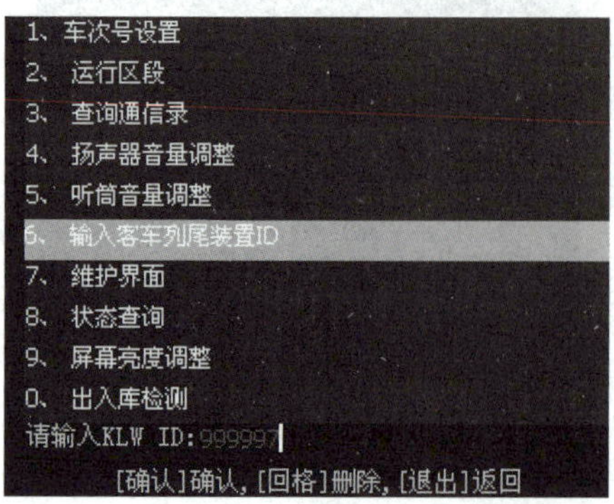

图 6-32　KLW 功能试验 ID 号输入界面

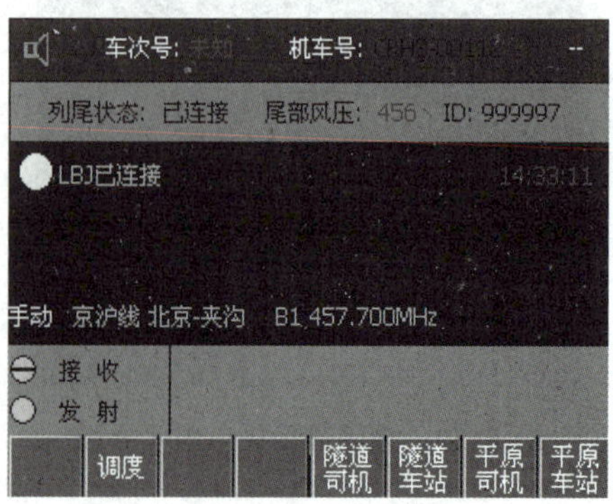

图 6-33　KLW 功能试验界面

（3）按“列尾消号”键 3 s 以上，发送列尾消号命令，LBJ 与库检设备解除连接关系。

（4）库检设备对客车列尾功能试验进行存储和判断，收到“风压查询”“列尾排风”“风压欠压自动提示确认”“供电电压欠压自动提示确认”信息即判定为 LBJ 客车列尾功能试验正常。

（5）库检设备模拟的客车列尾主机与 CIR 建立通信连接后，默认 3 min（参数可设置）未收到列尾消号命令，应自动解除连接关系。

5）主要技术要求

（1）一般要求。

① 风压反馈准确度：±1%。

② 有效排风口直径：≥9 mm。

③ 整机重量：≤7 kg。

（2）天馈线要求。

① 天馈线由天线、馈线和馈线转接插座组成。

② 工作频率范围：815～875 MHz。

③ 天线端标准阻抗：50 Ω。

④ 天线极化方向：垂直极化。

⑤ 天线最大承载输出功率：≥30 W。

⑥ 天线增益：≥0（全向）。

⑦ 天线接口为 N 型孔式插座。

⑧ 电压驻波比（VSWR）：≤1.5。

⑨ 馈线衰耗：≤2 dB。

⑩ 馈线弯曲半径：≤5 倍馈线外径。

⑪ 馈线两侧均为 N 型针式插头。

⑫ 馈线转接插座两侧均为 N 型孔式插座。

⑬ 采用 I 型（椭圆形）天线和方形底座。

（3）环境要求。

正常使用条件如下。

① 海拔高度：≤2 500 m。

② 环境温度：机车车辆外界环境温度为-30～+55 ℃，内部空气温度为-25～+45 ℃。

③ 相对湿度：温度保持 30 ℃不变时，相对湿度≤95%（RH）。

（4）振动和冲击要求。

在正常安装方式下，能承受使用时的振动和冲击而无损坏或故障。

振动试验条件应符合表 6-2 中的规定，r.m.s（m/s^2）表示在振动频率范围内，某一参考点的加速度方均根值。冲击试验条件按表 6-3 规定。冲击脉冲波形为半正弦波形，要求对试验设备施加 18 次冲击（在垂向、横向、纵向 3 个正交平面正、反向各 3 次）。

表 6-2　振动试验严酷等级和频率范围

类别	取向	r.m.s/（m/s^2，试验 5 h）	频率范围/Hz
B 级车体安装	垂向	7.90	5～150
	横向	3.50	
	纵向	5.50	

表 6-3　冲击试验严酷等级、脉冲波形和方向

类别	取向	峰值加速度/（m/s^2）	标称持续时间/ms
A 级和 B 级车体安装	垂向	30	30
	横向	30	30
	纵向	50	30

（5）电源要求。

采用车辆直流供电电源，标称电压为 DC 48 V，波动范围 36～72 V，正常工作时整机功耗不大于 30 W。

（6）可靠性要求。

① 正常使用条件下，电磁阀和压力传感器使用寿命应不低于 2.5 年；

② 设备整机（电磁阀和压力传感器除外）使用寿命应不低于 5 年。

（7）记录要求。

具有状态信息存储功能和动态风压数据存储功能，列车主风管风压变化超过 10 kPa 时自动进行存储，存储时间不少于 120 h，采用循环覆盖存储方式。

6）设备接口

（1）外部接口。

① 维护和编程接口。

接插件采用 15 芯孔型插座，型号为 D-Sub，插孔分为 3 排，每排 5 芯，引脚定义见表 6-4。

表 6-4　维护和编程接口引脚定义

引脚号	定义	说明
1	RXD	KLW 主机 RS232 数据接收
2	TXD	KLW 主机 RS232 数据发送
3	GND	地
4	AF	信道机音频输出，1.2 kHz 调制信号，3 kHz 频偏时电平有效值为（500±10）mV，输出阻抗≤200 Ω
5	CON	KLW 主机发射测试控发信号，低电平有效，其中，ON：<0.3 V，OFF：高阻。控发信号有效时，KLW 主机进入调制信号为 1.2 kHz 的发射状态，连续发射时间不超过 30 s
6～15	PROG	KLW 主机编程管脚，由生产企业定义

② 电源接口。

接插件采用单相两极带接地插头（250 V，10 A），引脚定义见表 6–5。

表 6–5　电源接口引脚定义

引脚号	定义	说明
1	POWER48+	车辆直流供电电源正极，连接至插头的接地极
2	POWER48−	车辆直流供电电源负极，连接至插头的单相两极
3	POWER48−	

③ 天线接口。

天线接口采用 N 型孔式插座。

（2）控制单元。

① 压力传感器接口。

接插件采用 6 芯 PTK 插座，间距为 2.5 mm，引脚定义见表 6–6。

表 6–6　控制单元的压力传感器接口引脚定义

引脚号	定义	说明
1	VCC	向压力传感器输出电源，DC（5±0.1）V
2	VCC	
3	VREF	压力传感器输出信号
4	VREF	
5	GND	压力传感器信号地
6	GND	压力传感器电源地

② 维护接口。

接插件采用 5 芯 PTK 插座，间距为 2.0 mm，引脚定义参见表 6–4 中的 1～5 号引脚。

③ 电源单元接口。

接插件采用 5 芯 PTK 插座，间距为 2.5 mm，引脚定义见表 6–7。

表 6–7　控制单元的电源单元接口引脚定义

引脚号	定义	说明
1	POWER	控制单元电源输入，DC（7.5±0.1）V
2	POWER	
3	GND	电源地
4	GND	
5	CHECK	车辆直流供电电源电压的 1/10，最大允许电流 20 mA

④ 数码管单元接口。

接插件采用 3 芯 PTK 插座，间距为 2.5 mm，引脚定义见表 6-8。

表 6-8　控制单元的数码管单元接口引脚定义

引脚号	定义	说明
1	POWER	向数码管单元输出电源，DC（7.5±0.1）V
2	TXD	RS232 显示数据发送
3	GND	电源地

⑤ 信道机接口。

接插件采用 4 芯 PTK 插座，间距为 2.0 mm，引脚定义见表 6-9。

表 6-9　控制单元的信道机接口引脚定义

引脚号	定义	说明
1	PTT	控发信号，低电平有效，其中，ON：＜0.3 V，OFF：高阻
2	MIC	调制输出，1.2 kHz 调制信号电平有效值为（15±1）mV，输出阻抗≤200 Ω
3	AF	音频输入，1.2 kHz 调制信号，3 kHz 频偏时音频信号电平有效值为（500 ±10）mV，输入阻抗：≥5 kΩ
4	GND	地

⑥ 电磁阀接口。

接插件采用 4 芯 PTK 插座，间距为 2.5 mm，引脚定义见表 6-10。

表 6-10　控制单元的电磁阀接口引脚定义

引脚号	定义	说明
1	POWER	向电磁阀输出电源，DC（7.5±0.1）V
2	POWER	
3	GND	电源地
4	GND	

⑦ 编程接口。

接插件采用 8 芯 PTK 插座，间距为 2.5 mm，引脚定义由生产企业根据需要确定。

（3）电源单元。

① 电源输入接口。

接插件采用 3 芯 PTK 插座，间距为 3.96 mm，引脚定义见表 6-11。

表 6–11　电源单元的电源输入接口引脚定义

引脚号	定义	说明
1	POWER48	车辆直流供电电源（允许波动范围为 36～72 V）
2	NC	
3	GND	电源地

② 信道机电源输出接口。

接插件采用 4 芯 PTK 插座，间距为 2.5 mm，引脚定义见表 6–12。

表 6–12　电源单元的信道机电源输出接口引脚定义

引脚号	定义	说明
1	POWER	向信道机输出电源，DC（7.5±0.1）V
2	POWER	
3	GND	电源地
4	GND	

③ 控制单元电源输出接口。

接插件采用 5 芯 PTK 插头，间距为 2.5 mm，引脚定义参见表 6–7。

（4）数码管单元。

数码管单元的控制单元接口接插件采用 3 芯 PTK 插头，间距为 2.5 mm，引脚定义参见表 6–8。

（5）信道机。

① 控制单元接口。

接插件采用 4 芯 PTK 插头，间距为 2.0 mm，引脚定义参见表 6–9。

② 电源单元接口。

接插件采用 4 芯 PTK 插头，间距为 2.5 mm，引脚定义参见表 6–12。

任务实施

任务 6.1　列尾操作

1. 450 MHz 货车列尾操作

1）频率选择

检查核对MMI显示屏上列尾状态显示区的频率与当前货车列尾装置的工作频率是否一致，若不一致，进入“运行区段”界面选择正确运行线路和工作频率，然后再选择正确的运行线路（模式）和工作方式。

2）输号

（1）当 MMI 发出“××××列尾装置等待确认”提示音时，司机判断货车列尾装置的 ID 号与列尾作业人员或车站值班员通知的号码是否一致，如一致，则按[列尾确认]键进行确认。

（2）听到 MMI 发出“××××机车，确认完毕”提示音后，表示货车列尾装置输号成功。

3）手动查询列尾风压

（1）按下[风压查询]键，可以主动查询当前列尾风压数据。

（2）查询后 MMI 显示尾部风压值，并发出“××××机车，风压×××”语音提示，如图 6–34 所示。

4）风压自动报警

（1）当 CIR 收到货车列尾装置发送的风压报警信号时，MMI 显示区的风压值变成红色字样并发出“××××机车注意，风压×××”语音提示，如图 6–35 所示。

（2）当风压值恢复正常或司机按下[列尾确认]键后，MMI 停止语音提示。

5）电池欠压报警

（1）当 CIR 收到货车列尾装置发送的电池欠压报警信号时，MMI 发出“××××机车，电量不足”语音提示。

（2）按下[列尾确认]键停止语音提示。

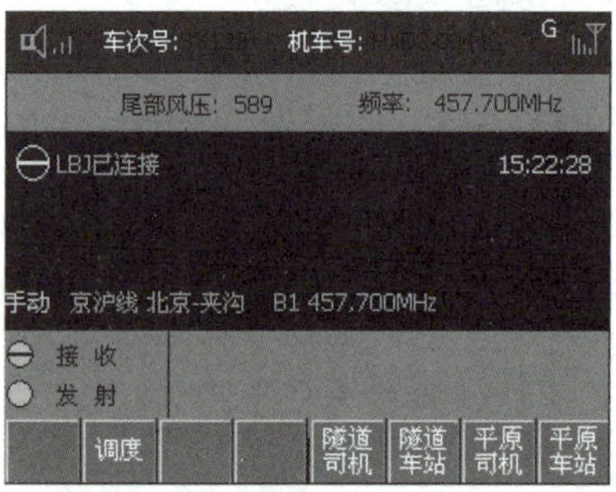

图 6–34 列尾风压显示界面

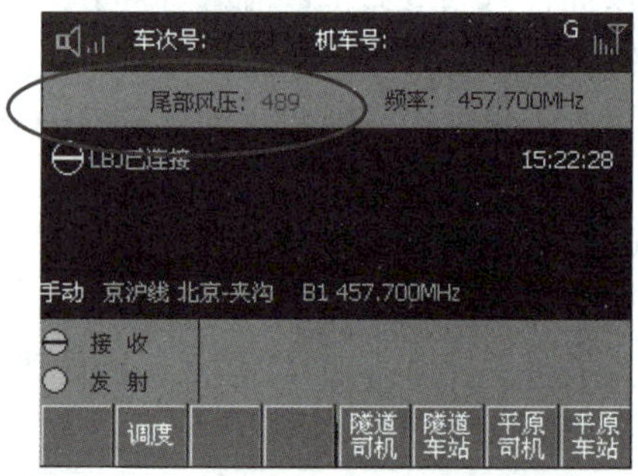

图 6–35 列尾风压报警界面

6）辅助排风制动

（1）持续按下[列尾排风]键 3 s 以上或按下[列尾排风]键后 3 s 内再按下[列尾确认]键，CIR 向货车列尾装置发出排风命令。

（2）MMI 发出“××××机车，排风”语音提示，货车列尾装置排风结束后，MMI 显示尾部风压值并发出“××××机车注意，风压×××”。

7）消号

（1）持续按下[列尾消号]键 3 s 以上控制 CIR 和货车列尾装置进行消号。

（2）消号成功后，MMI 发出“××××机车，消号成功”语音提示。

2. 客车列尾操作

1）建立连接关系

当 CIR 处于列尾未连接状态时：

（1）按 MMI[设置]按键，进入设置界面后，选定“6.输入客车列尾装置 ID”项；

（2）输入需要连接的客车列尾装置 ID（6 位）并按[确认签收]键发起连接；

（3）连接成功后 MMI 主界面显示客车列尾装置 ID 号、尾部风压值和列尾连接状态，并发出“××××××列尾装置，连接成功”语音提示，如图 6–36 所示。如果连接不成功，MMI 发出“列尾装置连接失败”语音提示。

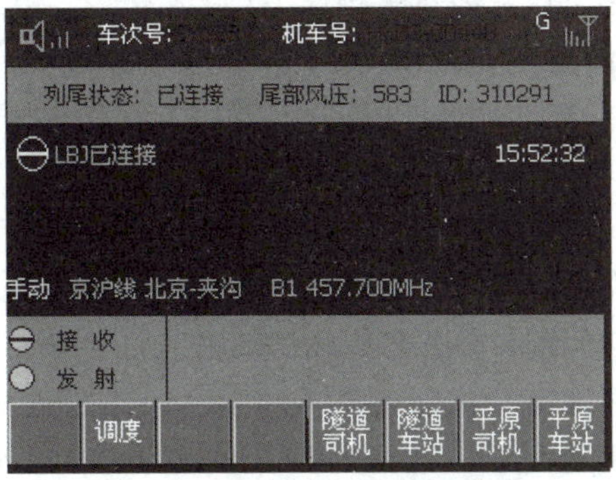

图 6–36　建立客车列尾连接关系

2）手动查询列尾风压

（1）客车列尾连接成功后，司机在主界面下按[风压查询]键查询列尾风压。

（2）查询到的当前列尾风压值显示在 MMI 显示屏上，并发出“××××机车，风压×××”语音提示。

3）辅助排风制动

（1）持续按下[列尾排风]键 3 s 以上，或按下[列尾排风]键后 3 s 内再按下[列尾确认]键，CIR 向客车列尾装置发送列尾排风制动命令。

（2）MMI 发出“××××机车，排风”语音提示。

4）风压自动提示

（1）当列车主风管风压低于 560 kPa 时，客车列尾装置自动向 CIR 发送欠压提示。

（2）MMI 显示区的风压值变成红色字样，并发出“××××机车注意，风压×××”语音提示。

（3）按下[列尾确认]键，停止 MMI 的语音提示，如图 6–37 所示。

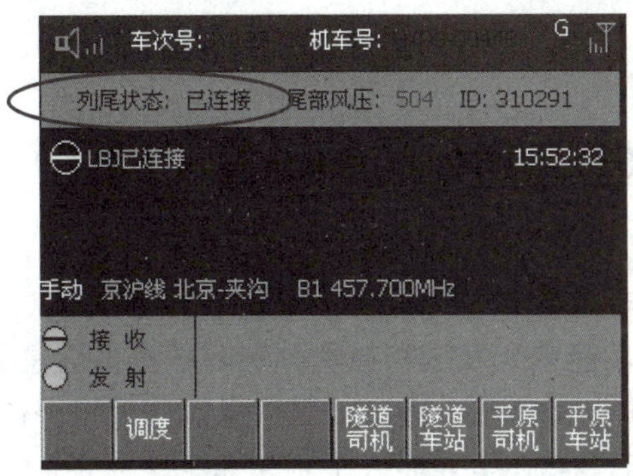

图 6–37　风压自动提示

5）供电电压欠压自动提示

（1）当客车列尾装置供电电压低于 40 V 时，客车列尾装置自动向 CIR 发送电压报警信息，MMI 发出“××××机车，列尾装置电压不足”语音提示。

（2）按下[列尾确认]键，停止 MMI 的语音提示。

6）解除列尾连接关系（消号）

（1）持续按下[列尾消号]键 3 s 以上或进入列尾 ID 输入界面，输入 6 个 0 后按下[确认签收]键。

（2）列尾连接关系解除后，MMI 发出“××××××列尾装置，消号成功”语音提示。

说明：

（1）CIR 具有自动查询列尾风压功能，自动查询列尾风压的时间间隔为 120～130 s（随机），MMI 显示屏上动态更新风压数据；

（2）如果 5 min 内没有接收到列尾风压信息，CIR 进入列尾通信连接失效状态，MMI 显示屏列尾状态显示“通信失效”，如图 6-38 所示，MMI 每隔 5 s 发出“列尾装置通信失效”语音提示；

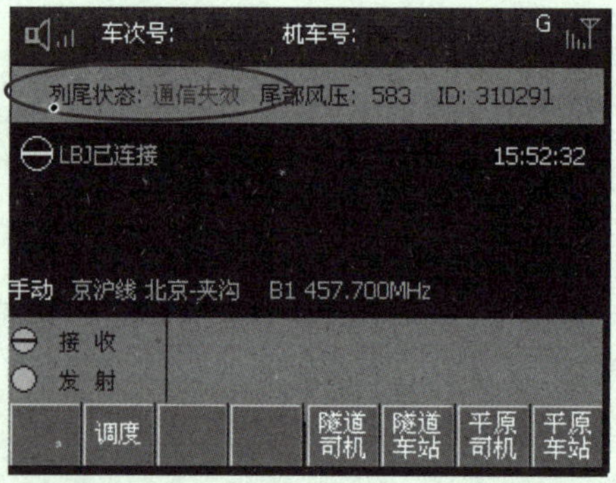

图 6-38　客车列尾通信失效显示界面

（3）按下[列尾确认]键可以停止语音提示；

（4）如果 CIR 重新接收到列尾风压信息，列尾状态恢复“已连接”显示，同时 MMI 显示尾部风压数值。

任务 6.2　列车防护报警（LBJ）操作

1. 列车防护报警常态显示

CIR 可以通过 LBJ 功能单元发送和接收列车防护报警信息和列车防护报警解除信息，还可以接收施工防护报警信息、道口报警信息等其他报警信息。

（1）CIR 开机加电后，MMI 主界面安全预警显示区显示 LBJ 工作状态指示灯⊖和“LBJ 已连接”字符提示，如图 6-39 所示。

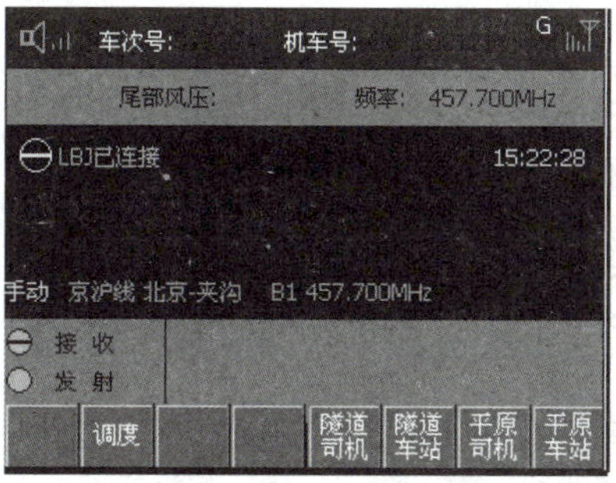

图 6-39　报警主界面

其中，LBJ 工作状态指示灯的上半圆表示 LBJ 发送报警信息状态，下半圆表示接收报警信息状态。LBJ 工作状态指示灯表示的含义如下：

① 两个半空心圆表示 LBJ 未发送过列车防护报警信息，也未接收过报警信息，如图 6-40（a）所示；

② 黄色的上半实心圆和黄色的下半空心圆表示 LBJ 已发送过列车防护报警信息，未接收过报警信息，如图 6-40（b）所示；

③ 黄色的上半空心圆和黄色的下半实心圆表示 LBJ 未发送过列车防护报警信息，但已接收过报警信息，如图 6-40（c）所示；

④ 黄色的实心圆表示 LBJ 已发送过列车防护报警信息，也接收过报警信息，如图 6-40（d）所示。

（a）两个半空心圆

（b）上半实心圆+下半空心圆

（c）上半空心圆+下半实心圆

（d）两个半实心圆

图 6-40

（2）如果 CIR 未连接 LBJ（或 LBJ 故障），MMI 主界面安全预警显示区显示“LBJ 未连接”字符提示，如图 6-41（a）所示。

（3）如果列车防护报警功能关闭，MMI 主界面安全预警显示区显示“报警功能已关闭”字符提示，如图 6-41（b）所示。

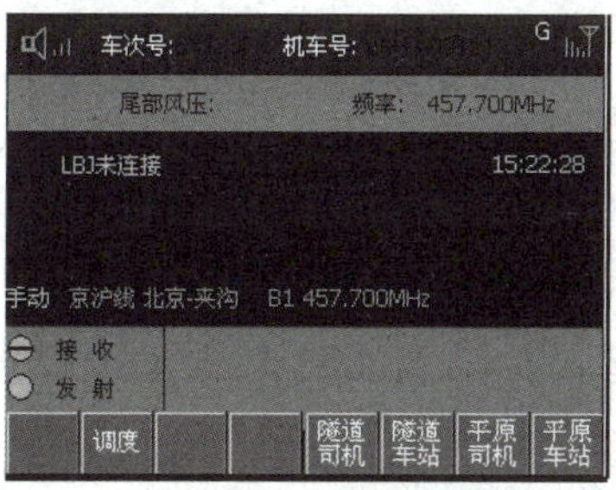

（a）LBJ 未连接界面

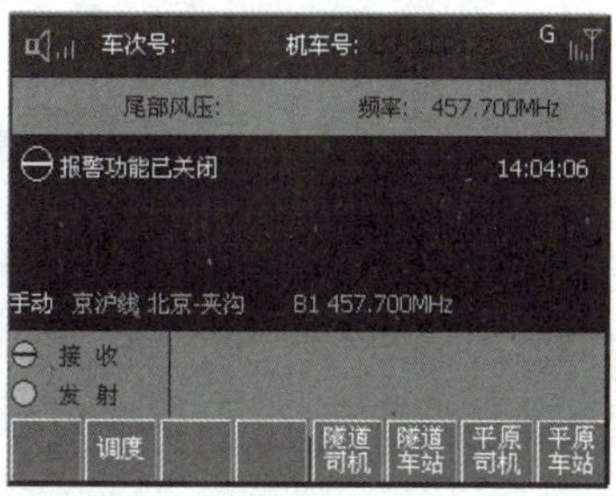

（b）LBJ 报警功能已关闭界面

图 6-41　LBJ 未连接界面及 LBJ 报警功能已关闭界面

说明：

（1）报警功能关闭后 LBJ 不再接收防护报警信息，也不能发送列车防护报警信息。

（2）出现以上②、③、④情况，维护人员必须及时读取 LBJ 报警数据，直至 LBJ 工作状态提示恢复正常状态。

2. 发送列车防护报警信息

1）通过 MMI 面板按键启动发送

（1）按下 MMI 面板中的报警键并持续 3 s 以上，MMI 发出“按确认键发送报警信息”的语音提示，同时 MMI 主界面安全预警显示区显示“按‘确认’键发送报警信息，按‘退出’键返回”和 8 s 倒计时提示信息，如图 6-42 所示。

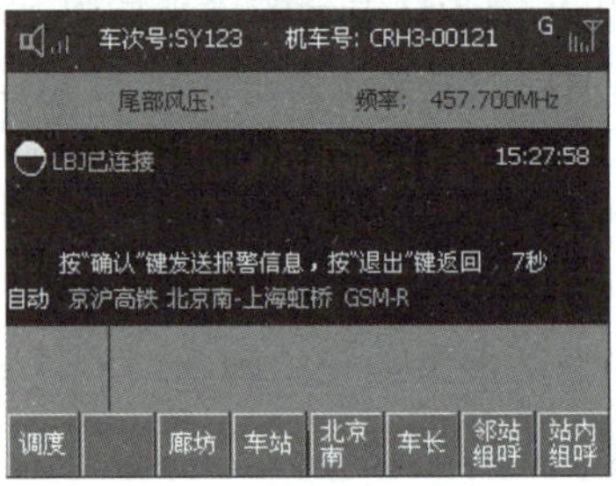

图 6-42 持续按报警键 3 s 后状态显示界面

（2）在随后的 8 s 时间内，继续按下确认签收键，LBJ 开始发送列车防护报警信息。

说明：

（1）MMI 主界面安全预警显示区显示“按‘确认’键发送报警信息，按‘退出’键返回”和 8 s 倒计时提示信息后，随后的 8 s 时间内如不按下确认签收键，8 s 倒计时结束后，提示信息清除，并退出发送报警启动状态，按退出键，直接退出发送报警启动状态；

（2）LBJ 通过 TAX 装置或动车组 DMS 设备获取列车速度信息，当列车当前速度为 0 时（列车处于停车状态），LBJ 启动发送列车防护报警信息；当列车当前速度不为 0 时（列车处于运行状态），LBJ 向 MMI 回送无法启动防护报警的信息，MMI 安全预警显示区显示“非停车状态下禁止发送防护报警信息！”提示信息，如图 6-43 所示，提示信息显示 5 s 后自动清除；

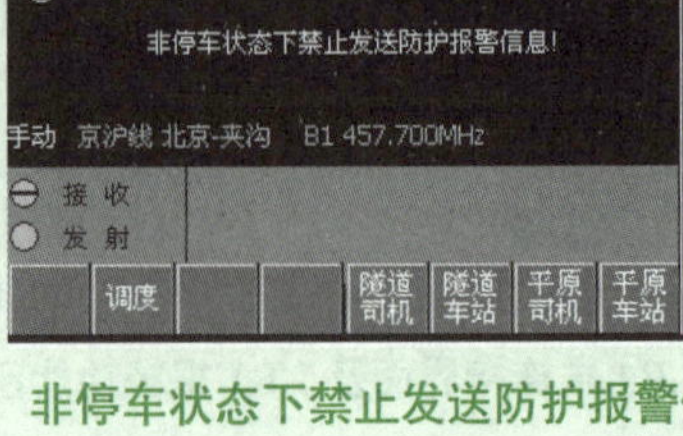

图 6-43 非停车状态下禁止发送防护报警信息界面

（3）列车防护报警信息每隔 5～10 s（随机）发送一次，同时 MMI 发出间歇的蜂鸣音，主界面安全预警显示区 LBJ 工作状态指示灯（红色实心圆）每 1 s 闪烁一次，安全预警显示区显示“本车正在发送报警信息!”的红色文字提示信息和“再次按下‘报警’键 3 秒后解除报警”的黄色文字提示信息，如图 6-44 所示；

（4）注意：列车防护报警信息只能在停车状态发送。

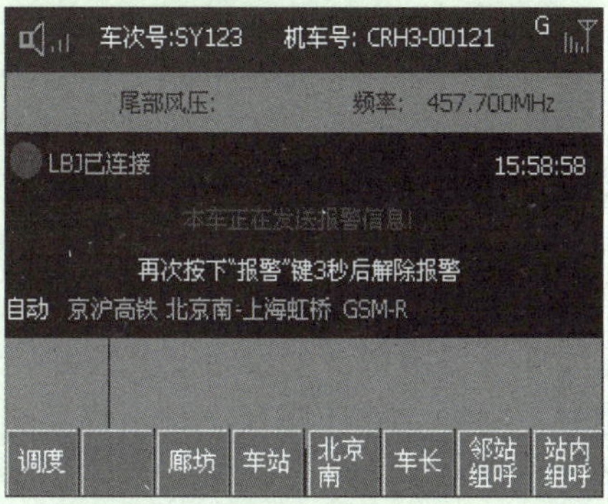

图 6-44　正在发送报警信息界面

2）通过主机按键启动发送

（1）在 MMI 报警 键失效或紧急情况下，可持续按压 CIR 主机面板（或 LBJ 主机面板）的 报警 键约 3 s 启动发送报警信息。

（2）按下 报警 键 3 s 后，报警 键指示灯变为长亮。

（3）松开 报警 键，如果列车处于停车状态，LBJ 将发送列车防护报警信息。

说明：

发送防护报警信息时，主机面板 报警 键指示灯每 1 s 闪亮一次，同时 MMI 发出间歇的蜂鸣音，主界面安全预警显示区的 LBJ 工作状态指示灯（红色实心圆）每 1 s 闪烁一次，并显示“本车正在发送报警信息!”红色文字提示信息和“再次按下主机‘报警’键 3 秒后解除报警”黄色文字提示信息，如图 6-45 所示。

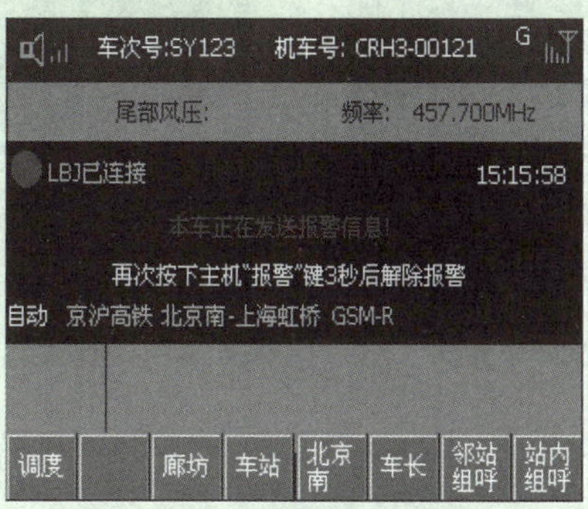

图 6-45　发送防护报警信息时状态显示界面

3. 解除列车防护报警信息

1）通过 MMI“报警”键解除

（1）当发送列车防护报警信息时，再次按下主控端 MMI 的报警键（持续 3 s）后，LBJ 发出列车防护报警解除信息。

（2）MMI 发出 5 s 连续蜂鸣提示音，主界面安全预警显示区显示“列车防护报警已解除！”红色字体提示信息，同时 LBJ 工作状态指示灯（红色实心圆）连续闪烁 5 s，如图 6–46 所示。

（3）5 s 后 MMI 蜂鸣提示音停止，提示信息清除，LBJ 工作状态指示灯由红色（实心圆）变为黄色（上半实心圆）。

2）通过主机面板“报警”键解除

（1）持续按下主机面板报警键约 3 s，报警键指示灯由闪亮变为长亮。

（2）松开报警键后，LBJ 发出列车防护报警解除信息，同时报警键指示灯熄灭。

（3）MMI 发出 5 s 连续蜂鸣提示音，主界面安全预警显示区显示“列车防护报警已解除！”红色字体提示信息，同时 LBJ 工作状态指示灯（红色实心圆）持续闪烁 5 s，如图 6–46 所示。

（4）5 s 后 MMI 停止蜂鸣提示音，清除提示信息，LBJ 工作状态指示灯由红色（实心圆）变为黄色（上半实心圆）。

3）列车移动后自动解除列车防护报警

（1）当发送列车防护报警信息时，如果 LBJ 通过 TAX 装置（或 DMS 设备）获取到有效的速度信息，当速度值大于 5 km/h、连续时间大于 30 s 时，LBJ 自动停发防护报警信息（不发送列车防护报警解除信息）。

（2）MMI 停止发出蜂鸣提示音，MMI 主界面安全预警显示区显示并语音提示“注意！列车移动，报警自动解除！”，如图 6–47 所示。提示信息 5 s 后自动清除，LBJ 工作状态指示灯由红色（实心圆）变为黄色（上半实心圆）。

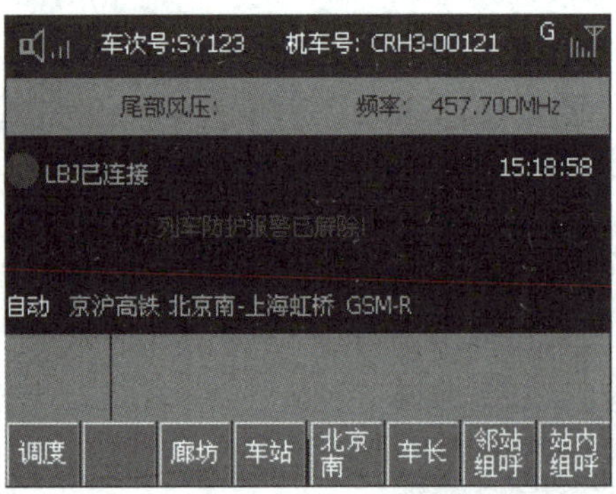

图 6–46 列车防护报警解除界面

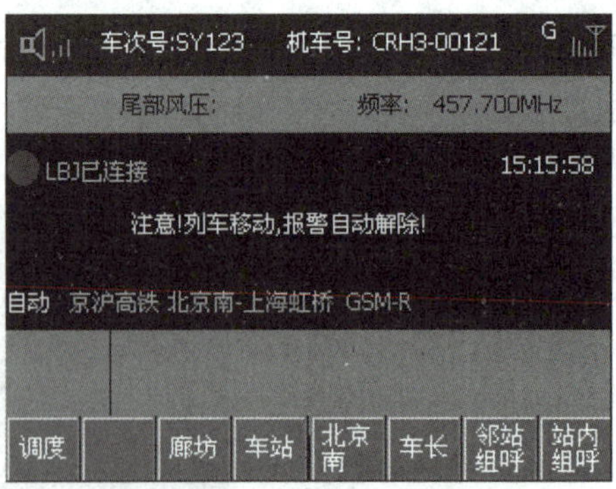

图 6–47 列车移动报警自动解除状态显示界面

说明：

（1）由 CIR 或 LBJ 主机面板报警键触发的报警，只能通过 CIR 或 LBJ 主机面板的报警键解除；

（2）由 MMI 报警键触发的报警，既可通过处于主控状态 MMI 的报警键解除报警，也可通过 CIR 或 LBJ 主机面板的报警键解除报警。

4. 接收列车防护报警信息

（1）当 CIR 接收到列车防护报警信息时，MMI 每隔 5 s 发出语音提示，主界面安全预警显示区 LBJ 工作状态指示灯（黄色下半实心圆）每 1 s 闪烁一次，并显示红色字体提示信息，如图 6–48 所示。

（2）按下 MMI 确认签收键，对接收的报警信息进行确认。

（3）按下 MMI 确认签收键后，提示语音停止，主界面安全预警显示区显示报警提示信息由红色变为黄色，并标记“……已确认！”文字提示。

（4）LBJ 工作状态指示灯变为黄色长亮（下半实心圆），如图 6–49 所示。

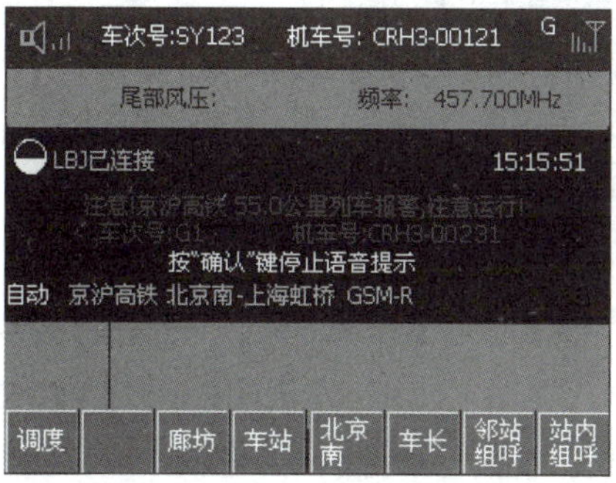

图 6–48　收到列车防护报警信息后 MMI 显示界面

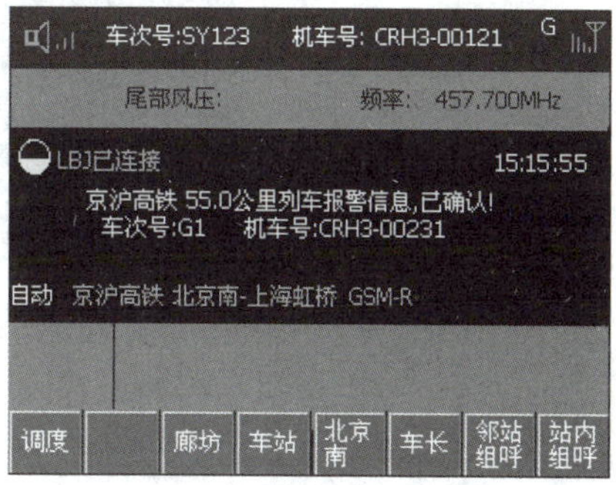

图 6–49　报警信息已确认后 MMI 显示界面

5. 接收列车防护报警解除信息

（1）CIR 接收到列车防护报警信息时，MMI 发出 2 次语音提示。

（2）MMI 主界面安全预警显示区显示红色字体的报警解除提示信息，如图 6–50 所示。

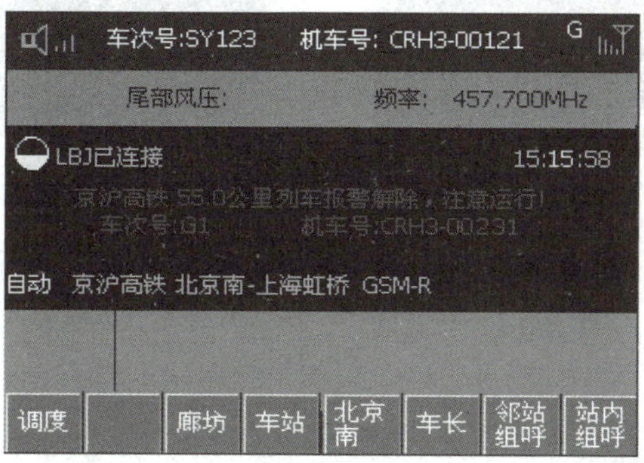

图 6–50　接收到防护报警解除信息后 MMI 显示界面

（3）语音提示结束后，主界面安全预警显示区显示的提示信息自动清除，LBJ 工作状态指示灯变为黄色长亮（下半实心圆）。

说明：

CIR 接收到施工防护报警信息、道口报警信息时的处理方法与列车防护报警相同。

6. 查询列车防护报警信息

（1）按下 MMI 的查询键，进入查询界面。

（2）移动光标选择查询发送或接收的报警信息，然后按确认签收键，如图 6–51 所示。

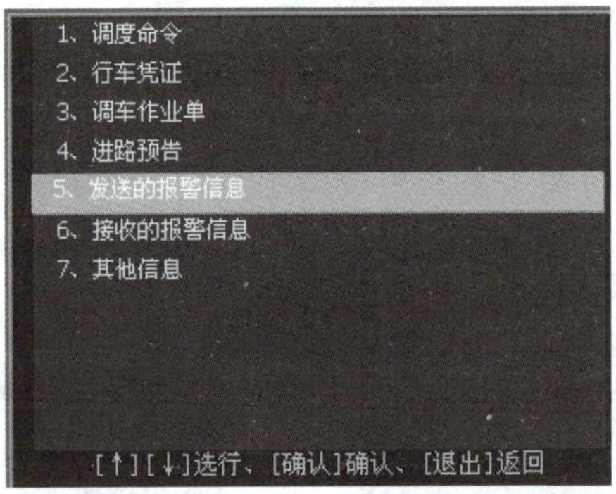

图 6–51　信息查询界面

（3）MMI 显示屏显示接收或发送的报警信息列表，如图 6–52 所示。将光标移动到要查看的条目上，按确认签收键查看报警信息的具体内容，如图 6–53 所示。

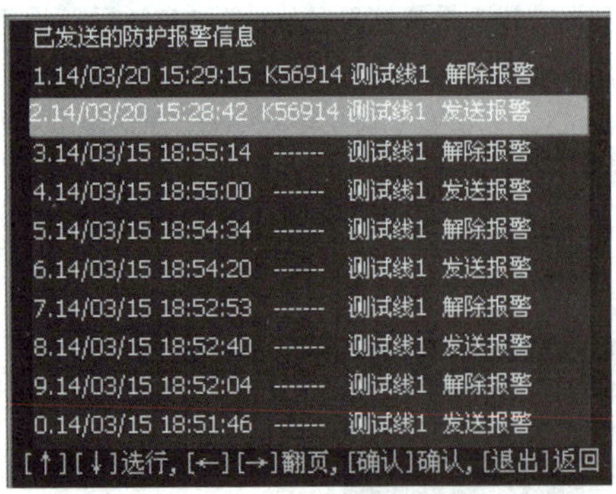

图 6–52　已发送的报警信息显示界面

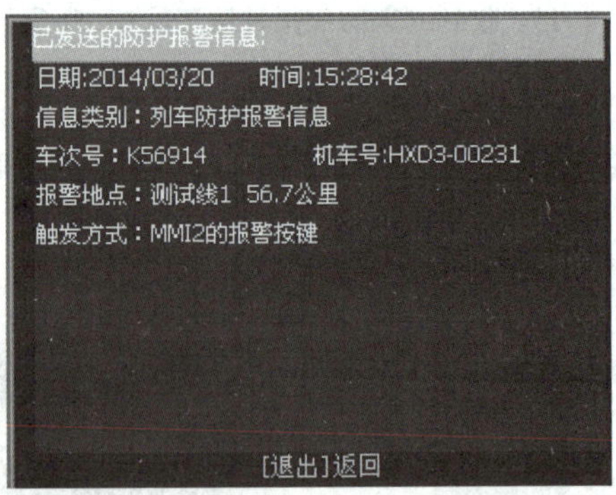

图 6–53　已发送的报警信息内容显示界面

任务评价

列车防护报警设备与列尾系统的应用评价表见表 6-13。

表 6-13　列车防护报警设备与列尾系统的应用评价表

<table>
<tr><th>任务名称</th><th colspan="2">任务内容</th><th colspan="2">交付标准</th><th>笔记栏</th></tr>
<tr><td rowspan="4">列车防护报警设备与列尾系统的应用</td><td colspan="2">450 MHz 货车列尾操作</td><td colspan="2">1. 频率选择、输号正确；
2. 手动查询列尾风压正确；
3. 消号正确</td><td rowspan="4"></td></tr>
<tr><td colspan="2">客车列尾操作</td><td colspan="2">1. 建立连接关系正确；
2. 手动查询列尾风压正确；
3. 解除列尾连接关系（消号）正确</td></tr>
<tr><td colspan="2">列车防护报警（LBJ）</td><td colspan="2">1. 列车防护报警常态显示正确；
2. 发送列车防护报警信息正确；
3. 解除列车防护报警信息正确；
4. 接收列车防护报警信息正确；
5. 接收列车防护报警解除信息正确；
6. 查询列车防护报警信息正确</td></tr>
<tr><td colspan="2">检测结果</td><td colspan="2">1. 客车列尾查询列尾风压结果正常；
2. 查询列车防护报警信息正常</td></tr>
<tr><td rowspan="5">考核评价</td><td>序号</td><td>考核内容</td><td>配分</td><td>评分标准</td><td>得分</td></tr>
<tr><td>1</td><td>团队协作</td><td>10</td><td>在小组活动中，能够与他人进行有效合作</td><td></td></tr>
<tr><td>2</td><td>职场安全</td><td>10</td><td>在活动中，严格遵守安全章程、制度</td><td></td></tr>
<tr><td>3</td><td>设备清单</td><td>10</td><td>设备无损坏，按要求清理、归位</td><td></td></tr>
<tr><td>4</td><td>交付结果</td><td>70</td><td>交付结果是否合理、正确</td><td></td></tr>
</table>

知识拓展

1. 道口报警设备

道口安全既关系着铁路行车安全，也关系着道路车辆和行人的安全，为此必须采取一定的安全措施，目前主要采用安装道口报警设备进行防护。道口报警设备在列车接近道口前告警，提示道口值守人员及行人、车辆注意，以确保列车安全通过，减少以至杜绝道口交通事故的发生。

（1）道口报警设备由主机、天线、外置显示屏、扬声器和备用电池组成，型号为WJTD-Ⅱ。主机面板具有电源开关、显示屏、“报警”键和“确认”键，“报警”键配备铅封装置。

（2）道口报警设备采用壁挂式、台式或机柜式结构。设备外壳防护等级应符合《外壳防护等级（IP 代码）》（GB/T 4208—2017）的规定，安装于室内时，达到 IP51 的等级要求；安装于室外时，达到 IP55 的等级要求。

道口报警设备外置显示屏示意图如图 6-54 所示。

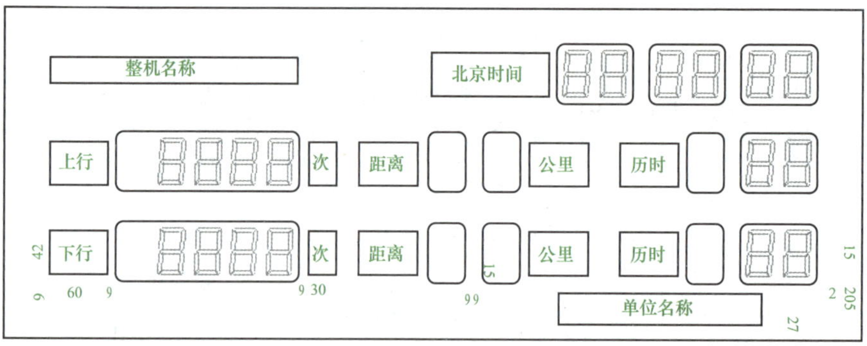

图 6-54　道口报警设备外部显示屏示意图

（3）道口报警设备具有发送道口事故报警信息和报警解除信息、接收列车接近预警信息并发出声光提示的功能。

（4）道口报警设备应分类存储发送和接收到的各类信息，每类信息的存储能力均不少于 1 000 条，记录信息溢出时循环覆盖。

（5）道口报警设备能设置多组公里标和列车接近预警距离。

（6）道口报警设备能显示列车和道口距离及到达时间，并能根据列车到达时间发出不同的提示语音。

（7）道口报警设备具有本机时钟并能以手动方式进行调整。当接收到的时钟校正信息与本机时钟相差超过 1 min 时，道口报警设备应自动校正本机时间。

（8）道口报警设备具有自检功能。

（9）道口报警设备提示语音内容见表 6-14。

表 6–14　道口报警设备提示语音内容

序号	设备名称	业务类别	提示音内容	备注
1	道口报警设备	接收到上行列车接近预警信息	上行接近	提示 1 次
2		接收到下行列车接近预警信息	下行接近	提示 1 次
3		接收到无车次号和公里标信息的列车接近预警信息	列车接近	提示 1 次
4		发送道口事故报警信息	道口障碍报警	每隔 5 s 提示 1 次

2. 施工防护报警设备

（1）施工防护报警设备由主机、天线、电池和充电器组成，型号为 WJSB–Ⅱ。

（2）预警器的外壳防护等级符合《外壳防护等级（IP 代码）》（GB 4208—2017）的规定，达到 IP54 的等级要求。

（3）施工防护报警设备具有发送施工防护报警信息和报警解除信息并发出声光提示的功能。

（4）施工防护报警设备能设置多组公里标和列车接近预警距离。

（5）施工防护报警设备具有接收列车接近预警信息并发出声光提示的功能。

（6）施工防护报警设备能显示列车和施工地点的距离及到达时间，并能根据列车到达时间发出不同的提示语音。

（7）施工防护报警设备能以不同的语音区分上行列车、下行列车和无车次号的列车。

（8）施工防护报警设备具有本机时钟并能以手动方式进行调整。当接收到的时钟校正信息与本机时钟相差超过 1 min 时，施工防护报警设备应自动校正本机时间。

（9）施工防护报警设备应分类存储发送和接收到的各类信息，每类信息的存储能力均不少于 1 000 条，记录信息溢出时循环覆盖。

（10）施工防护报警设备具有自检和低电量告警功能。

（11）施工防护报警设备提示语音内容见表 6–15。

表 6–15　施工防护报警设备提示语音内容

序号	设备名称	业务类别	提示音内容	备注
1	施工防护报警设备	接收到上行列车接近预警信息	上行接近	提示 1 次
2		接收到下行列车接近预警信息	下行接近	提示 1 次
3		接收到无车次号和公里标信息的列车接近预警信息	列车接近	提示 1 次
4		发送施工防护报警信息	线路障碍报警	每隔 5 s 提示 1 次

3. 预警器

（1）预警器由主机、电池和便携卡件等组成，型号为 WJSX-Ⅱ。主机具有电源开关、确认键和显示屏。

（2）预警器的外壳防护等级应符合《外壳防护等级（IP 代码）》（GB/T 4208—2017）的规定，达到 IP54 的等级要求。

（3）预警器能同时显示列车车次、速度和公里标。

（4）预警器的报警提示方式能设置为振动、声音或同时发出声音和振动。

（5）当预警器处于报警提示状态时，如果按下“确认”键，将停止报警提示，并且不再对同一车次进行报警提示；当接收到不同车次发出的列车接近预警信息时，预警器应恢复报警提示；当接收到无车次号和公里标信息的列车发出的列车接近预警信息时，按下“确认”键无效。

（6）预警器能以不同的提示音区分上行列车、下行列车和无车次号的列车。

（7）预警器能记录列车接近预警信息和接收时间。当接收到相同车次的列车接近预警信息时，预警器应只存储最早接收到的信息。预警器能记录 7 条以上的列车接近预警信息。

（8）预警器具有自检、低电量告警和背光照明功能。

4. 数据管理器

（1）数据管理器由主机和连接电缆组成。

（2）数据管理器应便于携带，采用牢固的结构和可靠的按键。

（3）数据管理器能读取 LBJ 存储的部分或全部记录信息。

（4）数据管理器能显示当前连接状态和读取状态。

（5）数据管理器能把存储的 LBJ 记录信息转存至出入库检测设备。

（6）数据管理器能读取和设置 LBJ 的机车号。

（7）数据管理器能开启和关闭 LBJ 的列车接近预警功能。

（8）数据管理器能通过维护接口连接至 LBJ 或通过 CIR 的“数据 4”接口连接至 LBJ 功能单元，由 LBJ 或 LBJ 功能单元供电。

复习思考题

1. 列车防护报警设备和客车列尾系统由哪几部分组成？各部分的作用是什么？
2. LBJ 由哪几部分组成？主要功能是什么？
3. KLW 由哪几部分组成？主要功能是什么？
4. 在 MMI 上如何建立与 KLW 的连接关系和解除连接关系？
5. KLW 的 ID 号由哪几部分组成？
6. 简述 KLW 的主要技术要求和设备接口。

学习笔记

项目 7 区间中继设备的维护

项目导入

由于铁路沿线地形复杂，在弯道、隧道、路堑区段等地段易受到障碍物的遮挡而形成弱场区和场强的盲区。列车无线调度通信系统必须根据实际情况科学合理地选用列车无线调度通信弱场强区解决方案，以保证良好的场强覆盖，满足列车运行调度的高可靠性要求。目前列车无线调度系统的弱场强区解决措施主要有升高天线、采用低损耗馈线、高增益天线和增加中继设备等。中继设备通常采用漏泄电缆（以下简称漏缆）加中继器、区间中继电台、区间遥控台、光纤直放站等。由于区间设备种类较多，本项目主要介绍漏缆加中继器系统和光纤直放站系统。

根据《铁路通信维护规则》要求，铁路局应定期对普速铁路的无线通信场强覆盖及 GSM-R 网络服务质量进行动态检测，GSM-R 区段每半年不少于 1 次；无线列调区段、繁忙干线和干线线路每年不少于 1 次，其他线路每两年不少于 1 次。国铁集团组织对高速铁路和普速铁路繁忙干线、干线的无线通信场强覆盖及 GSM-R 网络服务质量进行动态检测和抽查，高速铁路每季不少于 1 次，普速铁路繁忙干线和干线线路每年不少于 1 次。总公司组织检测或抽查时，铁路局电务处和设备维护单位专业主管人员应随车配合，并提供最新技术资料，发现问题及时组织整改。另外在车站设备或区间设备的设置有较大变化时，应及时进行场强测试和调整。

450 MHz 列车无线调度通信系统场强覆盖测量，一般采取自车站中心处沿电波传播方向进行测量，即从大信号向小信号方向测量车站电台或基站离去场强电平。在某些双线区段单绕线路无法测离去场强的，可对车站电台的接近场强电平进行测量。为克服在场强测量时对使用无线列调通信的干扰，车站台要配备远程遥控控发装置，具备长发测试模式。根据铁路有关规定，同频系统采用 457.925 MHz、异频系统采用 467.925 MHz 作为车站场强检测频率。

为修正各检测系统的仪表偏差，规范铁路专用无线通信场强检测仪表计量量值传递，在铁科院全路无线通信中心实验室设立了铁路无线通信场强检测标准信号源。各单位应利用标准信号源定期对无线通信场强测量接收机进行标定，修正偏差。

思维导图

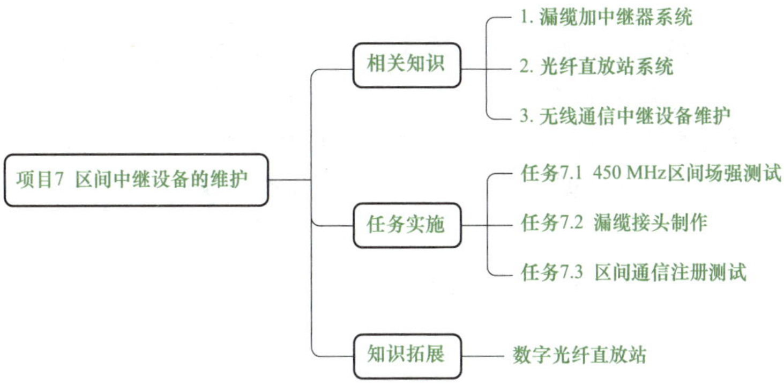

学习目标

1. 知识目标

- 掌握区间设备的系统组成；
- 了解漏缆加中继器系统的工作原理；
- 了解光纤直放站系统的工作原理；
- 了解区间设备的维护内容。

2. 能力目标

- 能够对区间设备进行清扫；
- 了解区间设备巡检和外观检查内容；
- 能够进行区间场强测试；
- 能够进行区间通话测试。

3. 素质目标

- 具备较强的岗位安全意识；
- 具备安全生产的职业素养；
- 具备团结协作、精益求精的岗位素质。

知识链接

450 MHz 列车无线调度通信系统车站和机车设置小功率电台后，当调度所调度员与机车司机通信时，在调度员通过无线调度通信系统的调度总机及与其连接有线四回线通道，控制被呼叫机车附近的车站台（或调度区段沿线所有车站台）以无线方式与机车司机建立通信通道的情况下，可以构成调度员、车站值班员、机车司机之间的“大三角”通信；在调度员不使用车站台时，机车司机、车站值班员及列车长之间的通信直接采用无线方式，构成机车司机、车站值班员及列车长之间的“小三角”通信。

若在山区多隧道的弱场强区段，需要借助洞口、洞内中继器或光纤直放站等区间设备完成系统的“大三角”通信及“小三角”通信。

1. 漏缆加中继器系统

1）系统组成

采用无线中继器的方式解决铁路隧道内弱场强及其他弱场强区域的覆盖问题是目前最常用的解决方案之一，主要应用于 450 MHz 列车无线调度通信系统。漏缆加中继器系统一般由洞口中继器（Ⅰ型中继器）、洞内中继器（Ⅱ型中继器）、漏缆及其配件组成，如图 7-1 所示。

系统组成

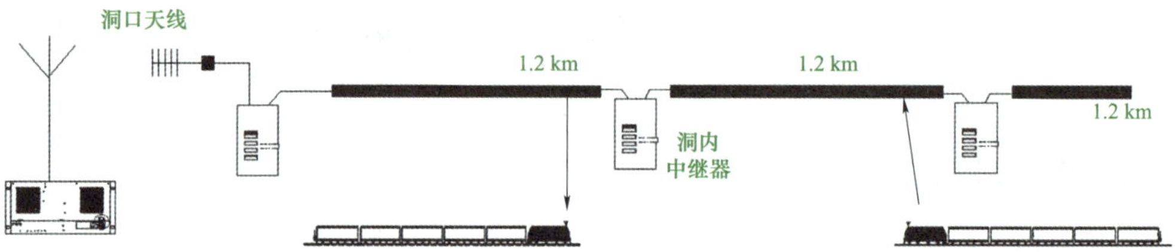

图 7-1 漏缆加中继器系统的组成

系统采用漏缆外泄信号的方式实现弱场区的覆盖。Ⅰ型中继器一般设置在离车站较近的地方，以保证车站电台的射频信号电平能够启动Ⅰ型中继器进入工作状态；射频信号经Ⅰ型中继器放大之后由漏缆外泄，达到覆盖弱场区的目的；当弱场区长度超过漏缆的最大长度时，必须设置Ⅱ型中继器，以放大漏缆的传输信号。Ⅰ型中继器通过天线与车站电台传递无线射频信号，当Ⅰ型中继器接收到来自车站电台的下行信号时，将信号传送到漏缆，经过信号外泄完成弱场区的场强覆盖；弱场区的移动电台发射的电波由漏缆和中继器通过天线发送给车站电台。

由于弱场区地形的不同，中继器、漏缆可以有多种组合方式，如①Ⅰ型中继器+漏缆+终端电阻；②Ⅰ型中继器+漏缆+天线；③Ⅰ型中继器+漏缆+Ⅱ型中继器+终端电阻或天线；④Ⅰ型中继器+漏缆+Ⅱ型中继器+漏缆+Ⅱ型中继器；⑤Ⅰ型中继器（1 台）+天线。

2）中继器的组成及工作原理

由于中继器多安装在山区隧道地段，环境条件较为恶劣，维修工作较为困难，为了保证整个列调系统的正常运行，需要对中继器的可靠性提出较高的要求，因此一般都采用双套热备份的工作方式，两路放大器互为主备。这样即使其中一路出现故障，也能够保证列调系统的正常运行，大大提高了系统的可靠性。中继器还配有监测装置，可以在工区经过车站台监测设备的工作状态。

中继器的组成及工作原理

Ⅰ型中继器、Ⅱ型中继器由双工器、放大单元、分路器、电源、监测器等部分组成，如图 7-2 所示。

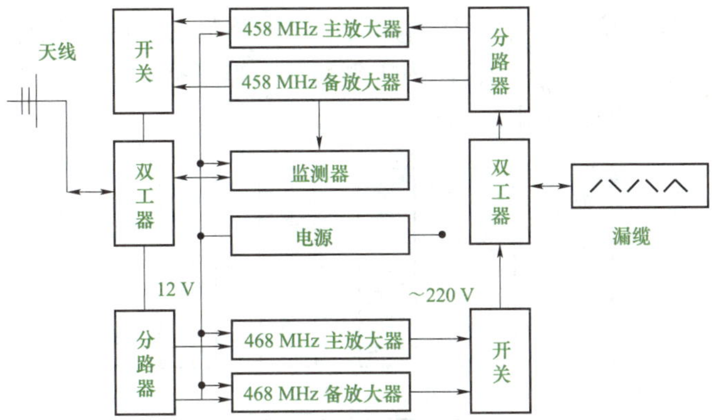

图 7-2　中继器的组成

（1）双工器。

双工器有施主双工器和重发双工器两种（分别见图 7-3、图 7-4），它们除了收发工作频率交叉不同外，组成及工作原理基本相同。

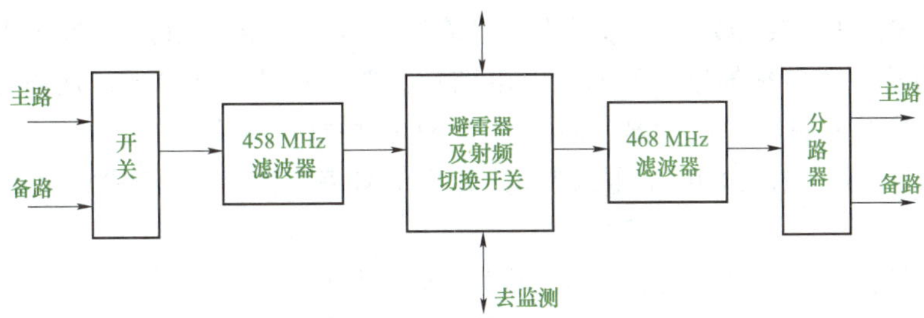

图 7-3　施主双工器框图

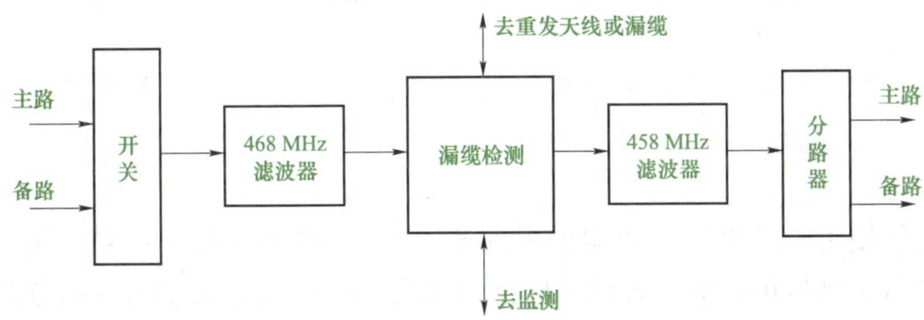

图 7-4　重发双工器框图

双工器由一体化结构的腔体带通滤波器、避雷器和射频开关及分路器等组成。以施主双工器为例，从车站台来的正向下行 468 MHz 信号由中继器正向输入端口送入，经避雷器送到 468 MHz 滤波器，进入分路器，对信号进行放大后分为两路，分别送到主、备两路正向放大器。

带通滤波器起到收发隔离的作用，用以防止上下行信号的相互干扰。采用的是腔体滤波器，插入损耗小于 2 dB，阻带抑制大于 90 dB。分路器主要作用是把信号均分为两路，分别送到主、备两路放大器。

（2）放大单元。

放大单元包括正反向各两个完全相同的信号放大模块，主路、备路放大器将从分路器来的信号分别进行放大，然后送到开关选择一路输出。洞口中继器放大器增益大于 90 dB，阻带抑制大于 100 dB；洞内中继器放大器增益大于 50 dB，阻带抑制大于 75 dB。放大单元组成框图如图 7–5 所示。

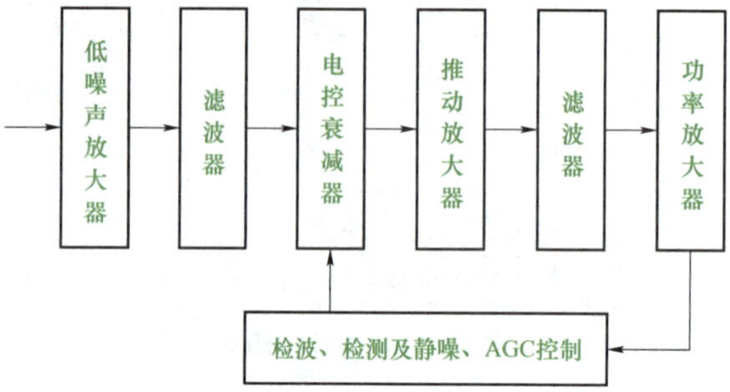

图 7–5　放大单元组成框图

输入信号经低噪声放大器、滤波器滤波后送到电控衰减器（AGC 放大器），电控衰减器的控制电压由 AGC 控制电路产生。当输入信号电平小于 AGC 起控电平时，AGC 控制电压为 0，电调衰减器衰减量最小。当输入信号电平超过 AGC 起控电平时，AGC 控制电压随着输入电平的增加而增大，电调衰减器的衰减量亦增大，从而使输出电平保持不变。电控衰减器、放大器、滤波器及 AGC 控制电路构成一个闭环 AGC 控制系统，保证了输入信号在 40 dB 范围内变化，输出信号仍保持恒定，而输出电平则由 AGC 电位器调节。

另外，当输入信号电平低于静噪门限电平时，静噪控制电路输出为低电平，功放停止工作，放大器处于守候状态；当输入信号电平高于静噪门限电平时，静噪控制电路输出为高电平，同时功放开始工作，放大器处于发射状态。静噪门限电平可由静噪电位器调节。

正向放大单元的组成及工作原理与反向放大单元完全相同，差别仅在于其滤波器为 468 MHz 声表面波滤波器。

（3）电源。

中继器所使用的 220 V 交流电的引入方式一般分为两种情况：对于洞口中继器来说，一种是从车站接电，另一种是从区间的电力贯通线通过架空明线的方式送到中继器房的变压器变为 220 V。对于洞内中继器来说，一般都是从洞口中继器引入，可以通过电力电缆与漏缆一起架空传过来，也可以通过电源分离器，在洞口中继器将 450 MHz 的射频信号和 220 V 交流信号合并在一起通过漏缆传送，传到洞内中继房再经过电源分离器将 450 MHz 的射频信号和 220 V 交流信号分开，450 MHz 的射频信号被送入放大器，220 V 交流信号被送到电源。后者由于存在安全隐患，目前使用较少。

3）漏缆

漏缆

漏缆是一种特殊的同轴电缆，它与普通同轴电缆的区别在于：其外导体上开有用作辐射的周期性槽孔。普通同轴电缆的功能是将射频能量从电缆的一端传输到电缆的另一端，并且希望有最大的横向屏蔽，使信号能量不能穿透电缆以避免传输过程中的损耗。而漏缆的设计目的则是特意减小横向屏蔽，使得电磁能量可以部分地从电缆内穿透到电缆外。当然，电缆外的电磁能量也将感应到电缆内。此外，漏缆的场强覆盖比较均衡，应用涉及 80～2800 MHz 的整个频谱。

漏缆主要由内导体、绝缘介质、开有周期性槽孔的外导体、槽孔、护套等部分组成，如图 7-6 所示。电磁波在漏缆中纵向传输的同时通过槽孔向外界辐射电磁波；外界的电磁场也可通过槽孔感应到漏缆内部并传送到接收端，漏缆具有信号传输作用，又具有天线功能。漏缆类似于传输线和天线的组合体，用途是增强沿线的场强覆盖。

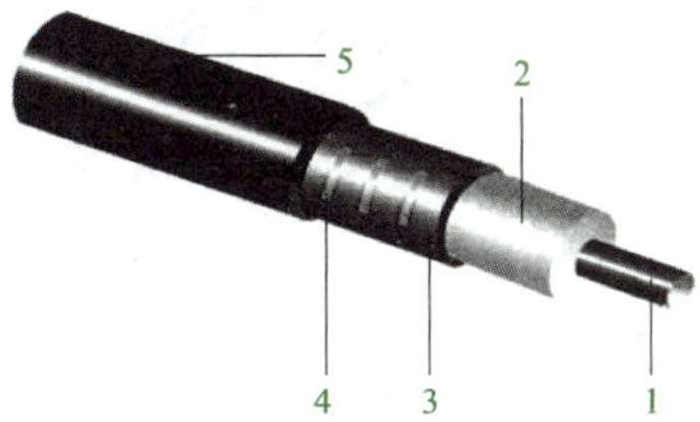

1—内导体；2—绝缘介质；3—外导体；4—槽孔；5—护套。

图 7-6　漏缆的结构

漏缆分为非自承式和自承式，其结构示意图如图 7-7 所示。

(a) 非自承式　　(b) 自承式

图 7-7　非自承式和自承式漏缆结构示意图

2. 光纤直放站系统

光纤直放站系统是一种广泛应用于解决弱场区覆盖问题的方案，它利用光纤作为中继媒介，具有中继传输距离远、信号质量高、稳定性能好等优点。光纤直放站系统可以适应铁路现有无线列车调度通信的单双工系统、四频组和独立同步等制式及 GSM-R 系统，不改变运行中原有系统功能及设备，提供全透明传输。光纤直放站系统可以解决铁路的长大区间的无线覆盖，以及中间站的信号补盲、铁路隧道的盲区覆盖、区间的弱场覆盖等问题。

1）系统构成

光纤直放站系统包括光纤直放站近端机（MV）、光纤直放站远端机（RV）、配套天馈设备、区间供电设备及直放站网管，图 7-8 为应用于 450 MHz 列车无线调度通信系统的光纤直放站系统结构图。

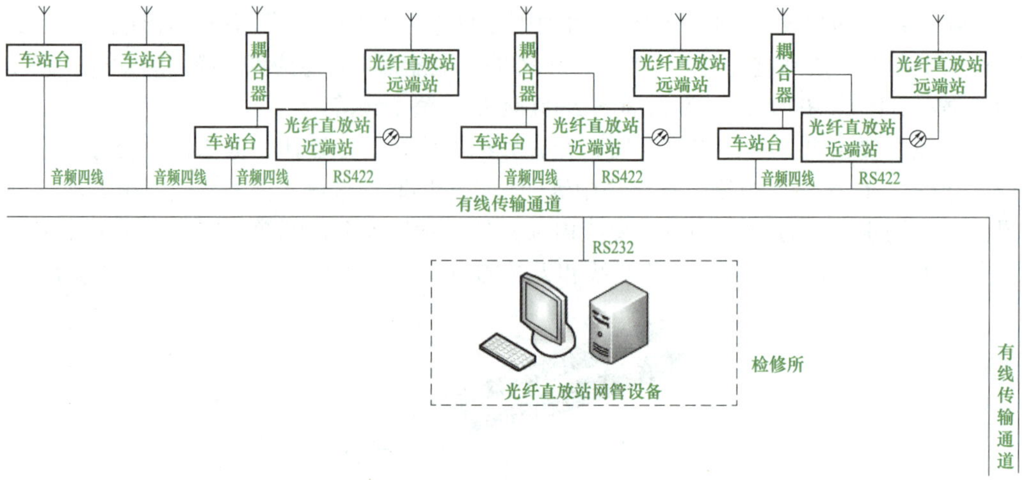

图 7-8　光纤直放站系统结构图

近端机（MV）设置在车站内距离车站台较近的位置，通过射频耦合或无线耦合方式与车站台进行射频信号传递，输出的光信号经光纤和远端机（RV）连接，通过 RS232、RS422 或音频四线接口与网管设备连接。

光纤直放站系统构成及主要特点

在下行方向，车站台发射的信号经耦合器进入近端机进行电光转换。近端站根据需要配置多个光收发模块，每个光收发模块对应一个远端站，并与该远端站之间采用光纤来传送上下行信号［可用单纤（WDM）方式，也可用双纤方式］。如用单纤方式，在近端站和远端站的光收发模块内分别集成一个波分复用器，上下行信号分别采用 1 310 nm 和 1 550 nm 波长的光波来传送，实现同纤传送上下行信号，如图 7-9 所示。通过光纤传送至远端机，远端机把接收到的光信号转换为射频信号后通过天线发往移动台。

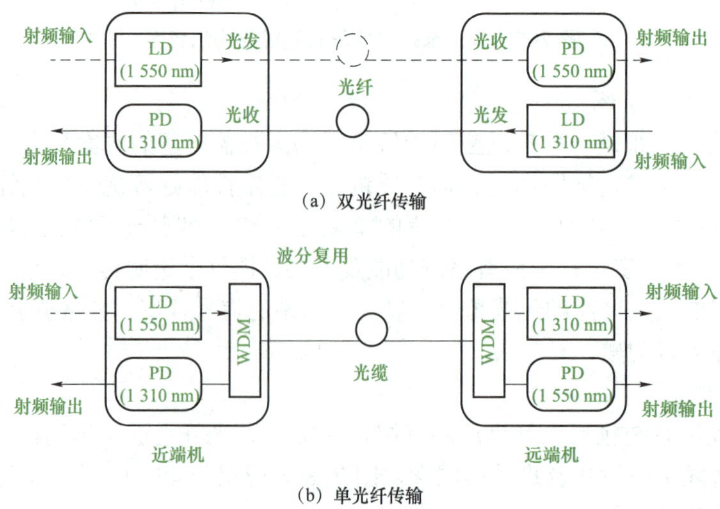

图 7-9　两种光传输方式

在上行方向，远端机把移动台发射的无线射频信号转换为光信号，通过光纤传送至近端机，近端机对信号进行光电转换后，通过耦合器将射频信号馈入车站台。直放站网管是为监测光纤直放站设备而开发的网管系统，能够提供近端机、远端机和模块等的故障报警，以及对直放站的相关参数进行设置。网管终端一般设置在无线检修所或者无线检修工区。

图 7-10 为 GSM-R 系统中长隧道（7 000 m）采用直放站加漏缆的覆盖方式。此种方案的覆盖方式为在隧道内放置多个远端机，近端机（MU）引入隧道两侧的基站信号，经光纤送至隧道内的各远端机，再通过漏缆辐射完成两个小区在隧道内的重叠区覆盖。

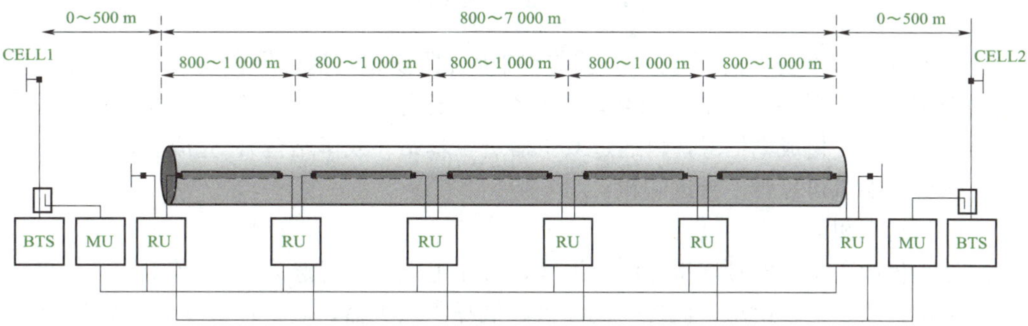

图 7-10　7 000 m 长隧道的覆盖解决方案

2）主要特点

（1）与漏缆加中继器系统的最大区别在于基站（车站台）信号的传输方式，光纤直放站系统将射频信号转换成光信号后经由光缆进行传输，由于光信号传输速度明显快于射频信号在射频电缆中的传输速度，避免了信号传输时延，同时没有了中继器收发隔离限制，使设备增益提高：场强中继距离可达 50 km，场强覆盖范围大。

（2）作为基站（车站台）场强覆盖的延伸设备，提供全透明传输，适应 GSM-R 系统性、450 MHz 列车无线调度通信系统等各种系统制式，兼容性强。

（3）区间设备数量少，系统可靠性高，传输信号质量好，抗干扰能力强，信号稳定，适应电气化等恶劣环境。

（4）具备遥控、遥测及完善的保护和报警功能，不但对光纤直放站进行本地和远程监测及控制，还监测各个模块。如果工作异常，监测系统会立即报警，并报告给监测主机。若设备出现软件故障，可通过远程操作修复，方便检修维护。

因此光纤直放站系统具有中继距离远、信号质量高、抗干扰能力强、稳定性好和投资低等优点，可作为解决长大区间、长隧道等弱场强区的优选方案。

3）近端机和远端机

（1）近端机。

近端机由主机、射频连接电缆、耦合器、电源线、可充电电池（可选）、跳纤、检测线等组成，主机包括双工器、光模块、电源、监控等，如图 7-11 所示。

近端机和远端机

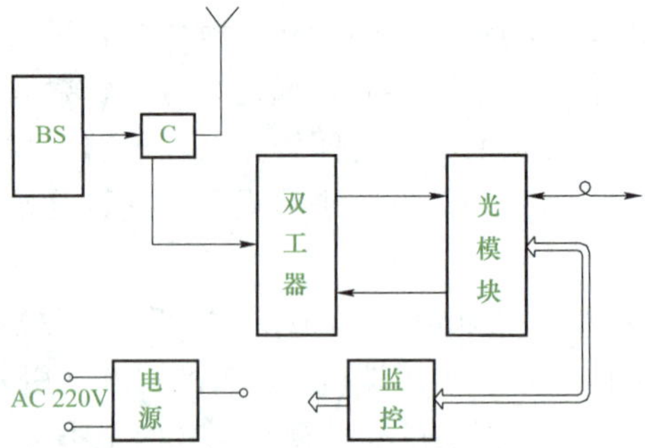

图 7-11　近端机主机框图

基站（或车站台）的下行信号通过定向耦合器或无线耦合耦合到近端机，下行信号经双工器到光模块变换成光信号，由光纤送至远端机；同时光模块接收远端机的光信号，经光电变化成电信号，再通过双工器送至基站（或车站台），完成上行信号的传输。一台近端机可以带多台远端机。

（2）远端机。

远端机由主机、射频连接电缆、天线、可充电电池（可选）、跳纤等组成，主机包括光模块、双工器、电源、监控、滤波器、低噪声放大器、功率放大器等，如图 7-12 所示。

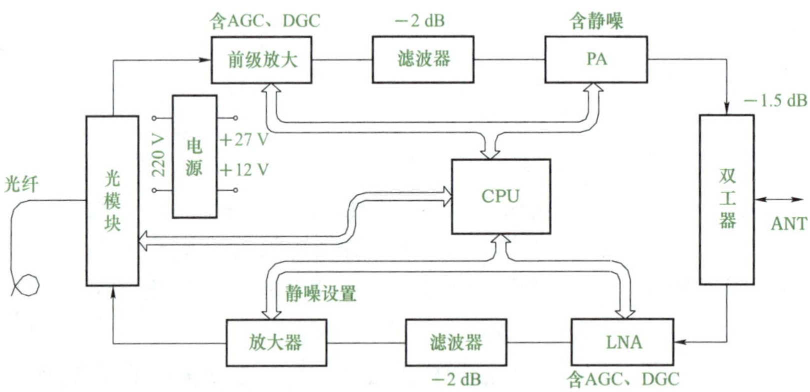

图 7-12　远端设备主机框图

远端机将接收到的光信号通过光模块还原为射频信号，并进行放大、滤波、射频功率放大，经双工器，输出到漏缆或天线，把下行信号覆盖到铁路线上。同时上行移动台（机车台）信号通过漏缆或天线接收输入到远端机，经低噪声放大、滤波、放大，然后送到光模块转换为光信号并通过光纤传送到近端机，近端机的光模块将其还原为射频信号经耦合器耦合到基站（车站台），从而实现一个通信环路。

（3）光纤直放站级联的方式。

一台近端机可以和多台远端机级联，并可以通过光分路器分别连接车站的上行和下行方向。级联的方式主要有星形连接方式和总线连接方式（也称串联型连接方式和并联型连接方式）。

① 星形连接方式。

星形连接的网络结构如图 7-13 所示，星形连接的特点有：① 信号质量好，引入噪声和干扰小；② 近/远端机独立连接，若其中一条光纤或一台远端机损坏，不会中断链路而影响其他远端机；③ 传输距离远，最远可以到 50 km；④ 星形连接适合大长隧道和大区间。

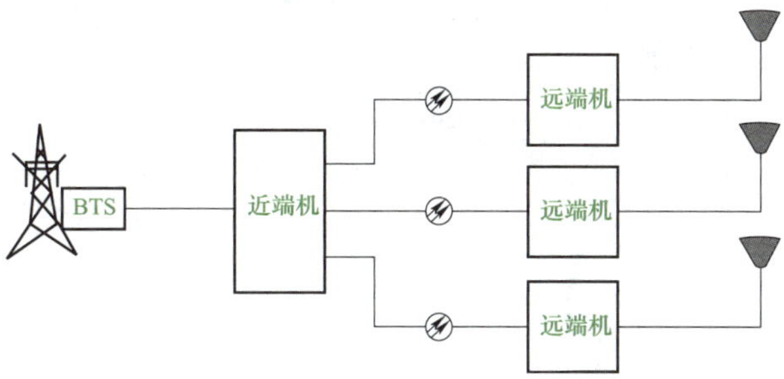

图 7-13　星形连接的网络结构

② 总线连接方式。

总线连接的网络结构如图 7-14 所示，总线连接的特点有：① 近端机和多台远端机只需要一根光纤连接（具体数量与到近端机的距离有关）；② 线路成本低，适用于既有线改造；③ 如果光缆线路中断，会影响后续的链路，进而影响到其他远端机。

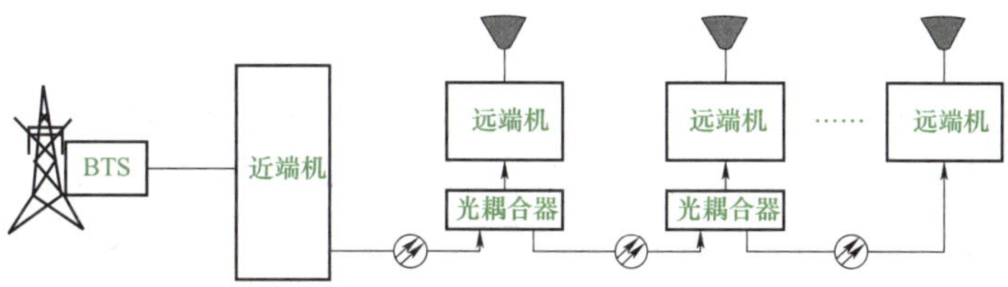

图 7-14　总线连接的网络结构

4）网管系统

网管系统负责管理近端机、远端机的性能、故障报警，以及配置管理、漏缆监测状态显示等，其主要作用包括以下几类。

（1）远程检测：直放站（近端机、远端机）的工作状态，如正反向通道开启状态；门限、功率、增益等参数；电源电压；机箱温度；自动巡检和人工查询直放站工作状态；等等。

（2）配置管理：可以远程对直放站参数，如直放站的门限、功率、增益等工作参数进行配置。

（3）主动告警：对于所有分散的直放站（近端机、远端机）都将所产生的消息送到网管中心，该消息包括：停电告警、门禁告警、设备告警等紧急告警和非紧急告警。

（4）日志管理：存储所有网络管理活动的日志。

光纤直放站网管系统组网形式多样。如图 7-15 所示，基站（车站台）至网管中心可以通过 E1 数据专线、PBX 电话线、LAN 局域网，采用 RS232C/RS485 进行通信，速率为 1 200～9 600 bit/s。目前较先进的是采用广域网形式连接组网，光纤直放站网管系统根据需要提供带宽 10 Mbit/s 或 100 Mbit/s 接口，将所有近端机、远端机设备连接起来，这种方式已在武广高铁等线路得到应用。

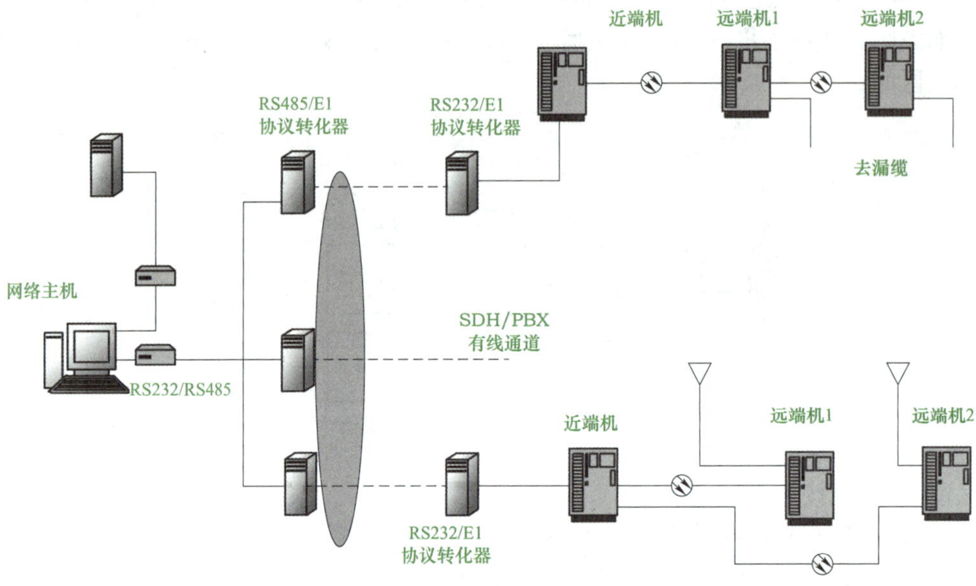

图 7–15　光纤直放站网管系统

5）采用光纤直放站的覆盖方案举例

光纤直放站的覆盖已广泛应用于 450 MHz 列车无线调度通信系统和 GSM–R 系统。以 GSM–R 系统的光纤直放站应用为例，由于隧道长度不尽相同，也就有提供隧道覆盖的多种解决方案。一般要求基站和安装在铁塔上的天线靠近隧道入口，如果基站位置远离隧道入口，可将基站和天线连接到中继器上，在此主要介绍针对隧道不同长度的具体解决方案。

采用光纤直放站的覆盖方案

（1）长度小于 800 m 隧道的覆盖解决方案。

针对长度小于 800 m 隧道的覆盖，采用直放站加漏缆的解决方案。此种方案的直放站放置方式为直放站置于隧道口，漏缆沿隧道铺设，并在隧道口放置天线，用来覆盖切换重叠区，使 GSM–R 的切换在隧道外完成。对于连续的短隧道群，若满足长度小于 800 m 的要求，则可将其视为一个隧道考虑，隧道间隙使用漏缆贯通后进行覆盖，如图 7–16 所示。当 CELL1 基站距离左侧隧道口大于 200 m 时，若左侧隧道口 RU 故障，则无法保证 CELL1 至左侧隧道口区段的覆盖，此时 CELL1 基站需增加一副天线以覆盖该区段。

（2）800～7 000 m 长隧道的覆盖解决方案。

长隧道的解决方案也采用直放站加漏缆的覆盖方式。此种方案的覆盖方式为在隧道内放置多个直放站，直放站分别引入隧道两侧的基站信号源，GSM–R 切换区域在隧道内，如图 7–17 所示。

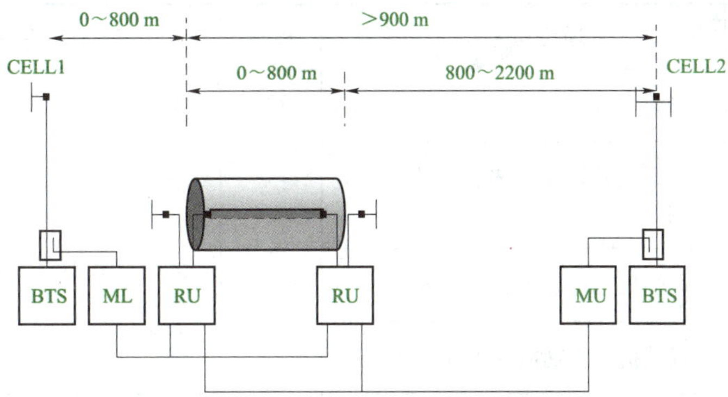

图 7-16　300～800 m 长隧道的覆盖解决方案

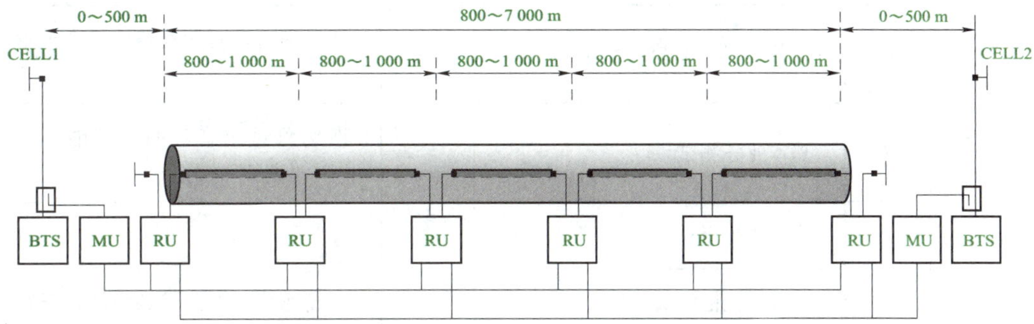

图 7-17　800～7 000 m 长隧道的覆盖解决方案

对于大于 7 000 m 的特长隧道，一般采用在隧道内增加新基站和直放站加漏缆的覆盖方式。直放站引入基站信号源，切换区域在隧道内。

3. 无线通信中继设备维护

采用无线通信中继设备可解决铁路隧道内弱场强及其他弱场强区域的场强覆盖问题，保证良好的场强覆盖，以满足列车运行调度的高可靠性要求。无线通信中继设备包括光纤直放站、区间中继器、区间中继台、漏缆、天馈系统、天线杆路及其他附属设备等。这些区间设备的电源应具有交、直流自动转换功能，配置免维护备用电池，电池容量应保证设备连续工作时间不少于 6 h。为保证设备维修期间系统的正常运行，无线通信中继设备中光纤直放站、区间中继器、区间中继台等的主机及附属设备备用量不少于运用数量的 30%，电缆按照每百公里备同型号电缆 500 m，其他线路附属设备按 10%配备。

设备维护单位根据《铁路通信维护规则》制定相应的维护作业指导书和维护管理制度，编制检修计划表。对光纤直放站设备、区间中继器、区间中继台、漏缆、天馈系统、天线杆路及其他附属设备进行日常检修、集中检修、重点整修，并对漏缆及杆路进行中修、大修。

1）日常检修、集中检修和重点整修

光纤直放站设备、区间中继器、区间中继台、天线杆路、漏缆及天馈系统检修的项目与周期分别见表 7-1、表 7-2、表 7-3。

表 7-1　光纤直放站设备日常检修、集中检修和重点整修的项目与周期

类别	序号	项目与内容	周期	备注
日常检修	1	告警实时监控	实时	网管监控；发现问题及时处理
	2	远端机及近端机光模块收发光功率测试	月	通过网管检查测试
	3	远端机上行功放输出功率测试		
	4	远端机下行功放输出功率测试		
	5	系统时间校对		与时间同步系统误差小于 1 s
	6	设备巡视，查看设备运行状态	季	现场巡检，封闭线路内结合天窗修进行
	7	基本业务测试		现场测试语音呼叫、智能网、GPRS 等业务
	8	连接线检查		现场巡检，封闭线路内结合天窗修进行
	9	直放站机柜的清扫		
	10	远端机蓄电池、UPS 及光缆引入等设备检查		
集中检修	1	远端机备用光纤测试	年	
	2	射频输出功率测试	2 年	实测值与设置值误差为±2 dBm，使用仪器仪表进行测试
	3	增益测试		增益指近端机射频输入与远端机射频输出之间的增益，实测值与设置值误差为±3 dB；使用仪器仪表进行测试
	4	远端机主、从输出信号电平差测试		满足设计值或近期网优值，使用仪器仪表进行测试
重点整修	1	隐患整治	根据需要	
	2	整修零部件，更换配件		
	3	版本升级		
	4	其他项目整治		

表 7-2 区间中继器、区间中继台、天线杆路日常检修、集中检修和重点整修的项目与周期

<table>
<tr><th>类别</th><th>序号</th><th>项目与内容</th><th>周期</th><th>备注</th></tr>
<tr><td rowspan="9">日常检修</td><td>1</td><td>天线杆路巡视</td><td rowspan="5">月</td><td rowspan="5">风、雨天气及防洪重点区段应增加临时检查次数</td></tr>
<tr><td>2</td><td>设备清扫、外观检查</td></tr>
<tr><td>3</td><td>缆线检查、整理</td></tr>
<tr><td>4</td><td>通话试验</td></tr>
<tr><td>5</td><td>房屋、围栏、门禁检查</td></tr>
<tr><td>6</td><td>供电设备检查及交直流转换试验</td><td rowspan="4">季</td><td></td></tr>
<tr><td>7</td><td>电池检查、电压测试</td><td rowspan="2">使用仪器仪表进行检查、测试</td></tr>
<tr><td>8</td><td>地线测试整修</td></tr>
<tr><td>9</td><td>通话试验</td><td></td></tr>
<tr><td rowspan="5">集中检修</td><td>1</td><td>杆路强度整修</td><td rowspan="5">年</td><td rowspan="2"></td></tr>
<tr><td>2</td><td>配件、控制电缆检查整修</td></tr>
<tr><td>3</td><td>设备及耦合器检查、测试、调整</td><td>1. 设备检查、测试项目由铁路局根据现场设备情况自行制定；
2. 使用专业仪器对设备性能进行测试</td></tr>
<tr><td>4</td><td>电池容量测试、更换</td><td rowspan="2">使用仪器仪表进行测试</td></tr>
<tr><td>5</td><td>光纤衰耗测试</td></tr>
<tr><td rowspan="3">重点整修</td><td>1</td><td>不合格设备的更换、调整</td><td rowspan="3">根据需要</td><td rowspan="3"></td></tr>
<tr><td>2</td><td>整修零部件，更换配件</td></tr>
<tr><td>3</td><td>其他项目整治</td></tr>
</table>

表 7-3 漏缆及天馈系统日常检修、集中检修和重点整修的项目与周期

<table>
<tr><th>类别</th><th>序号</th><th>项目与内容</th><th>周期</th><th>备注</th></tr>
<tr><td rowspan="2">日常检修</td><td>1</td><td>天馈线、杆塔外观检查</td><td rowspan="2">月</td><td rowspan="2">1. 风、雨天气及防洪重点区段应增加临时检查次数；
2. 具备漏缆监测系统的线路，检修周期可适当延长</td></tr>
<tr><td>2</td><td>漏缆径路检查</td></tr>
</table>

续表

类别	序号	项目与内容	周期	备注
集中检修	1	接头检查	半年	
	2	天馈线、杆塔紧固件检查		
	3	天线俯仰角、方位角检查测试		使用仪器仪表进行测试
	4	天馈线密封、强度检查		
	5	天馈线驻波比测试	年	使用仪器仪表进行检查、测试
	6	漏缆直流环阻、内外导体绝缘电阻测试、接头检查、整修及更换		
	7	漏缆驻波比测试		
	8	漏缆吊挂件、吊线、固定件检查		
重点整修	1	隐患整治、补强	根据需要	
	2	其他项目整治		

2）漏缆及杆路的中修、大修

中修是按一定周期集中进行的提高通信设备、设施强度与性能的维护工作。漏缆及杆路的中修周期一般为 7 a，对处于易腐蚀环境中的漏缆和杆路，可缩短中修周期。

漏缆及杆路中修的项目与内容如下：

（1）漏缆电特性的测试、整修、补强；

（2）漏缆承力索、支架、吊夹的整修及更换；调整吊挂漏缆的垂度；

（3）电杆、拉线、撑杆的整修、调整；

（4）天线及馈缆、漏缆及馈缆接头、阻抗变换器、直流阻断器、功分器、匹配负载、天馈线支架和避雷装置的整修或更换；

（5）防雷保安装置及地线的补充和整修；

（6）电源引入缆线的整治、补强或更换；

（7）中继房的整修、防护围栏的整治加固。

漏缆及杆路中修竣工后的交付，执行施工单位自验、通信段验收、电务处抽验的中修验收制度。

大修是根据设备使用年限和设备运用状态，有计划地进行全面整修和更换，恢复和提高通信系统的质量和能力。《铁路通信维护规则》规定通信线路（含光电缆、漏缆、电杆及附属设施）使用年限为 20 a。漏缆及杆路达到使用年限符合大修条件的，应予以大修。

漏缆及杆路大修的主要工作项目如下：

（1）漏缆的补强、更换；

（2）杆路、天线杆的补强或更换；

（3）天馈线系统的补强或更换；

（4）漏缆、防雷等接地设施的整修、更换；

（5）中继房的大修、防护围栏的整治加固。

任务实施

区间中继设备的维护任务主要体现在无线调度通信系统场强覆盖的测量上。可通过场强测试确定覆盖情况，并通过手持设备在区间进行号码注册来检查覆盖质量。而漏缆则是区间中继桥隧区段增大信号辐射范围最常用的设备。

任务 7.1　450 MHz 区间场强测试

调度命令信息无线传送系统的无线场强测试仪 S−508 是一款便携式场强测试仪，设计小巧、紧凑，外观尺寸（$W \times H \times D$）为 219mm×99mm×201mm，内置电池，总重量小于 2 kg，配有测试背包可用于铁路沿线的场强测量。

设备可实现频率范围在 400 kHz～1 000 MHz 之间的信号测量。利用设备前面板的数字键选择频率，可选择频率调节步长 0.1、1、10、100 kHz 及 1、10、100 MHz。可精确测量范围从−5～+80 dBμV 的信号，动态范围可达 80 dB。可以将场强测量结果、频率监测及 GPS 信息显示在设备自带的彩色 LCD 屏幕上，内置感光元件，可根据环境明暗变化自动调节背光亮度，使显示更加清晰。设备内置防水扬声器，可用于音频信号检测。

S−508 场强测试仪可以记录、调用并显示 100 个用户预选的频率，仪表侧面上的 USB 2.0 接口可用于连接 PC 机下载测试数据或直接连接打印机。设备内置 GPS 接收机，可以实时显示 GPS 定位信息，便于在外场测试时记录所在的位置信息。

1. 设备前面板

设备主要操作、显示界面集中在前面板，如图 7−18 所示。

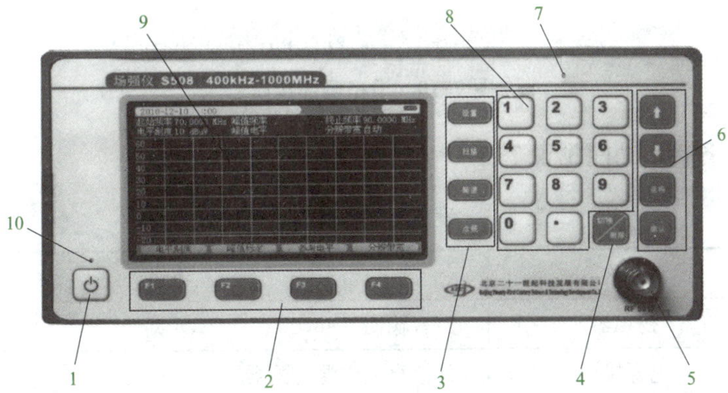

1—电源开/关；2—软键；3—功能按键；4—切换/删除；5—射频输入端；6—控制键；7—光传感器；8—数字键；9—LCD 显示器；10—充电指示灯。

图 7−18　设备前面板

设备前面板各操作键功能见表 7-4。

表 7-4 设备前面板各操作键功能说明

序号	名称	功能
1	电源开/关	开关设备
2	软键	在屏幕上显示当前菜单的功能
3	功能按键	测试功能选择与设置
4	切换/删除	界面切换/信道删除
5	射频输入端	连接外部射频输入（50 Ω）
6	控制键	对设备数据进行确认或更改
7	光传感器	根据外界光照调节屏幕亮度
8	数字键	键入数字
9	LCD 显示器	显示
10	充电指示灯	电池充电时该指示灯亮

2. 设备侧部接口

设备侧部留有电源、GPS、USB 接口，如图 7-19 所示。

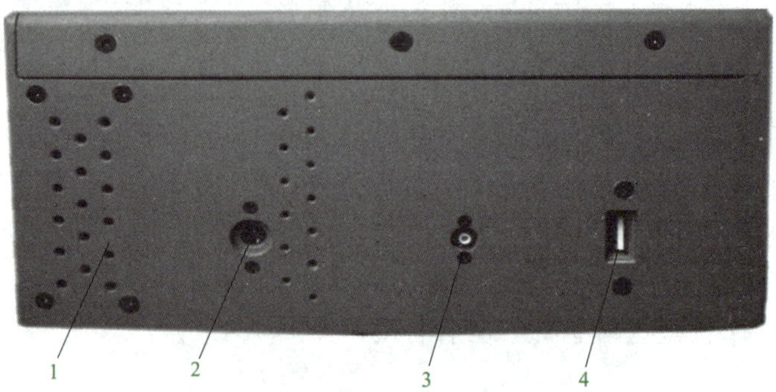

1—扬声器；2—电源接口；3—外部 GPS 接口；4—USB 接口。

图 7-19 设备侧部接口

设备侧部各接口功能见表 7-5。

表 7-5 设备侧部各接口功能说明

序号	名称	功能
1	扬声器	声音输出
2	电源接口	外接直流电源适配器
3	外部 GPS 接口	连接外部 GPS 天线
4	USB 接口	USB 传输接口与 PC 软件配合可进行实时测试数据获取与处理（注：PC 软件为选件）

3. 设备屏幕显示

设备屏幕显示如图 7–20 所示。

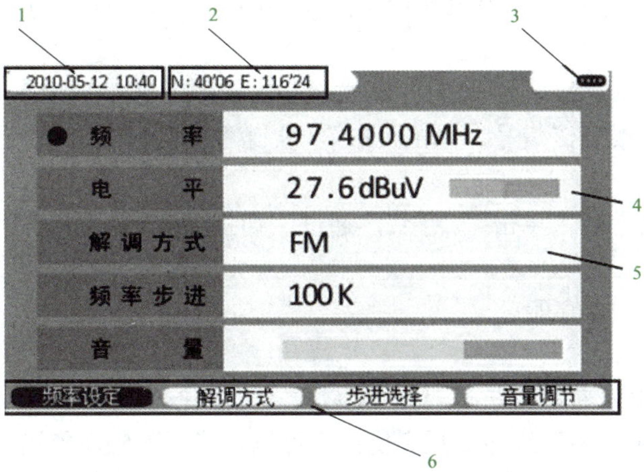

1—时间/日期；2—GPS 信息；3—电池电量；4—电平单位；5—解调方式；6—软件菜单。

图 7–20　设备屏幕显示图

设备屏幕显示各区域功能见表 7–6。

表 7–6　屏幕显示各区域功能说明

序号	名称	功能
1	时间/日期	设置时间及日期
2	GPS 信息	设置 GPS 信息
3	电池电量	/
4	电平单位	设置电平单位，通过上下键进行调节
5	解调方式	设置解调方式，通过上下键进行调节
6	软件菜单	提供当前可以操作的功能，通过 F1～F4 选择

4. 无线场强测试方法与步骤

1）连接测试天线

测试开始前，应根据待测频段选用相应频段的测试天线，使用特性阻抗为 50 Ω的连接器件，连接至设备前面板的射频输入端（参见图 7–18）。

2）增添信道

根据需要增添需要测量的信道频点，信道编辑的方法分为以下两种。

（1）第一种：预先设置常用频点，添加为新信道。

① 点击进入“设置”菜单。

② 选中“信道编辑”后，按“确认”键进入。

③ 通过“上下”对“信道号”进行调节，分别调节“信道号”“频率值”“解调方

式”后，单击“F4”保存。（在调节的过程中各项可通过“确认”进行切换/确认，或通过“软键”操作。）

（2）第二种：先通过频谱图观察用户关心的且并未保存过的信号，并进行当场保存。

① 在“频谱”界面下，发现所关心的信号，单击“切换/删除”进入“峰值界面”。

② 待再次观察到该信号，单击“F2”（软键“峰值标定”）通过“上下”选中该信号。

③ 选中该信号后，单击“点频”，通过“切换/删除”进入信道模式下的“点频界面”。

④ 单击“F3”保存即可。

3）信道测试

单信道测试也分为两种方式。一种是以频率为变化（见图 7-21），在此界面下可根据频率步进的设定来递增或递减频率值；也可以直接键入频率值测试。另一种则是以信道为变化，对已保存的信道进行逐个查看。

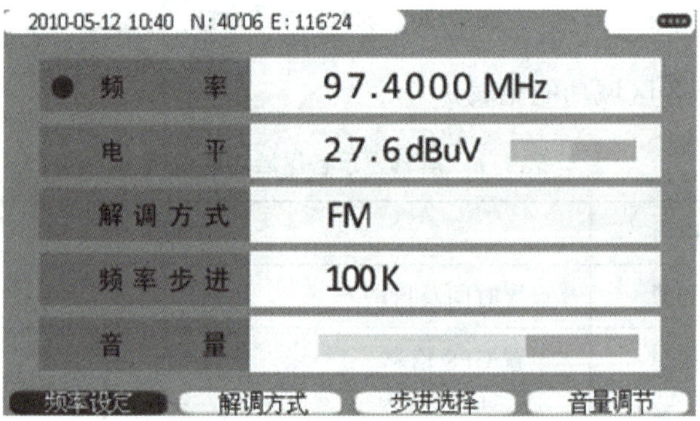

图 7-21 单信道测试显示

任务 7.2 漏缆接头制作

漏缆的施工中，一般一个标准中继段（1.2 km）由 3 种型号的漏缆组成。在中继器的正向传播方向上，第 1 个中继段由 4 种电缆配置组成（DCX 为非漏缆有 1 种；LCX 有 3 种型号）。LCX 的配置原则是：在正向传播方向上，配置的电缆耦合损耗由大到小，传输损耗由小到大。

这样的配置，可通过计算得知其优点如下。

（1）可使机车台接收电平的曲线斜率（最大限度）最小。

（2）可保证无线信号在整个漏缆系统中传输。

（3）可使信号传输距离最大，减少中继器，节约投资。

1. 漏缆的接续技术注意事项

漏缆的通信质量与连接器的安装有直接关系，因此在施工中，接续时应注意以下事项。

（1）漏缆连接器品种比较多，如图 7–22 所示。选用每种连接器时要注意其使用频率、配接电缆、接口程式、功率、阻抗、密闭性等是否符合设计要求和实际使用情况，否则会造成配接不上、连接不合套或达不到技术指标。

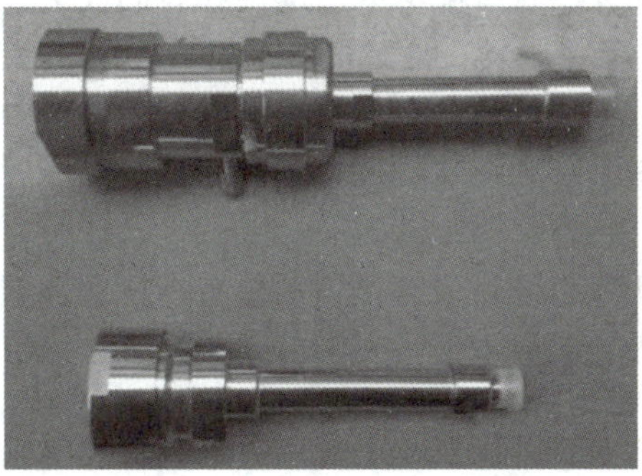

图 7–22　不同品种的漏缆连接器

（2）连接器应避免跌撞、碰损，否则会造成变形，影响其连接性能。一般不要随意拆开连接器的某些部位，以免造成密封破损或错装、漏装，漏缆连接器部件如图 7–23 所示。

图 7–23　漏缆连接器部件

（3）接续人员必须熟悉所安装连接器及零件的作用、特点、顺序、注意事项，以免因错装、漏装而造成返工。连接器摆放示意图如图 7–24 所示。

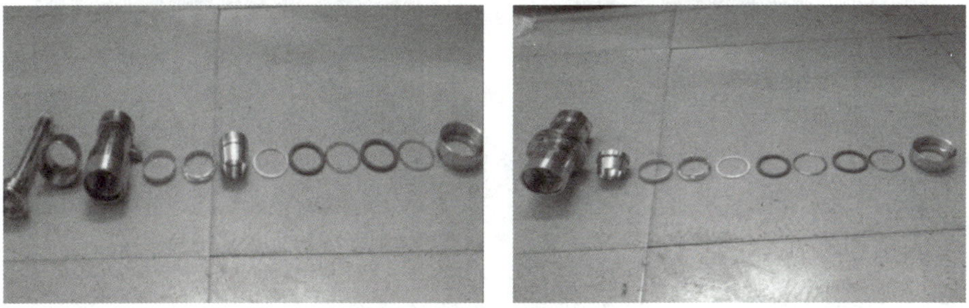

图 7–24　连接器摆放示意图

（4）严格按规程进行操作。

（5）注意内、外导体的牢固性和密封性。

（6）注意安装过程的清洁。

（7）插合两个接头和座时，注意务必只旋转连接螺母，而不能转动整个连接器进行连接，因为转动整个连接器有可能造成内部插孔和插针变形、松动，使接触不牢靠。

2. 漏缆接续步骤

（1）对安装连接器的电缆部位用酒精进行清洗，去掉承力索约 300 mm，剥去漏缆的外护套、外导体、绝缘套管和绝缘螺旋体，露出内导体铜管 17 mm，漏缆剥去护套示意图如图 7–25 所示。

在此应注意：电缆切口必须是没有槽口的位置，以保证无线信号传输的质量。

（2）卸开连接器插座，依次按照尾螺母、垫圈、密封圈、垫圈、密封圈、垫圈、扁螺母和压环的顺序套在电线上。此时应注意零件的顺序和扁螺母与压环的方向，如图 7–26 所示。

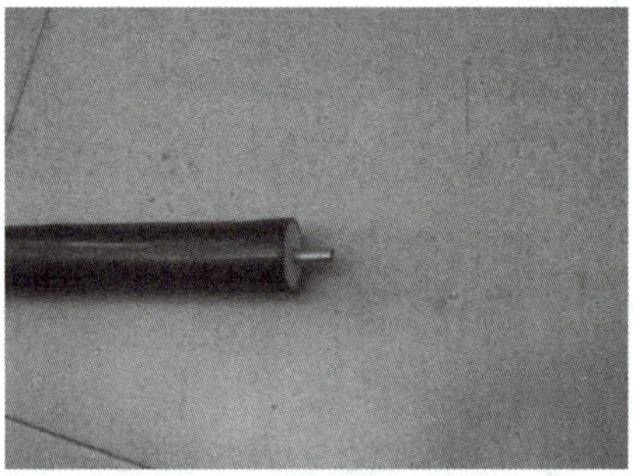

图 7–25　漏缆剥去护套示意图

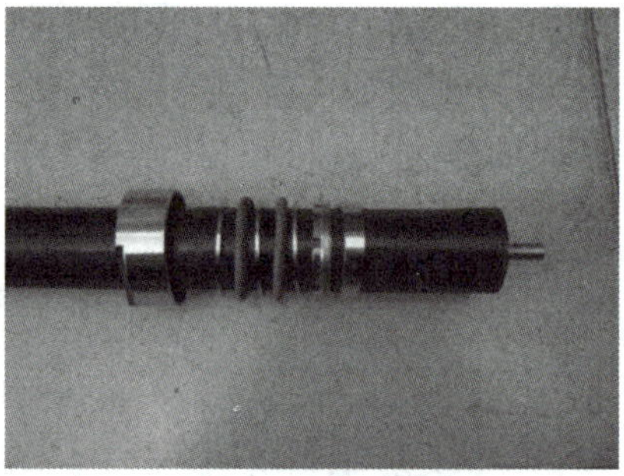

图 7–26　套上部件

（3）采用滚压法安装内导体芯子（见图 7–27）。注意在滚压过程中，多滚压，少进刀。

（4）安装外导体接触套（见图 7–28）。在剥开电缆护套及外导体时，应注意保护好外导体，不可弄断或损伤。

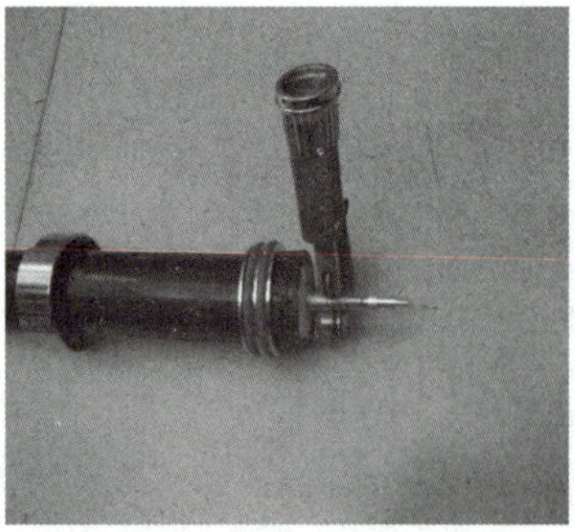

图 7–27　内导体芯子

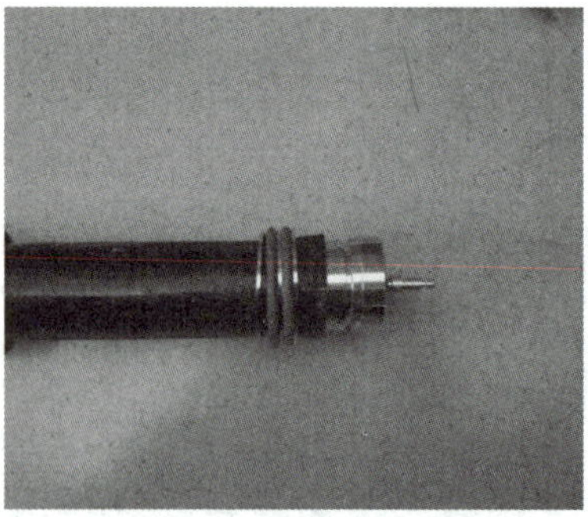

图 7–28　安装外导体接触套

（5）装上带孔绝缘子，如图 7–29 所示，应注意清洁。

（6）旋进带插孔的内导体，安装压环和尾螺母，如图 7–30 所示，注意务必旋紧。

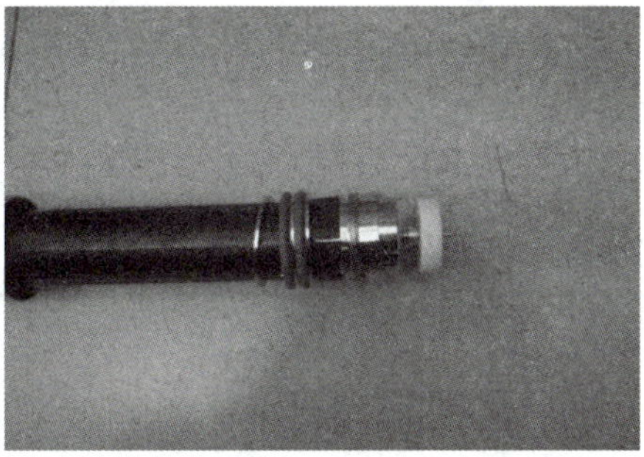

图 7-29　装上带孔绝缘子

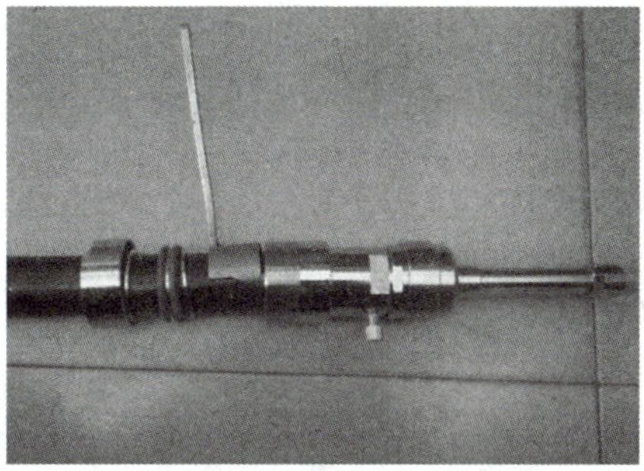

图 7-30　安装压环和尾螺母

（7）安装好外壳组件，如图 7-31 所示。注意螺旋器件必须旋紧，整个结构必须密封。

（8）进行开闭路检查测试。

（9）在连接器上缠绕自粘胶带，外层加缠电工胶带，注意均匀与美观，如图 7-32 所示。

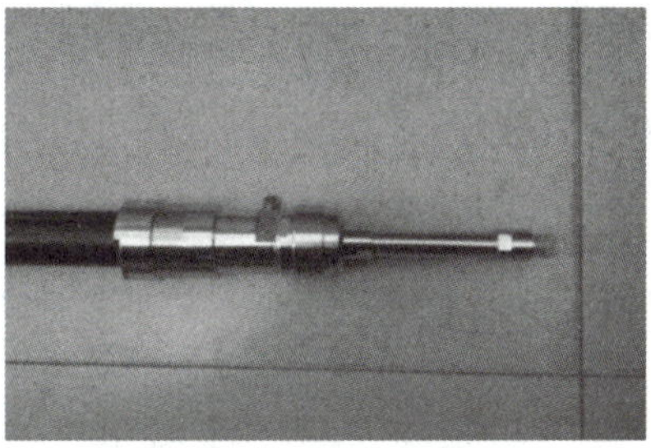

图 7-31　安装外壳组件

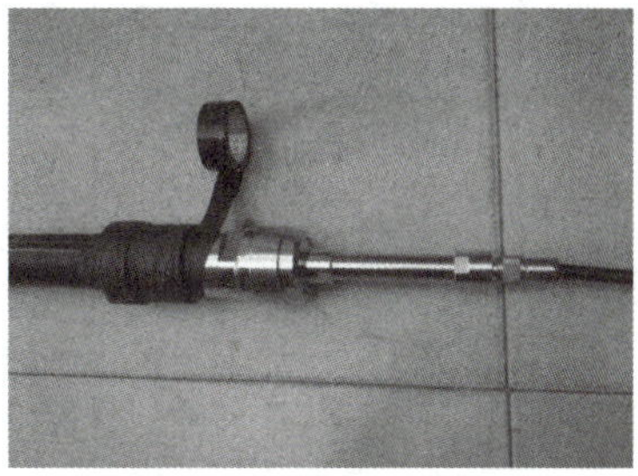

图 7-32　外层加缠电工胶带

在装配连接器的过程中，一定要仔细认真操作，严格按步骤和工艺进行，防止错装、漏装、松装、不到位、虚焊等缺陷。每一个接头装完后都要进行开、闭路检查。

（1）开路检查。用兆欧表一端接到插头内外导体之间，另一端接电缆，处于开路状态下测量电缆与装好接头总体的绝缘电阻，保证其大于 1 000 MΩ。

（2）闭路检查。把电缆一端内外导体短路，用万用表接在装好的插头座内外导体上，观察表针是否指到较小的欧姆值上，同时用木头敲打插头座外壳，看指针是否跳动，如跳动则表示接头接触不良，需返工重做。

任务 7.3　区间通信注册测试

为测试区间通信，要求检修人员使用手持台到达区间区域进行测试。

（1）现场检修人员与网管手持台点呼：检测人员使用手持台注册车次功能号（SY69075）进行车次功能号呼叫，注册成功即可进行呼叫网管手持台。

（2）现场测试人员开启 G 网手持台 GPRS 功能，请求网管配合发送调度命令，查询 GPRS 功能能否正常运用。

任务评价

区间中继设备的维护任务评价表见表 7–7。

表 7–7　区间中继设备的维护任务评价表

<table>
<tr><th>任务名称</th><th colspan="2">任务内容</th><th colspan="2">交付标准</th><th>笔记栏</th></tr>
<tr><td rowspan="4">区间中继设备的维护</td><td colspan="2">仪器仪表的使用</td><td colspan="2">要求熟悉操作流程，符合操作规范</td><td rowspan="4"></td></tr>
<tr><td colspan="2">场强测试</td><td colspan="2">能获得场强测试值，测试结果误差不超过 5%</td></tr>
<tr><td colspan="2">漏缆接头制作</td><td colspan="2">接口部件完整，漏缆驻波比不超过 1.5</td></tr>
<tr><td colspan="2">号码注册</td><td colspan="2">能够在区间中继区段实现号码的注册，并实现通话</td></tr>
<tr><td rowspan="5">考核评价</td><td>序号</td><td>考核内容</td><td>配分</td><td>评分标准</td><td>得分</td></tr>
<tr><td>1</td><td>团队协作</td><td>10</td><td>在小组活动中，能够与他人进行有效合作</td><td></td></tr>
<tr><td>2</td><td>职场安全</td><td>10</td><td>在活动中，严格遵守安全章程、制度</td><td></td></tr>
<tr><td>3</td><td>设备清单</td><td>10</td><td>设备无损坏，按要求清理、归位</td><td></td></tr>
<tr><td>4</td><td>试验结果</td><td>70</td><td>试验结果是否合理、正确</td><td></td></tr>
</table>

知识拓展

数字光纤直放站

我国高铁发展虽然比发达国家晚 40 多年，但经过几代铁路人接续奋斗，已实现了从无到有、从追赶到并跑再到领跑的历史性变化：成功建成了世界上规模最大、现代化水平最高的高速铁路网；形成了具有自主知识产权的世界先进高铁技术体系；打造了具有世界一流运营品质的中国高铁品牌。

我国已经建成和正在建设中的 200～350 km/h 高速铁路区段都采用了 GSM-R 移动通信系统，铁路沿线地形复杂，隧道、沟堑、山体和坡地较多，这些地形都对 GSM-R 信号形成阻挡并产生大量盲区。目前对这些弱场区域的信号一般都采用光纤直放站配合天线或漏缆进行补强，以保证 GSM-R 网络覆盖的稳定连续。

GRRU（GSM radio remote unit，GSM 系统射频拉远单元）采用先进的数字信号处理技术，可实现多载波 GSM-R 信号的远距离光传输和大容量、大动态范围的信号覆盖。在一定程度上，GRRU 也是光纤直放站的一种。传统的光纤直放站近端和远端之间的光纤传输的是模拟信号，而 GRRU 近端和远端之间的光纤传输的则是数字信号。因此，简单地说，传统的光纤直放站，我们可以称之为“模拟”光纤直放站，而 GRRU 则可以称之为数字光纤直放站，GRRU 相对于传统“模拟”光纤直放站产品有着较大的优势。图 7-33 为数字光纤直放站系统的组成图。

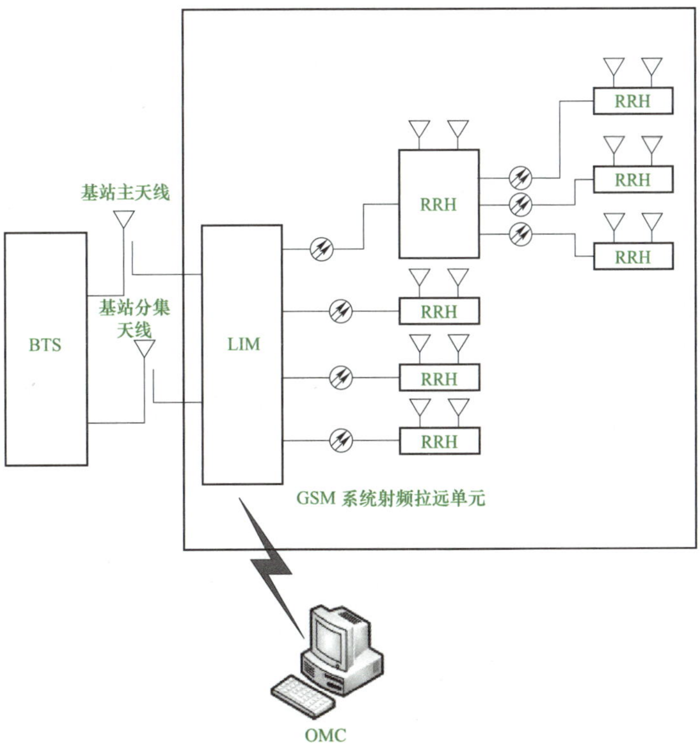

图 7-33　数字光纤直放站系统的组成图

复习思考题

1. 无线列调通信系统中，隧道中继器的正向传输是指什么？
2. 中继设备通常采用哪些设备？
3. 无线列调通信系统的“大三角”通信对象有哪些？
4. 无线列调场强覆盖的要求有哪些？
5. 简述无线中继器方式设备的组成及各部分的作用。
6. 无线中继系统设备的主要电性能指标有哪些？
7. 什么是传输损耗？什么是耦合损耗？什么是系统损耗？
8. 简述我国铁路上使用漏缆的主要类型及工作频段。
9. 光纤直放站系统设备有哪些？简述系统的工作过程。
10. GRRU 的组网方式有哪些？各有什么优缺点？

学习笔记

参考文献

[1] 黄欣萍，蒋笑冰．列车无线调度通信［M］．北京：中国铁道出版社，2017.

[2] 中国铁路总公司．铁路技术管理规程［M］．北京：中国铁道出版社，2014.

[3] 中国铁路总公司运输局．铁路电务单项规则汇编：通信分册［M］．北京：中国铁道出版社，2017.

[4] 铁道部劳动和卫生司，铁道部运输局．高速铁路通信综合维修岗位［M］．北京：中国铁道出版社，2012.

[5] 中国铁路总公司．高速铁路通信技术：业务网［M］．北京：中国铁道出版社，2014.

[6] 中国铁路总公司．铁路通信维护规则［M］．北京：中国铁道出版社，2015.

[7] 中国国家铁路集团有限公司工电部．铁路通信业务网［M］．北京：中国铁道出版社，2022.